Diese 2 starken Hirsche, hat Philipp Gf. Lamberg, beide am 30ten Sept. 1865 auf der Abend-Birsch geschossen. – Auf der G. R. Lambergchen Herschaft Csákberény, Csákb. Revir. – Den ungeraden 12er, im Csonkabük, den geraden auf dem Hoszú-Börcz.

PHILIPP MERAN / DAS BLATT WEISS NICHT, WOHIN ES FÄLLT

Stocker

PHILIPP MERAN

DAS BLATT WEISS NICHT, WOHIN ES FÄLLT

JAGDLICHES UND PERSÖNLICHES

LEOPOLD STOCKER VERLAG
GRAZ — STUTTGART

Umschlaggestaltung: Atelier Geyer, Albersdorf
Umschlagfoto: Philipp Meran, Graz
Vor- und Nachsatz: Hirschgemälde von Franz Graf Lamberg
Vignetten: Philipp Meran, Graz

CIP-Kurztitelaufnahme der Deutschen Bibliothek
Meran, Philipp:
Das Blatt weiß nicht, wohin es fällt: Jagliches und Persönliches / Philipp Meran. — Graz — Stuttgart, Stocker 1985.
ISBN 3-7020-0488-2

ISBN 3-7020-0488-2

Printed in Austria
Druck: M. Theiss, Wolfsberg

Gewidmet den Jägern meiner Heimat
– den Toten und den Lebenden –
in dankbarem Gedenken und treuer Anhänglichkeit

Inhaltsverzeichnis

Vorwort

In der heutigen Zeit wird viel vom Frieden geredet. Es ist begrüßenswert, wenn man den Frieden als das große Ideal betrachtet, ohne den das Leben nicht lebenswert ist. Meine Altersgenossen und ich, die wir Krieg, Lebensgefahr, Armut und Entbehrung am eigenen Leib verspürt haben, wir, denen der Krieg und seine Folgen vieles weggenommen und fast alles Liebenswerte zerstört haben, wir wissen ganz genau, was der Frieden wert ist. Auch jenseits der Modetrends und eindeutiger, als gängige Auslegungen ihn verstehen. Aber wir wissen eines mit Sicherheit: Der Frieden ist wenig wert ohne Freiheit. Über den Wert unserer Freiheit wird heutzutage bei uns kaum gesprochen. Man spricht nur von der Gesellschaft, den Klassen, von Wohlstand und Geschäft, aber nur wenig vom allerwertvollsten Gut, das wir besitzen, von der Freiheit. Die echte Freiheit nämlich, jene auch vor dem Staat, jene, die dem Menschen seine Würde erhält, kein bloßes Lippenbekenntnis, unser aller Leben! Wenn wir uns nicht unserer Freiheit immer wieder erinnern, unsere Ideale hochhalten, der Jugend vor Augen führen, daß ohne Freiheit kein Frieden möglich ist, dann fürchte ich, daß unsere Freiheit ebenso gefährdet ist wie der Frieden. Wir Jäger und Naturfreunde spüren die Gefahren einer völlig verwandelten Welt, wo Lüge und falsche Propaganda oft mehr Wirkung haben als die schlichte Wahrheit. Wir wissen, was uns unsere Freiheit wert ist, und danken Gott täglich, daß er sie uns so lange erhalten hat.

Graz, im Frühjahr 1985 *Philipp Meran*

Pirschfahrt mit Großpapa

Weiße Schafwolken schwammen über den blauen Bergen, durch sie blickte die Sonne wie hinter dicken silbernen Gittern zur Erde, die unter dem Gewicht der unbeweglichen Julihitze ächzte und stöhnte. In der Ferne brummten die Dreschmaschinen, dumpf und weinerlich heulten sie auf, wenn emsige Mädchen neue Garben in den schier unersättlichen Trichter warfen. In ganz Ungarn waren jetzt diese altvertrauten Sirenentöne zu hören, und sie gehörten zum Sommer wie das Gurren der Tauben und das Quaken der Frösche, wie der Duft blühenden Hollunders und das Jubilieren der Lerchen. Aus den Niederungen drang würzig und beruhigend der herrliche Duft frisch gemähten Blumengrases, und das Wetter war schön und konstant wie die unendliche Ebene der Puszta. Auf den Stoppelfeldern saßen blaugraue Ringeltauben, über den flimmernden Feldern rüttelte ein Falke. Dort, wo das schon kniehohe Gras abgemäht in der heißen Sonne trocknete, hüpften Tausende Heuschrecken. Aus dem Dorfteich duftete es nach Moder und Hanf, kleine Staubwolken zeigten den Weg der Leiterwagen, die das überhängende Getreide vom Feld in den Hof brachten.

Sommer, unnachahmlich herrlicher ungarischer Sommer in einer anderen Zeit, in einer unverdorbenen, von Chemie, Maschine und Beton unberührten Natur, die gesund war wie seit Jahrtausenden im gottgewollten Kreislauf der ewigen Vorsehung. Wer ahnte damals, daß einst der von Menschen vergötterte Fortschritt, die Gier nach Macht und Wohlstand die Natur zerstören würden, daß es keine Insekten, keine Würmer, todkranke Bäume und eine durch Menschenhand gefährdete Zukunft geben würde. Wie hatten doch all die Fortschrittsapostel, all die genialen Erfinder, all die fanatischen Neuerer die landgebundenen, konservativen Menschen verlacht, die keine Revolutionen, keine Erneuerungen um ihretwillen wollten, die in der Natur, mit der Natur und für die Natur lebten und das Gute, Althergebrachte, Bewährte der Unsicherheit des Neuen vorzogen. Man nannte sie Reaktionäre, Banausen und Rückständige, lachte nicht nur über sie, man verfolgte sie bisweilen auch wenig zimperlich. Heute, da das Wort „konservativ" Leitmotiv aller echten Naturschützer und Grünen sein müßte, heute ist „konservativ" noch immer ein Schimpfwort, und noch immer rast die Furie des Neuen, wird hemmungslos „fortgeschritten", erfunden, und noch immer geht den Neuerern alles zu langsam, auch die „Revolution der Grünen", wie sie es nennen. Hätten ihre modernen Leitbilder und unbesonnenen Erneuerer nur all das erhalten und konserviert, was man heute wieder mit bloßen Fingernägeln aus der Erde kratzen möchte, wären wir niemals so weit gekommen. Fortschritt, Nivellierung, Wohlstand für alle und das Ideal der Gleichheit: auch ihr seid nicht ganz unschuldig, jedenfalls schuldiger als die traditionsbewußten, naturnahen Konservativen, die Menschen vom Land.

Es war im Jahre 1943 vor der Rehbrunft. Nach zwei Jahren Pause, die ein Ausreiseverbot des Regimes erzwungen hatte, war Großvater unvorgesehen plötzlich in Csákberény erschienen. Wir Kinder freuten uns sehr über das Wiedersehen, denn wenn man noch nicht erwachsen ist, sind zwei volle Jahre so lang wie im späteren Leben zwei Jahrzehnte. In vollen Zügen genossen wir unsere großen Ferien. Auch ich hatte Gelegenheit, einige Böcke und Sauen auf die Decke zu legen. Obgleich man das fünfte Kriegsjahr schrieb, war das Leben in Ungarn relativ friedlich.

Nur die Alten sahen sorgenvoll in die Zukunft, von Tag zu Tag wurden sie stiller, nachdenklicher. Während wir Jungen uns tagtäglich langsam zwar, aber ständig dem heiß ersehnten Zustand des Erwachsenseins näherten, von dem wir glaubten und hofften, daß es uns laufend mehr Rechte und Freuden bescheren würde, sahen die wirklich Erwachsenen das Ende unseres Paradieses herankommen, und diese Ahnung machte sie unendlich traurig. Vor allem unseretwegen, die wir so sorgenlos und voller Optimismus in die Zukunft blickten, die uns so herrlich, so aufregend erschien.

Großvater war magerer und kränklicher geworden. Eine schwere Lungenentzündung im Vorjahr hatte aus dem bis dahin kräftigen und trainierten Fünfundsiebzigjährigen fast über Nacht einen hinfälligen Greis gemacht. Und er witzelte noch darüber, wenn er sagte: „Im Alter ändert sich eigentlich wenig, nur jede — noch so kleine — Krankheit wirft den Motor des Altwerdens von neuem an. Man altert nicht stetig, sondern ‚ruckerlweise'." Grazer Internisten hatten ihm das Pfeifenrauchen und das Weintrinken verboten, aber er kümmerte sich nicht darum. Auch seine üppigen Eßgewohnheiten blieben die gleichen. Das Mittagessen dauerte, wenn Großvater da war, fast anderthalb Stunden, während dieser Zeit trank er einen halben Liter starken Csókaer Wein. Ich beobachtete, wie er einmal langsamen Schrittes den Gang entlangging und alle seine Hirsche und Rehböcke betrachtete. Das hatte er früher nie gemacht. Wollte er Abschied nehmen? In der Halle, über dem roten Marmorkamin, hingen seine drei besten Rehböcke. Den einen davon, den allerbesten, hatte er 1911 in voller Flucht geschossen. Das war zu einer Zeit, als es noch keine Trophäenschauen gab und keine Medaillen. Ein deutscher Jagdgast hatte aber den Bock später vermessen, er hätte in Berlin bei der Jagdausstellung die Goldene Medaille gewonnen.

Kutscher János war für sechs Uhr bestellt, und Vater hatte mich zum Begleiter von Großpapa bestimmt. Er wollte eine Rundfahrt durch das Csákberényer Oberrevier machen, auch den Cser besuchen, wo er schon lange nicht gewesen war und wo es angeblich einen sagenhaft starken Bock geben sollte. Da zwei unserer Jäger zum Militär eingezogen waren, um irgendeinen Kurs zu absolvieren, sollte ich Großvater zu Schuß bringen.

Wie immer mußte ich zu seiner Rechten sitzen, denn wie so viele alte Jäger war er am linken Ohr taub. Heute war er sehr gesprächig, eigentlich eine Seltenheit. Als wir das Haupttor hinaus- und anschließend durch das ganze Dorf fuhren, grüßten die Menschen freundlich und ungezwungen, denn sie schätzten die alte Exzellenz und freuten sich, ihn nach zwei Jahren wiederzusehen. Diesmal sprach Großpapa von seinem Vater, dem früh verstorbenen Sohn Erzherzog Johanns, mit dem er ein sehr gutes Verhältnis gehabt hatte. Sie hatten sich fast täglich Briefe geschrieben und sich so oft wie möglich gesehen. Franz Meran hatte seinem Sohn Johann sehr viel über Erzherzog Johann aus erster Hand erzählt, mein Großvater war ja erst acht Jahre nach dem Tod des großen Volksmannes auf die Welt gekommen. So erzählte mir Großvater damals bei dieser Pirschfahrt im Jahre 1943, daß Erzherzog Johann das jagdliche Vorbild von Kaiser Franz Josef war, den er auch einige Male nach Brandhof eingeladen hatte. Der Kaiser machte sich die jagdlichen und naturschützerischen Ideale des Erzherzogs zu eigen und verschaffte ihnen kraft seines hohen

Amtes in ganz Mitteleuropa Geltung. Großpapa erzählte, daß Erzherzog Johann schon Mitte des 19. Jahrhunderts Hegegemeinschaften geschaffen und damit den Gamsstand in den Alpen gerettet hatte. Sein Lieblingswild waren die Gams und das Auerwild, Trophäen behielt er nur sporadisch, Rehböcke und Hirsche hatte er wenig geschossen. Er erzählte mir auch, daß Erzherzog Johann viele Tage allein mit seinen Revierjägern in den Jagdhütten verbrachte, ihnen fast den ganzen Hirschabschuß überließ und sie so hoch bezahlte wie niemand sonst in der Monarchie. Wir fuhren am Friedhof vorbei durch die düstere Kőkapu-völgy, das steinerne Tor. Bald ging es steil bergauf durch einen herrlichen Buchenwald. Da und dort sahen wir Rehe, aber ein passender Bock war nicht dabei. Erst als wir auf den großen Schlag, den Kisbükk, kamen, hatten wir das Hochplateau erreicht und die Wege waren wieder besser. Am Rande des Großen Cser hielten wir an. János sollte warten, während Großpapa und ich zum nahen Hochstand am Westrand der großen Weidenfläche gingen. Mit ausholendem Schritt ging, langsam und seine kurze gebogene Pfeife schmauchend, mein Großvater. Ich sehe ihn noch vor mir, wie er, seinen Mannlicher-Stutzen über dem Rücken, ging. Seine alte Joppe, die sicher doppelt so alt war wie ich damals, hatte drei Lederflecken, und zwar dort, wo die übergehängte Büchse an ihr gescheuert hatte. Große, viereckige Rehlederflecken, die selbst im Laufe der Jahre schon speckig geworden waren. Auch sein Hut war sicher schon dreißig Jahre alt. Plötzlich, kaum einige Schritte vor dem Hochstand, sah ich es linker Hand rot aus den Brombeeren leuchten. Ich brauchte kein Glas, um festzustellen: Ein Kapitalbock, wie ich ihn selten gesehen hatte. Auch Großpapa, der sehr gute Augen hatte, sah den Bock. Doch leider sah der Bock auch uns. Langsam und routiniert versuchte Großpapa, sein Gewehr von der Schulter zu nehmen. Stück für Stück, im Zeitlupentempo. Fast wäre es ihm gelungen. Ich schielte nach ihm, während ich den Bock im Glas hatte. Mindestens 26 cm hoch, geperlt, dicke Stangen, lange Enden, ein schneeweißes Haupt. Dieses Haupt hatte er argwöhnisch etwas gehoben, die Lichter waren schmale Schlitze. Fast, fast war Großpapa schon im Anschlag, da verschwand das Haupt, die Büsche wackelten — und der Bock war verschwunden. Großpapa drehte sich um. Seine blauen Augen sahen mich an, leise sagte er: „Es hat nicht sollen sein." Wir saßen dann noch eine gute Stunde auf dem Hochstand, aber nichts rührte sich mehr.

Der Cser ist eine ehemalige, riesengroße Weidefläche, längst verwachsen, voller Stauden, Büsche und wilder Obstbäume. Sein nördlicher Rand ist bereits die Reviergrenze zu Nána, das Moritz Esterházy gehört. Hier am Cser melden in der Brunft mindestens zehn Hirsche, aber wenn es günstig ist, auch wesentlich mehr. Wenn man es nicht erlebt hat, glaubt man es nicht. Solch einen Brunftplatz habe ich auch seither nirgends gesehen. Allerdings ist die nächste Siedlung auf sechs Kilometer. Großpapa war schweigsam geworden. Mit dem Glas besichtigte er alles, dann ließ er es sinken und blickte still vor sich hin. Was dachte er wohl, er, der seit 1895 hier in Csákberény gejagt hatte? Damals, als noch Onkel Feri Lamberg, der berühmte Jagdmaler, Jagdherr gewesen war. Und wieder hatte ich das Gefühl, daß er Abschied nahm. Er war so nachdenklich, so in sich versunken, daß er nicht merkte, daß seine Pfeife längst ausgegangen war. Es war schon etwas duster, als wir auf der Heimfahrt am Kirchberg ankamen, dem sogenannten Szentegyházi hegy. Hier erblickte ich rechter Hand zwei Rehe, die langsam von uns wegästen. Das Gelände war lockerer

Eichenwald, steiniger Boden. Der Bock stand schon bei der Geiß, jetzt hob er das Haupt, knuffige, dicke Stangen, irgendwie abnorm. Schon war Großpapa ausgestiegen, und János fuhr mit mir weiter, im Schrittempo. Bei einer kleinen Kurve hielten wir. Ich schaute zurück, sah den alten Herrn in Anschlag gehen, und dann fiel der erlösende Schuß. Nach fünf Minuten ging ich zurück. Großpapa ging wortlos nach vorne, unsere Schuhe wurden naß vom Tau, es war schon dämmerig geworden. Dort neben der dicken Eiche aber lag der Bock mit tadellosem Blattschuß, das Haupt uns zugewendet. Ein sehr starker, alter Bock, ungerader Zehner, wie wir feststellten. Schnell brach ich ihn auf, während Großvater gedankenverloren in die Ferne sah. Von hier aus konnte man die Lichter von Csákberény sehen, wie sie gespenstisch durch die knorrigen Bäume flimmerten. János kam, wir hoben den Bock auf den Wagen, Großpapa hatte sich umständlich eine neue Pfeife angezündet, und dann fuhren wir über die Hutweide nach Hause. Der Halbmond schwamm silbern im blauen Sternenmeer, über den Strázsahegy zuckten Sternschnuppen, in der Ferne blies die Bauxitbahn, einmal, noch einmal. Wir fuhren wie so oft über den Kórintus, die Pferde flogen förmlich, dann hielten sie vor der kleinen Holzbrücke fast an, dann knirschte der Kies in der Kurve, dann rumpelten wir in die Einfahrt. Gekonnt hielt János bácsi den Wagen an. Vater war in der Tür, Lori, Maxi und Antatelle. Pajtás wedelte freundlich. Der Bock wurde gestreckt, dort am Rande des Rosenbeetes, wo vorher schon viele, viele Böcke gestreckt worden waren. Als dann Ferenc kam, um den Bock in die Wildkammer zu tragen, zögerte er. Denn Seine Exzellenz stand noch immer vor ihm, wortlos Pfeife rauchend. Dann gab er sich einen Ruck und ging über die Freitreppe ins Haus hinein. Es war und blieb sein letzter Bock in Csákberény... Der Tag war ein Abschied für immer.

Es kam dann das nächste Jahr, das Jahr unserer Flucht. Als mittellose Flüchtlinge landeten wir im gastlichen Österreich, von wo Feri und ich Ende 1945 wieder nach Csákberény zurückkehrten. Im Jahre 1947 fand ich bei der Revision der Fütterung vom Kleinen Cser das Skelett und das Haupt eines Kapitalbockes. Es war ein wenig gebleicht, aber noch nicht angenagt. Sofort erkannte ich den Bock, den Großpapa 1943 nicht bekommen hatte. Er war noch knuffiger, noch stärker als damals. Doch wie er sein Leben ließ, das wird wohl für immer sein Geheimnis bleiben.

Für mich war er ein lieber Bekannter, der mich an die unvergeßliche Pirsch mit meinem Großvater erinnerte.

Neun Hasen auf einem Stand

Südöstlich von Csákberény, hinter der großen Hutweide, begannen die sogenannten Csákvárer Hügel. Das waren karstige, mit kargem Gras bewachsene Kalksteinhügel, zwischen ihnen führte die Landstraße nach Zámoly. Westlich der Hügel begannen die Csákberényer Bauernfelder, der Hotter (határ), nordöstlich zwischen dem Herrschaftswald und dem höchsten der Hügel, dem Öreghegy, befanden sich Weingärten, die sich bis zum südlichen Teil des oft beschriebenen Horogvölgy ausbreiteten. Der Öreghegy (Alter Berg) wiederum dehnte sich mit seinen Ausläufern bis zum oberen Zámolyer Weingarten aus. Auf ihm wimmelte es im Herbst von Hasen. An diesem 31. Oktober, der auf einen Sonntag fiel und uns verlängerte Allerheiligenferien bescherte, wurde die Gránáser Hasenjagd abgehalten. Wir waren Samstag, am 30. Oktober, mit dem Zug von Fünfkirchen nach Stuhlweißenburg gefahren, wo uns Kutscher Antal abholte. — Zuhause umfing uns die warme Atmosphäre unseres Heimes. Am großen Gang aufgereiht standen, an die Wand gelehnt und der Stärke nach geordnet, die diesjährigen Hirschgeweihe. Da wir am 5. September ins Pensionat eingerückt waren, hatten wir die Hirsche noch nicht gesehen. Es waren 20 Brunfthirsche und 15 Abschußhirsche zu besichtigen, es roch nach Brunft und Knochen, nach gefegter Rinde und minimalen Resten verwester Hirnsubstanz in den Schädeln. Der beste Hirsch wog mit der kleinen Hirnschale 7.9 kg. Am Eck des Ganges, wo die Bubenzimmer begannen, standen, wie alljährlich in Pyramiden aufgestapelt, die blaugelben Patronenschachteln für die Jagdgäste der „Kleinen Woche", die am Montag, dem 8. November, beginnen sollte. Im alten Schloß wurde seit einigen Tagen geheizt, die über 100 Jahre alte Warmluftzentralheizung funktionierte klaglos. Vater überraschte uns mit der Mitteilung, daß für den nächsten Tag die Gránáser Jagd am Programm stand. Diese Jagd war ansonsten dem Personal zugedacht, aber wir armen kasernierten Zöglinge sollten nach Vaters Wunsch auch zu unseren Jagden kommen, denn die großen versäumten wir regelmäßig, seitdem wir in Fünfkirchen studierten. Am nächsten Tag schien die Sonne, und ein mittelstarker, kühler Wind fegte über die Felder. Im Park erfaßte er die fallenden Blätter und wirbelte sie zu Kaskaden und Trichtern in die Höhe, so daß sie dann zum Ärger des Gärtners mitten auf dem Schotter des Hofes landeten. Die Rosenbeete vor dem Schloß waren winterlich zugedeckt, die Spaliere gestutzt, und im Obstgarten wurden die letzten Äpfel geerntet. Es roch nach gärendem Most, nach faulen Birnen und reifen Äpfeln. Die Saatkrähen tanzten im Wind über die Dächer des Dorfes. Punkt acht Uhr waren drei Wagen vorgefahren. Unsere Paradekutscher hatten ihre runden ungarischen Hüte mit einem Busch „árvalányhaj" (Steppengras, „Haar des Waisenmädchens") aufgesetzt. Ferenc bedeckte unsere Knie mit der karierten, ledersäumten Wagendecke, und hufeklappernd, räderknirschend fuhren die leichten Wagen über den „Kórintus" zur nahen Hutweide. Im zweiten Wagen saßen Rentmeister Tükör, die beiden Müllers, im letzten fuhren Obergärtner Trampler, Adjunkt Právetz und Oberjäger Öhlmann. Die Treiber hatten sich bereits zum ersten Trieb aufgestellt. Es war eine Streife durch eine alte Hutweide an der Gánter Grenze voller Schlehdorn und Wildrosenbüschen und einzelnen Eichen. Ich kam in der Mitte des Streifens zu gehen. Ich erinnere mich noch gut an meine ersten Schüsse. In einem hohen Gras zwischen drei knorrigen Eichen wurde ein Hase hoch, flüchtete von mir weg, und ich schoß ihn an, zu kurz, den zweiten Schuß verwendete ich, um ihn zu erlegen. Inzwischen sprangen aber gleichzeitig noch zwei Hasen auf und flüchteten zurück. Mein Vater schoß den einen, Förster Müller den zweiten. In diesem Streifen fielen 23 Hasen. Wir waren nun im alleruntersten Teil der Horogvölgy angekommen. Hier warteten die Wagen auf die Schützen, um sie zu den Ständen am Westteil des Öreghegy zu bringen, die Treiberwehr von 25 Mann blieb stehen, bis angeblasen wurde. Beim Ziehbrunnen hielten die Wagen, und von da an mußte man noch eine Viertelstunde bis zum Stand Nummer vier gehen, von wo aus sich dann drei Stände links und vier Stände rechts befanden. Ich bekam den Stand Nummer sechs. Alle Stände lagen hinter und unter der Kuppe des Berges, etwa in der Mitte, wo ein alter, verwachsener Weg durchführte. Vor mir eine kahle, steile Lehne. Ich konnte etwa 70 Meter bis zur obersten Kante einsehen. Rechts befand sich ein größerer Felsen, links analog ein kleinerer. Diese Felsen mußten die Wechsel der Hasen bestimmen. Es war windig, aber der Wind war ausgezeichnet, blies mir in das Gesicht. Rechts stand Vater, links am Stand fünf Oberjäger Öhlmann. Mein Vater hatte angestellt und war darauf bedacht, daß die Förster die besten Stände bekamen, denn dies war ja „ihre" Jagd, in die wir „eingedrungen" waren. Hoch oben im blauen Himmel knatterte eine Bücker-Jungmann-Maschine vom nahen Flugplatz Forna. Verspätete Starenschwärme überflogen uns in Richtung der Weingärten, sie würden kaum mehr etwas an Trauben vorfinden. Weit über dem Zámolyer Sumpf, am Lapos, fielen Wildgänse ein. Überall auf den Feldern sah man die Bauern pflügen. Das Csákberényer Dorf war von hier gut einzusehen, obgleich es in einer Senke lag. Zwischen den beiden weißen Türmen der Kirchen lag das mächtige gelbe Schloß, trotzig und scheinbar unzerstörbar wie die Ewigkeit. Davor und dahinter die prachtvoll gefärbten Parkbäume, im Hintergrund der Csókaberg. Frieden und Zufriedenheit lagen über der Szene, und die Ruhe wurde nur von den pfeifenden Stößen des Windes unterbrochen. Ich war vielleicht eine Viertelstunde so gestanden, hatte den rollenden Wanderdisteln und den Vögeln nachgesehen, als oben auf der Kuppe ein Hase erschien. Er setzte sich und verhoffte nach allen Seiten. Ich hatte das Anblasen nicht gehört, der Trieb hatte aber schon begonnen. Nun setzte sich der Hase in Bewegung, verschwand hinter dem linken Felsen, erschien rechts von ihm, und der Schuß meiner 16er ließ ihn in der Fährte verenden. Nun knallte es dumpf hinter dem Berg, einige der Jäger waren mit den Treibern gegangen. Dann kamen gleichzeitig drei Hasen oben an. Ohne auszuhalten kamen sie näher. Schon wollte ich auf den ersten schießen, da schoß mein linker Nachbar und die Hasen flüchteten zurück. Mein glücklicher Schuß von hinten traf den einen Hasen in den Kopf; groteske Sprünge vollführend, kollerte er näher, und ich gab ihm den Fangschuß. Überall knallte es jetzt, und wieder kam ein Hase. Diesmal links vom rechten Felsen, hoppelnd, gelb und anscheinend riesengroß. Es war keine Kunst, ihn auf zwanzig Schritt zu schießen. Mein Vater doublierte, und

Der Teich von Kirchberg

ein Hase defilierte vor mir, aber etwas weit oben nach links. Ich schoß zweimal, und beidemal spritzte es hinter dem Hasen. Kaum hatte ich nachgeladen, erschienen wieder zwei Hasen. Diese kamen zwischen den zwei Felsen genau auf mich zu. Ich schoß, der eine fiel, den anderen verhudelte ich. Nun lagen vier Hasen vor mir. Eine Pause entstand, links fielen weit weniger Schüsse als bei uns, daran war der Wind schuld.

Weit über der Gánter Allee zog ein Bussard seine Kreise. Über das Gránáser Feld flogen einige Elstern zum nahen Wald, unten im Tal schnaufte der Gánter Bauxit-Zug vorbei zur nächsten Bahnstation, nach Bodajk. Die Lokomotiven hatten alle Namen von Mädchen, hinter den offenen, mit rötlichem Bauxit vollbeladenen Güterwagen war neuerdings auch ein Personenwagen angehängt.

Und wieder ein Hase! Er kommt schnell wie der Wind und ganz nahe. Ich schieße ihn erst mit dem zweiten Schuß nach hinten, er kollert bis hinunter ins Tal. Hinter mir geht es ganz steil hinunter, dort verläuft ein Güterweg, dann geht es wieder steil hinauf zum höchsten Hügel. Unter seinem felsigen Gipfel ist eine große Höhle, die wir als Kinder oft besucht haben. Es ist die „Helli-Burg", benannt nach meiner Cousine. Da findet sich allerlei Interessantes. Alte Scherben, Muscheln und Feuersteine. Die Hügel waren einst Inseln im pannonischen Meer. Mein Herz krampft sich zusammen, da ich plötzlich an die Schule, an das Pensionat denken muß. Schon am Allerseelentag in der Früh müssen wir wieder abreisen, unser heißgeliebtes Heim, unsere Eltern, die neuen Zimmer, unsere Hunde, die Spielkameraden, das Revier, die Freiheit, das Zuhause verlassen.

Kein Mensch ahnte damals, daß wir es so bald und so endgültig verlieren würden. Alles nahm seinen gewohnten Lauf. Nächste Woche würden, so wie seit vielen, vielen Jahren, die Onkeln und Großpapa zu den Niederwildjagden kommen, immer gleich, immer zur selben Zeit. Und wir würden klopfenden Herzens unter der Tafel stehen, und der Pater Velics oder der Professor Gyulay würden in ihr schwarzes Notizbuch eine Note schreiben. Glockengeklirr, Frühturnen, „Reih und Glied", hin- und hermarschieren, und alles dauerte so lang, so furchtbar lang. Zwei Hasen kamen vom linken Felsen. Die könnte auch Öhlmann sehen, und tatsächlich knallte sein Schuß. Einer mußte gefallen sein, denn der andere kam allein in schnellem Tempo, schön breit defilierend. Ich schoß ihn sauber. Jetzt hatte ich schon sechs Hasen auf einem Stand, mein Herz klopfte freudig, verdrängt waren die düsteren Gedanken an das Pensionat, an die schwarzen Patres, an den stinkenden Turnsaal, das immer fremde, unheimliche Pensionatsgebäude. Ich dachte in diesem Augenblick nur noch an diesen wunderschönen Tag, den ich nie vergessen würde.

Ich sehe noch heute, nach ungefähr 46 Jahren, das niedrige, dünne Gras vor mir, das sich im Wind auf die Seite legte, die schütteren Schafswolken am Himmel, die gaukelnden Krähen, die gegen den Sturm zogen, die beiden Felsen und die Bergkante, wo die Hasen so plötzlich erschienen.

Und wieder war einer da. Er kam, zögerte, hoppelte weiter, zögerte, schließlich rollierte er. Man muß sich das vorstellen: ich war ein Dutzend Jahre alt, jeder Hase regte mich fürchterlich auf, ich war alles eher als gleichgültig oder ruhig, machte Fehler durch Hudeln und teilte meine Schüsse nicht optimal ein. Aber damals konnte ich es nicht ahnen, daß ich eine Strecke von neun Hasen auf einem Stand, in einem einzigen Standtreiben, nicht so bald wieder erzielen würde.

Es waren dann noch zwei Hasen, einen verpatzte ich noch. Neun Hasen auf einem Stand! — Damals auch ganz schön für einen Buben, aber heute fast schon eine Sensation. In diesem Trieb, dem Öreghegy, fielen insgesamt 41 Hasen und ein Fuchs. Am Nachmittag wurden dann noch zwei kleine Kreise im Tal gemacht, die ungefähr 30 Hasen ergaben. An den Öreghegyer Trieb erinnere ich mich ganz genau, nicht aber an die nachfolgenden Kreise. Die Hasen kamen am Berg — wie die Brandhofer Gams —, teils langsam und „Haberl" machend, teils in sausender Flucht. Sie war schon eine Spezialität, diese Gránáser Hasenjagd. Je stärker der Wind blies, desto mehr Hasen waren am Berg.

All dies ist nun vergangen. Aus meinen Tagebüchern hole ich die Erinnerungen hervor, einzelne sind vertrocknet, aber dennoch nicht minder edle Blumen eines wunderschönen Straußes aus Tagen der erlebten Vergangenheit im alten unvergessenen Csákberény.

Hinter uns die Russen...

Beim Sichten des Nachlasses meines im Jahre 1950 verstorbenen Vaters fand ich zu meiner Überraschung seine im Jahre 1944/45 aufgezeichneten „Fluchtjournale". Sie umfassen die Zeit vom Tage unserer ersten Flucht aus Csákberény, vom 11. Dezember 1944, bis zum Abzug der Russen von Brandhof am 28. Juli 1945. Da ich in meinem dritten Buch „Das Abendlicht kennt kein Verweilen" die Russenzeit in Brandhof beschrieben habe, möchte ich nun Vaters Bericht bis zum Einmarsch der Russen am 9. Mai 1945 unverändert veröffentlichen. Zum Zeitpunkt des Erscheinens dieses Buches, im Frühling 1985, sind ja genau 40 Jahre vergangen. Viele längst vergessene Einzelheiten unserer Odyssee kommen in den folgenden minutiös aufgezeichneten „Journalen" wieder zu Tage. —

„— Vom lieben Csákberény sind wir zwei Alten mit Tochter Anna und Sohn Phippi am 11. Dezember 1944 geflohen, und zwar sensationellerweise ‚par avion', mit den Ju-52er-Transportflugzeugen der seit Frühjahr 1944 in Csákberény stationierten deutschen Flieger, die an diesem Tag Csákberény verließen und nach Bábolna verlegten. Schon der letzte Quartiermacher des Vortages, der Adjutant eines Generals Winkler, Detlev Müller-Using, teilte uns mit, daß die ‚Margarethen-Linie' zusammengebrochen sei und der Russe von zwei Seiten gleichzeitig anrücke. Man sagte uns im Stabe des Generals, daß der Feind kaum aufzuhalten sei und die Kämpfe der nächsten Tage sich bereits in unserem Wald abspielen würden, wo eine neue Verteidigungslinie aufgebaut werde. So nahmen wir also das Angebot des Kommandeurs der Fliegergruppe, Major Penckert, an, mit ihnen zusammen nach Bábolna zu fliegen. Die letzten Tage zu Hause waren überaus aufregend und anstrengend. Ein Auf und Ab von Hoffnungen und Resignation. Unser Haus war bereits von Fronttruppen belegt, vor allem von einer Panzertruppe unter einem Oberst Kneep, die von Csákberény aus direkt in den Einsatz ging. Auf unserem Ping-pong-Tisch in der Halle war die Karte ausgebreitet, über die sich hohe Offiziere sorgenvoll beugten. Sowjetische Luftangriffe waren seit einer Woche alltäglich geworden, denn die Russen hatten offensichtlich die hervorragend getarnten Transportflugzeuge auf der Hutweide entdeckt, und diesem improvisierten Flugplatz galten die Tages- und Nachtangriffe der russischen Flieger, allerdings infolge der Mobilität der routinierten Deutschen ohne Erfolg. Wie wir heute wissen, hatten die seit September im Wald verborgenen Partisanen den Standort der JU-52-Maschinen verraten. Wir hatten ursprünglich die Absicht gehabt, mit eigenen Pferdegespannen im Gefahrenfalle direkt nach Köszeg (Güns) an der österreichischen Grenze zu fahren, wo die übrigen Kinder schon seit November in unserem dort errichteten Notquartier warteten, mußten diesen Plan aber fallenlassen, weil die halbwegs befahrbaren Hauptstraßen zum großen Teil für die Pferdewagen gesperrt waren. Auto oder Traktor hatten wir schon lange keinen, ich war beim derzeitigen Regime so schlecht angeschrieben, daß ich auf keinerlei Protektion rechnen konnte, im Gegenteil, wir mußten uns das Wohlwollen der deutschen Luftwaffe sichern, um nicht vielleicht von den Pfeilkreuzlern eines Tages verschleppt zu werden. Die letzten Tage waren mit Packen, Verstecken und letzten Maßnahmen erfüllt, dazwischen neue

Quartiermacher und Flüchtlinge. Die Ungarn hatten meine Pferde teilweise schon requiriert, einige hielten wir in Verstecken. Dazwischen ununterbrochen Antritts- und Abschiedsbesuche unfreiwilliger Gäste, und wir hatten so viel zu tun, mußten einen klaren Kopf behalten. Unsere braven Angestellten hatten ihn schon lange nicht mehr, besonders Kammerdiener Ferenc war ständig überspannt, und für vieles leider unbrauchbar. Der Alkohol war der Trost fast aller in dieser Zeit, und so war es ein Lichtblick für uns, wenn einer vernünftig und nüchtern blieb. Wirklich sehr gut und immer brauchbar war eigentlich nur mein ganz neuer ispán (Schaffer) Kurucz, der uns großartig half. Treu waren allerdings alle Angestellten, wollten es auch jedenfalls bleiben. Am letzten Tag war noch eine große Aufregung mit unserem braven Victor Muset, einem französischen kriegsgefangenen Chauffeur, der uns im Jahre 1942 zugeteilt worden und ungeheuer zugetan war. Als die Deutschen im März 1944 Ungarn besetzt hatten, war er in ein Lager gebracht worden, das in Ungarn lag. Nun hatte sich Victor die Verlegung dieses Lagers zu Nutzen gemacht und war entsprungen. Er war natürlich sofort zu uns geflohen und flehte mich an, ihn zu verstecken oder weiterzubringen, am Vortag unserer eigenen Flucht. Er stand plötzlich bei finsterer Nacht wie ein Gespenst in meinem Arbeitszimmer und flehte: ‚Monsieur le comte, sauvez moi!' Obgleich SS-Truppen im Haus waren und auch auf Hilfeleistung für entsprungene Gefangene der Tod stand, zögerten wir keinen Augenblick, Victor zu helfen. Er wurde zuerst völlig neu eingekleidet, mit Wäsche und Lebensmittel versehen und dann noch in der selben Nacht in das Kápolnaer Jagdhaus gebracht, wo er die Russen erwartete. — Diese plünderten ihn bis auf die Unterwäsche aus, steckten ihn aber in ein Lager für Franzosen, und er ist nach langer Irrfahrt wohlbehalten heimgekommen und schreibt uns dankbare, anhängliche Briefe. Allen unseren Leuten war freigestellt worden, mit uns zu kommen, sie wollten aber doch in ihren Heimen ausharren und bei ihren Familien sein. Nach dem letzten Mittagessen starteten wir dann vom Flugplatz. Die Schwere des Abschiedes wurde durch die Sensation unseres ersten Fluges gemildert. Die Deutschen teilten uns auf drei Maschinen auf, wir flogen eine Ehrenrunde über dem Schloß, und nach genau 20 Minuten landeten wir wohlbehalten auf dem Flugplatz Bábolna. Wir waren ganz niedrig über unseren Wald geflogen, damit uns feindliche Flugzeuge nicht entdeckten, hatten sogar Wild und Menschen im leicht verschneiten Revier gesehen. In Bábolna übernachteten wir auf den Kanzleitischen des übelgelaunten Oberstleutnant von Gyertyánffy unter dem Bild des Ministers Rácz. Wir hatten recht viel Gepäck, etwa fünfzehn Stück kleinere Taschen, und planten am nächsten Tag per LKW nach Ikrény zu fahren. Phippi hatte zu Ehren seines Geburtstages die Auszeichnung, mit einem Fieseler Storch des Kommandeurs, Major Penckert, nach Ikrény vorauszufliegen und die Leute auf unser Kommen vorzubereiten. Wir kamen gegen Abend bei großem Kot und miserablen Straßen in Ikrény an. Das ganze Schloß war bis auf zwei mühevoll reservierte Zimmer angefüllt. Nur eine brauchbare Lampe, keine Küche im Schloß, mußten uns beim Beamten Franz Zwickl verpflegen. Sonst hatten wir auch hier sehr nette und anhängliche Leute von einer großen Naivität und Einfachheit, die sich trotz der Stadtnähe hier erhalten hatte. Ich selbst fand sofort reichlich Arbeit in der Wirtschaft. Der Beamte, unter normalen Verhältnissen sehr tüchtig und geschickt, konnte bei bestem Willen der völlig veränderten Lage allein nicht gewachsen sein. Aber seine Loyalität und Treue bis zuletzt und seine Anhänglichkeit auch in späteren Jahren waren uns mehr wert als vieles andere. Schon nach einer Woche waren die Frontnachrichten so günstig, daß ich mich entschloß, mit Nandi nach Csákberény zurückzufahren.

Am Sonntag, dem 18. Dezember, fahren wir mit einem Auto der staatlichen Forstbehörde in aller Früh nach Hause. Da die Straße schon fast unbefahrbar und völlig verstopft ist, brauchen wir fast vier Stunden und treffen erst zum Ende der hl. Messe in Csákberény ein. Natürlich ist dies eine große Sensation und die Freude der guten Menschen rührend. Obwohl wir finden, daß der Kanonendonner aus nördlicher Richtung reichlich nahe klingt, ist man hier wieder recht zuversichtlich. Im Haus ist wenig Militär, dafür aber Quartiermacher des Armeekommandos Fretter-Pico, die das Schloß für den Armeestab haben wollen. Dieses Kommando ist früher in Totis bei Tata gewesen, ist also ‚vorverlegt' worden. Alle Anzeichen sprechen für einen lokalen Gegenangriff. Die Deutschen scheinen auch etwas beruhigter zu sein, und so fahren wir nach einigen Bergungsarbeiten und der Einrichtung unserer drei letzten Zimmer mit den besseren Sachen am 19. nach Tisch ziemlich beruhigt nach Ikrény zurück.

Wir beschlossen, Weihnachten mit allen Kindern in Köszeg zu verbringen und schon am 27. Dezember nach Csákberény zurückzukehren. Inzwischen erfolgte aber keine Gegenoffensive, sondern ein energischer Vorstoß der Russen in Richtung Lovasberény. Am 21. Dezember war bereits Zámoly unter Artilleriebeschuß, und am 26. Dezember waren die Russen in Csákberény, wo sie sich bis Ende Jänner behaupten konnten und der Kampf fast täglich hin- und herwogte. In Ikrény erlebten wir noch vor der Abreise nach Köszeg einen Bombenangriff, es fielen u. a. bei hellster Stalinkerzenbeleuchtung drei Bomben in unmittelbarer Nähe des Schlosses, aber nur eine krepierte, ohne Schaden zu verursachen, auf einem Feld. Vielleicht 200 Meter davon stand auf dem Ikrényer Bahnhof ein deutscher Munitionszug, den man aus Györ herausgeschoben hatte, dem hatte offensichtlich der Angriff gegolten. Es gab übrigens in der letzten Woche drei US-Bombenangriffe auf Györ, Budapest war ja schon eingeschlossen und wurde aus Vorsichtsgründen von den Amis nicht mehr bombardiert. Phippi hatte ein Abenteuer mit einem abgeschossenen amerikanischen Flieger. Während einer kleinen Jagd, bei der er die ungarischen Offiziere begleiten mußte, wurde eine ‚Lythning'-Maschine durch Volltreffer abgeschossen, der verwundete Pilot sprang ab und landete 300 Meter neben der Jagdgesellschaft. Durch energisches Eingreifen gelang es Phippi, den Amerikaner der drohenden Lynchjustiz der Pfeilkreuzler zu entziehen und zu retten. Er ist, wie er uns später schrieb, wohlbehalten zu Hause angekommen.

In Köszeg war das Weihnachtsfest recht gemütlich, aber doch sehr melancholisch. Ich lag mit Rheuma im Bett. Schon am 27. Dezember war ich mit Phippi wieder in Ikrény. Nandi folgte mit Maxi einige Tage später. Bei der Rückfahrt wurden wir lange aufgehalten: fünf schwarze Wagen mit goldenem Adler rasten an uns vorbei. Es hieß, General Guderian besichtige die Front. Nun folgte eine Zeit des Hangens und Bangens. Einmal sollte Csákberény russisch, einmal wieder deutsch beziehungsweise ungarisch besetzt sein. Endlich, Ende Jänner, räumten sie den Ort, blieben aber schon einen Kilometer vom Dorf Richtung Gánt stehen, so daß vom Schloß aus die russischen Linien gut zu sehen waren. Das Dorf wurde zum Großteil von der Zivilbevölkerung evakuiert, die die Russen nach Csákvár in die Etappe zur Zwangsarbeit verschleppten. Andere Einwohner wurden von den Deutschen und Ungarn Richtung Westen evakuiert. Endlich erfuhren wir die ersten Tage des Feber, daß unser Dorf mit Sicherheit in deutscher Hand sei. Es gelang mir, eine Fahrt nach Csákberény zu organisieren, an der außer mir der auf Urlaub befindliche Feri und Phippi sowie ein Feldgendarm teilnahmen. Wir fuhren mit einem LKW der Deutschen bis Mór, hatten aber so viel Zeit durch Ausweis- und Fahrterlaubnisscheinbeschaffen vertrödelt, daß es Mittag war, als wir Mór erreichten. Wir mußten daher unseren Aufenthalt dort sehr kurz bemessen. Während ich zu Tante Emmy ins Trauttenberg-Schloß eilte, besuchten die Buben die Szécsens im Lamberg-Schloß. Während dieser Zeit beschaffte der deutsche Fahrer die Frontpapiere vom Mórer Kommandanten. Wir fanden sowohl Tante Emmy als auch die Miki Szécsens in guter Verfassung, obgleich in einem Teil des Ortes schon Kämpfe getobt hatten. Tante Emmy war auf ein einziges Zimmer ‚zurückgedrängt' worden, die Szécsens lebten im Keller, das Schloß war eher intakt. Auf dem Tor ein Schreiben des deutschen Kommandanten, daß Einquartierungen verboten seien.

Miki schien als engagierter Widerstandskämpfer den Einmarsch der Russen mit Zuversicht zu erwarten. Uns riet er dasselbe. Der Unteroffizier brachte die Nachricht, daß Csákberény unter Artilleriebeschuß liege, von Ungarn besetzt und von der Bevölkerung geräumt sei und daß der LKW nicht in den Ort hineinfahren dürfe, nur bis zum Dorfrand im Schutze der Weinberge. Also los!

Wir fuhren bis zur Csókaer Abzweigung auf der Hauptstraße. Nichts Besonderes zu bemerken, hie und da ein zerschossenes Auto, ein Panzer oder anderes Kriegsgerät, ein paar Trichter. Der Ort Csókakö sah aber schon wüst aus. Viele Häuser verbrannt, eingestürzte Dächer, der Kirchturm sehr stark beschädigt, überall zwischen den Ruinen Leute, spielende Kinder, dazwischen Militär, die Straße entsprechend elend, natürlich. Auf der Höhe das schöne Kreuz mit dem goldenen Corpus mitten entzweigebrochen, am Boden liegend, ein erschütternder Anblick. Von weitem bemerkten wir, daß unser schönes Kellerstöckl, das alte Lambergsche ‚Rote Haus', durch Artilleriebeschuß schwer havariert war. Die vielen kleinen Weingartenhäuschen zwischen Csóka und Csákberény boten einen desolaten Anblick. Bei jedem ohne Ausnahme war die Tür eingebrochen oder ausgehängt, viele ganz zerschossen oder zerstört, die Fässer durchwegs zerschlagen, die Pressen demoliert. Je mehr wir uns Csákberény näherten, desto zahlreicher waren die Spuren des Krieges. Überall zerschossene Panzer, Militärautos, Batterien, immer mehr tote Pferde, teilweise auf der Mitte der Straße, auch viele Leichen, zum Teil im gefrorenen Straßenkot, über den wir fuhren. Man war allerdings dabei, sie zu bergen, es sollten aber noch sehr viele seit den Dezemberkämpfen auf den Feldern und im Wald unbestattet liegen. Unser alter Meierhof Orond war ein Trümmerhaufen. Die früher so gepflegten Felder völlig von Raupenfahrzeugen zerpflügt. Am Ende der alten Kastanienallee versteckten wir unseren LKW in der Lehmgrube und gingen dann zu Fuß ins Dorf hinein. Zivilisten sahen wir nur ganz wenig, diese waren zu Räumungsarbeiten eingesetzt. Im ganzen Dorf, mit an sich 2000 Einwohnern, sollten nur 60 Männer leben. Unsere Ankunft erweckte bei diesen rührende Freude und Tränen. Das obere Dorf war verhältnismäßig wenig zerstört, die Zentrale und das Rentmeisterhaus hatten nur einen Treffer, vom Verwalterhaus war der Nordtrakt zusammengestürzt. Das Kriegerdenkmal auf dem Hauptplatz war unversehrt. Überall sah man ungarisches Militär, momentan war wenig

Kampflärm zu hören, nur ab und zu in Richtung Nyáriállás MG- und Gewehrfeuer. Beim Garteneingang sahen wir eine Reihe von Russengräbern mit roten Sternen.

Sie waren aber bereits von Unbekannten teilweise zerstört worden. Es lagen dort mehrere russische Offiziere. Angeblich hatte man als Särge unsere Biedermeier-Wandkästen vom Gang genommen, als „Leichentücher" aber die Ahnenbilder aus dem Blauen Salon. Links die beiden Glashäuser ohne Scheiben. Einige vom Frost gebleichte arme Pflanzen standen noch wie anklagende Gespenster auf den Regalen. Schon von weitem sahen wir, daß unser armes Zuhause verändert war. Nähertretend stellten wir fest, daß das Dach besonders über der Buben-Wohnung und dann etwa in der Mitte drei große und mehrere kleine Granattreffer aufwies. Überall Splittereinschläge. Die Buchshecke vor dem Haus war ‚abrasiert', es gab keine Fenster mehr, alle Türen waren zerschlagen oder nicht mehr existent. Überall zerstreut zerschlagenes Mobiliar, zerrissene Bücher, gebrochene Bilderrahmen, in den Schnee getreten, darin festgefroren. Ein ganz, ganz böser Traum. Die Eindrücke waren zu viele und zu große auf einmal, als daß man erschüttert gewesen wäre. Der Eintritt war wohl der ärgste Moment. Wer unser besonders in letzter Zeit so soigniertes und hübsch gewordenes, renoviertes und modernisiertes Haus gesehen hatte, hätte das ermessen können. Das Bild der vandalischen Zerstörung, für jede Phantasie zu schrecklich! Ich hatte mich gezwungen, mir im vorhinein alles möglichst schwarz auszumalen. Meine Befürchtungen wurden aber um vieles übertroffen. Am Boden im wüsten Durcheinander und zwischen den Ruinen unserer ehemaligen Möbel, Türen und Fußböden im ganzen Haus zerstreut Stück für Stück sorgfältig zerrissene Bücher, die Reste meines Archives ebenfalls zerrissen und Exkremente überall. Aufgerissene Böden und Plafonddecken, zerschlagene Geweihe, darunter da und dort noch ein halbwegs intaktes Bild oder ein kleiner, nicht brechbarer Gegenstand. Da die Zeit sehr knapp wurde, mußten wir uns auf ein gewisses Rettungsprogramm beschränken. Als erstes suchten wir das einzige Schloßversteck auf, das unter der Dachbodenstiege intakt schien, aber durch die Einschüsse gefährdet war. Wir fanden das Versteckte unversehrt vor. Nun eilte ich sofort zur ungarischen Kommandantur, die in der Rentmeisterei untergebracht war, nannte mich und bat um einen LKW, um die Sachen wenigstens bis zum Dorfrand bringen zu können. Der ungarische Oberstleutnant, der anfangs sehr reserviert schien, genehmigte dies nach einigem Nachdenken. Am Rückweg vom Rentmeisteramt wollte ich auch das Verwalterhaus besichtigen, wo ein weiteres Versteck ebenfalls intakt schien. Es blieb aber für dessen Bergung keine Zeit mehr übrig, was uns sehr leid tat. Auch dieses Versteck schien durch das eingefallene Dach gefährdet. Hier waren die ganze Hauswäsche und sehr viele Kleider versteckt — ersetzliche Sachen, gewiß, aber wer konnte damals in die Zukunft schauen? Als ich die Tür zur Verwaltungskanzlei öffnete, prallte ich fast zurück. Es trat mir mit entgeistertem Ausdruck eine schwarzbärtige, kleine Gestalt in einer Kombination von russischer und deutscher Uniform entgegen, die ich im ersten Augenblick nicht erkannte. Es war mein treuer Schaffer Kurucz. Auch er war ganz erschüttert über mein plötzliches Auftauchen. Er konnte mir nur schnell, beim Gang zum Schloß, die wichtigsten Sachen berichten. Der Meierhof, bis auf den noch stehenden Schüttkasten, ein Trümmerhaufen. Die Wohnungen der landwirtschaftlichen Arbeiter ausnahmslos geplündert. Das Rindvieh und die Pferde noch angekettet, bei lebendem Leib verbrannt, da niemand im heftigen

Artilleriefeuer sich getraut hatte, sie loszulösen, er sagte, sie stünden nun seit Ende Dezember dort. Ich hatte, Gottlob, keine Zeit, diese gespenstischen Kadaver anzusehen. Meine 500 Schafe und die Schweine, von den Deutschen verschont, waren von den Russen allesamt geschlachtet worden. Die Vorräte an Getreide im Schüttkasten hatten sie jedoch nicht angerührt. Jetzt seien die eigenen Truppen dabei, das Getreide fortzuschaffen. Auf meine naive Frage, ob sie dies mit ordentlichem Übergabeschein täten, sagte er mir, daß dies im Frontgebiet nicht üblich sei. Mein Schaffer machte mir einen etwas verstörten Eindruck. Dies war nach den vielen im Feuer verbrachten Wochen kein Wunder. Später hörte ich, er sei in Verdacht gestanden, ein sowjetischer Spion zu sein, die ungarischen Truppen waren sehr mißtrauisch gegen ihn. Mir machte er den Eindruck eines aus dem seelischen Gleichgewicht geratenen, armen Menschen, und ich versuchte, ihn zu trösten, wie ich es eben konnte. Seine Kinder waren bei ihm, seine Frau war von den Russen nach Csákvár verschleppt worden, wo auch viele unserer Leute waren. So Rentmeister Tükör, die Förster Müller und Maurer, die beiden Trampler, Ferenc und der Pfarrer. Von den Deutschen nach Mór evakuiert waren Fräulein Stiegler, Frau Udvardy, Frau Prybill und noch einige andere. Man sieht, genau Csákberény, gerade unser Heim, war seit vielen Wochen Frontgebiet, wo nicht einmal mehr die Bewohner ausharren konnten. Wahrlich ein persönliches, großes Unglück, gerade für uns. Alle hatten Unbeschreibliches ausgestanden, ungefähr 300 Csákberényer waren umgekommen. 80 Prozent aller Frauen von zehn bis achtzig waren vergewaltigt und viele mit Geschlechtskrankheiten angesteckt worden. Viele Ehemänner, junge Burschen, Greise, die die Frauen hatten verteidigen wollen, waren getötet worden. Gleichzeitig waren oft 10.000 bis 15.000 Russen im Dorf. Der Pfarrer, der die Frauen mit eigenem Leib geschützt hatte, wurde täglich mißhandelt, ihn hatten sie aber am Leben gelassen. Von sonstigen Bekannten waren Heger Zimmermann und mein alter Winzer in Csóka erschossen worden (der Schaffer wurde beim nächsten Vormarsch der Russen getötet). Ganz sicher weiß man aber nicht, wer es war. Im ganzen sind achtzehn Männer aus meinem Betrieb getötet worden, Diener Antal hat sein Bein verloren. Es gab keinen Hund, kein lebendes Tier in diesem toten Dorf mehr. Das alles erfuhr ich also vom Schaffer und einigen Männern, die mich unterwegs ansprachen, mich umarmten und unter Tränen küßten. Aber ich will weiter berichten. In das Schloß zurückgekehrt, durcheilte ich das ganze Haus während die anderen mit „Sammeln" beschäftigt waren. In der Bibliothek unter Schutt noch einige Bücher, die ich zu mir nahm. Der dortige herrliche Ofen natürlich zertrümmert. In der Vorhalle das große Billard zu Brennholz zerhackt, Ofen und Kamin standen hier aber. An der Wand noch drei beschädigte Bilder von Onkel Feri Lamberg, die ich retten konnte. Im einmalig schönen

Bilder rechts:
Aus der Fotosammlung des Autors: Der Jahreszyklus
Bilder umseitig:
Oben: Der Autor am Teich von Hainfeld
Unten: – und im Latschenmeer der „Grau-Alm"

Speisezimmer, dessen Wände mit Franz Lamberg-Malereien bespannt waren, hatte man letztere völlig zerfetzt, vernichtet. Welches Zeichen von Kulturlosigkeit, es war ja ein einmaliges museal wertvolles Original! Ob auch daraus Leichentücher gemacht worden waren? Wie mir die Buben sagten, hatte man später Teile der Leinwand zu Fußfetzen zerschnitten ‚nach Gebrauch' gefunden, gibt es dafür Worte? Unser Bechstein stand noch mit zerschlagenem Deckel, und ein junger Soldat spielte auf ihm gerade die ‚Liebesträume' von Liszt. Er ließ sich durch uns nicht stören. Anders die anderen Offiziere, Verteidiger unserer Heimat, die wir beim Verbrennen unserer Barockmöbel überraschten. Sie brüllten uns an, doch endlich das Frontgebiet zu verlassen. Im blauen Hoyos-Salon war die Tapete noch da. Das Schlafzimmer meiner Mutter war von den Ungarn als Kapelle eingerichtet, aber lauter fremde Sachen darin, nur die Confrater-Urkunde des Franziskaner-Ordens hing an der Wand. In der Garderobe standen noch die Kästen, allerdings ohne Türen und Fächer. Kein einziges Stück der wenigen vorhandenen Möbel war unbeschädigt. Es waren mindestens 96 Prozent vernichtet und verschleppt worden, einige Dinge, auch der präparierte Wolf vom großen Gang, waren im Garten zu sehen.

Unsere Arbeit mußte im Galopp geschehen, weil wieder stärkeres Artilleriefeuer einsetzte und man die Granaten einschlagen hörte. Auf einmal ein Mordskrach, und das Dach unseres Pferdestalles flog davon. Volltreffer. Der ungarische Feldjäger drängte zur Abfahrt. Da hieß es noch schnell ein paar Sachen zusammenraffen, was man gerade in der Eile erwischte. Ein paar kleinere Bilder, Marmor- und Metallsachen, liebe Andenken. Ach, hätten wir nur einige Stunden mehr gehabt, es wäre noch viel zu finden gewesen. Jeder kleine Schmarren, den man fand, war eine Freude, wie sie Kinder beim Ostereiersuchen empfinden. Ein Blick noch in unser armes Schlafzimmer. Da stand noch ein Nachtkastel, der Nachttopf darin war unversehrt. Wir nahmen das Kastel als Transportkiste. Der Betstuhl, ein Torso, zerhackt, in der unteren Lade Reste unserer Hausapotheke. An der Wand hing, ganz unversehrt, wie eine Mahnung das gewidmete Bild des Heiligen Vaters Pius XII. Unser Herz-Jesu-Bild aber war weg. In meinem Anziehzimmer fand ich noch intakte Fenster und einen Ofen. Hier war eine ungarische Feldkanzlei. Dieses Zimmer hatte am wenigsten gelitten, war von der Front auch schlecht einzusehen, von beiden Seiten geschützt, diente beiden Seiten als Kanzlei. Die Soldaten drängten zur Abfahrt, schade, es wäre noch viel Platz gewesen. Noch im Weggehen fand Phippi das Hufeisen unseres Derby-Siegers 1926, des unvergessenen Priel, das auf Silber montiert war. Umladen in den deutschen LKW, bereits unter verstärktem Artilleriefeuer, endlich starteten wir zurück.

Die Straße war unterdessen aufgeweicht, beim Weingarten ‚Hub' blieben wir um ein Haar picken. Die Preßhäuser ‚Hub' und ‚Sabanti' waren zerschossen und ausgeraubt, die Keller sollten aber intakt sein. Man sah Fässer unseres sehr großen Weinkellers auf den

Bild umseitig:
Der Autor mit Wowo und Wotti
Bild links:
Im Feld von Kirchberg/Raab

Feldern herumkugeln. Der Wein von 1944 war ja bezahlt, aber nicht mehr abgeholt worden. Die Russen hatten in die Fässer geschossen, der noch nicht ganz vergorene Wein war ausgeströmt, viele Russen waren so unsoldatisch umgekommen, von Weingasen getötet. In der Kirche waren wir leider wegen der großen Eile nicht. Als Bau war sie unversehrt, Einschüsse am Dach und am Turm. Auf letzterem ein deutscher Beobachtungsposten, eine Artillerie-Leitstelle. In der Kirche sollten die Heiligenstatuen geköpft, die Orgel zerstört worden sein, alle Meßkleider weg. Das Lehrerhaus, das untere Prybillhaus und das Ferenchaus waren zerstört. Die Mauer bei der Schießstatt und die Obstgartenmauer intakt. Wir fuhren diesesmal über Bodajk und den Bakonyer Wald nach Györ (Raab) und erreichten es erst um drei Uhr früh, eine Fahrt, die man sonst in zwei Stunden machen kann. Hier übernachteten wir in einer kalten Baracke. Es war uns klar, daß wir trachten mußten, so bald wie möglich wieder nach Csákberény zu kommen, denn erstens war die Frontlage sehr unstabil, zweitens aber war das Haus der weiteren Plünderung „eigener“ Soldaten ausgesetzt. Man sprach in Offizierskreisen in Raab davon, daß man die Russen durch ‚freiwillige Räumung‘ der Vértes-Dörfer aus den Bergen herauslocken wollte, damit sie dann durch umfassende Operationen von Norden und Süden abgeschnitten würden. Alles in allem war die Front dünn besetzt, man sah auffallend wenig Truppen, je weiter man nach hinten kam desto mehr. Eine komische Art, Krieg zu führen. Wir versuchten sofort, eine Autoverbindung nach Csákberény zu organisieren, aber es blieb bei Versprechungen, der Benzinmangel wurde täglich ärger, die Deutschen stapelten alles für eine neue Offensive, man sah auch täglich Züge mit Panzern über die Soproner (Ödenburger) und Wiener Bahnstrecke nach Osten rollen. Mit einem Wort, es ging für unsere Rettungsaktionen kostbare Zeit verloren. Feris Urlaub ging schon zu Ende (er war ja von Hajmáskér mit der ganzen Offiziersschule nach Stettin und dann nach Neuruppin versetzt worden, hatte inzwischen den größten Berliner Fliegerangriff am eigenen Leib erleben müssen) — also, die Buben entschlossen sich, mit Öhlmann per Anhalter nach Csákberény zu fahren und übernachteten diesmal in Mór, um mehr Zeit zu haben. Öhlmann hatte die Russen in Zámoly und Stuhlweißenburg erlebt, war befreit worden und mit seiner Frau nach Ikrény gekommen, er wollte bei uns bleiben. Die Frontlage um Csákberény war um einige hundert Meter günstiger. Die Buben konnten das zweite Versteck im Meierhof räumen, noch allerlei aus dem Haus bergen, darunter einige bessere Trophäen, und alles wurde nach Mór geschafft, wo dann Endstation war. Hier deponierten sie die Sachen an zwei verschiedenen Stellen, immer in der Hoffnung, sie weiterzubringen, was aber nicht gelang. Feri und Phippi kamen nach Ikrény zurück, Öhlmann verblieb noch in Mór und versuchte, auch eine Fahrgelegenheit zu bekommen, aber die Deutschen waren sturer geworden, man brauchte alles für die neue Offensive, und jeder Benzintropfen war da wertvoll. Feri fuhr dann an seinen neuen Bestimmungsort nach Eger ab.

Bei diesem zweiten Csákberény-Besuch konstatierten die Buben, daß ständig weiter geplündert wurde. Es kamen sogar Autos weit aus dem Westen, mit Zivilisten und Militärpersonen, die sich in diesem Frontgebiet mit dem Eigentum anderer bereichern wollten. Es waren nicht nur die Russen, bei Gott nicht! Sie erzählten, daß so viel Trümmer aus dem Schloß geräumt worden waren, daß man jetzt bei den Fenstern eben hineingehen könnte.

Jetzt verstanden wir eigentlich erst, wieso im Laufe der Geschichte so viele (Trümmer-)

Städte in den Boden ‚versunken' sind. Die Buben sagten, daß von den fünf Geweihreihen am großen Gang nur noch einige Reste in den oberen Reihen vorhanden waren. Zuletzt waren im ganzen Schloß über 1000 numerierte Hirschgeweihe, fast ausschließlich auf diesem Gang, gewesen. Nun schien ihnen das Schloß mehr ‚gereinigt' zu sein. Diese Reinigung hatte darin bestanden, daß man Möbel-, Geweih- und sonstige Trümmer unseres ehemaligen Mobiliars einfach bei den Fenstern hinausgeworfen hatte. Die Buben fanden einiges Brauchbares, darunter meine Papierschere, einige Kerzenständer, bronzene Plastiken, Beschwersteine aus Marmor. Mein alter Steirerhut, den ich sicher schon fünfzehn Jahre lang trug, wurde (buchstäblich genommen) voller Menschendreck aufgefunden, heute ist er, chemisch gereinigt, ein liebes Andenken an bessere Zeiten. Diesmal hatten die Buben Zeit, alle unsere ‚Verstecke' zu kontrollieren. Das Gewehrversteck im Wald, in einer fast unbekannten Höhle, hatten die Partisanen entdeckt, wahrscheinlich hatten sie beim Verstecken zugesehen. Hier waren achtzehn gute Gewehre, darunter fünf Springerflinten und zwei Purdeys, verlorengegangen. Die Silber- und Porzellanverstecke waren in jenem Teil des Waldes, wo jetzt die Front verlief. Sie waren erhalten geblieben, konnten aber erst viel später geborgen werden. Wir hatten einige Bilder, unsere Photoalben etc. bei verläßlichen Leuten untergebracht. Jetzt erfuhren die Buben, daß zwei dieser Häuser verbrannt waren. Ein Versteck mit den wertvollsten Büchern war in einem alten, trockenen Brunnen. Es war entdeckt worden und die Russen hatten die unersetzlichen Stücke mit Benzin übergossen und verbrannt. Ein Versteck mit den wertvollsten Gemälden war ebenfalls erbrochen. Es waren ein Schrotzberg und ein Lembach darunter. Drei Bilder fanden sich trotzdem, und die findigen Buben retteten sie dadurch, daß sie sie einfach in die Kirche hängten. Das waren zwei Heiligenbilder (Kopien nach Michelangelo) und ein Original-Lembach: Anna Lamberg darstellend. Andere Bilder aus den erhaltenen Verstecken wurden in Mór bei den Kapuzinern hinterlegt, ein anderer Teil bei Miki Szécsen im Lamberg-Schloß. Von alldem kamen später der Artwells, der Domherr Eltz, ein Lambergahne und das Ölbild vom Brandhof zustande. (Es wurde allerdings bei der dritten Flucht der Buben in Csákberény gelassen und ist verloren). Bei ihrer Rückfahrt besuchten die Buben die Miki Szécsens wieder. Sie fanden sie in guter Verfassung, die Kinder waren bereits bei den Großeltern in Rhéde.

Auch Oberjäger Őhlmann erzählte ihnen von seinen Erlebnissen in den drastischesten Farben, denn er hatte Fürchterliches mitgemacht. Der gute Miki vertraute aber der angelsächsischen Verheißung, daß die Russen ‚wahre Befreier' wären. Auch war er als aktiver Deutschengegner voller Hoffnung auf eine bessere Zeit nach der Befreiung. Das schreckliche Unglück ereignete sich dann Mitte März beim endgültigen Vormarsch der Russen. Er und seine wunderschöne Frau Alice wurden bestialisch ermordet. — Da Őhlmann keine Nachricht aus Mór gab, schickte ich Anna dorthin, mit der Auflage, nicht allein nach Csákberény vorzudringen. Sie stellte in Mór fest, daß in militärischen Kreisen wieder einmal ein unbegreiflicher Optimismus herrschte. Eine Offensive werde vorbereitet, Panzerdivisionen seien im Anmarsch. In Mór wurde Anna von einem ungarischen Oberst überredet, mit ihm in einem PKW nach Csákberény zu fahren. Dort war jetzt ein alter Bekannter von mir Abschnittskommandant, ein (Husaren-)Oberstleutnant Auerhammer, der mir 1919 im ersten Kommunismus als Leutnant viel hatte helfen können. Diese Husaren versprachen uns allerlei Hilfe und Schutz gegen weitere Plünderer, mehr konnte Anna für den Moment nicht erreichen. Bei Zámoly, das ebenso wie Borbála zu dieser Zeit in russischer Hand lag, verlief die Front etwa hinter der Laja-puszta und durch das Föhrental. Die Beamten von diesen beiden Besitzungen waren nach Stuhlweißenburg evakuiert worden, so Pintér, Mürckl und Thieringer. Als die SS Stuhlweißenburg wieder in deutsche Hand brachte, kamen alle diese Beamten zu uns nach Ikrény und erzählten Grauenhaftes von der Kriegsfurie in unserer schönen Komitatsstadt. Thieringer erzählte von der Besetzung des Borbálaer (St. Barbara) Meierhofes. Hier hatten die Russen eine deutsche Handgranate gefunden, die Deutschen waren schließlich vorher dort gewesen, und hatten sofort neun unserer besten Angestellten erschossen, ohne sie überhaupt anzuhören, darunter den sehr guten Beamtenkutscher. Auch hier hatten sie das ganze Vieh sofort geschlachtet, der Zivilbevölkerung aber nichts davon gegeben. Die uns bekannten deutschen Flieger besuchten uns öfters in Ikrény. Ihr damaliger Standort war Pápa, von wo sie Einsätze in das belagerte Budapest flogen und auch Verluste hatten. Sie brachten Waffen und Munition hinein und Verwundete heraus. Als Helfer hatten wir einige Herren des Győrer Kommandos, so den ungarischen Oberstleutnant von Fluck, einen deutschen Oberst und den Kommandanten der Feldjäger Randolf und einen Leutnant Becker. Sie halfen uns, wo sie konnten. Sogar ungarische Feldgendarmen wurden zu unserem Schutz abgestellt, als Wilderer und Pfeilkreuzler ihr Unwesen trieben. Nandi flog eines Tages mit dem Major nach Pudmerice in die Slowakei, wo bei Pali Pálffy ein Schmuck der Pallavicinos deponiert war. Sie ging auch nach Preßburg, wo die Auslagen gefüllt waren und ein relativ friedliches Leben herrschte. Inzwischen, es war bereits Ende Februar, verließen die Pallavicinos Kőszeg und fuhren mit ihrem CD-Wagen (Alexi war ja Konsul und konnte den Wagen behalten) nach Millstatt, wo sein Bruder Tato wohnte.

Anna übernahm in Kőszeg das Kommando und studierte die Grenzverhältnisse, befreundete sich mit Grenzkommandanten, sondierte Etappenorte für eine eventuell notwendige Flucht, die wir einkalkulierten, aber erst für dann, wenn Ungarn nicht mehr gehalten werden konnte. Die Flucht nach Deutschland wurde von mir aus verschiedenen Gründen als ‚ultissima ratio‘ betrachtet.

... Alle unsere Ikrényer Leute mußten täglich schanzen, und zwar mitten im Inondationsgebiet der Raab Laufgräben ausheben. Ein Schulkind hätte sagen können, daß jeder Spatenstich umsonst sei, denn beim ersten Tauwetter würde das Wasser drinnen bis zum Rand stehen. Aber da half kein Protest. Alle Leute mußten täglich hinaus, und dabei lag im Jänner noch die ganze Rübenernte draußen, sogar Mais war noch ungeerntet, ebenso der ganze Hanf. Nichts fruchtete, es hieß, die Deutschen hätten es befohlen. Mir aber schien, es wäre vielen dieser Herren Offiziere wichtiger, einen Grund dafür zu haben, nicht an die Front zu müssen, daher das Festhalten an dieser absurden Arbeit. Von allen hier stationierten ungarischen Offizieren war nur ein siebenbürgischer Leutnant nett und hilfsbereit. Das Wohnproblem im Schloß wurde immer größer, denn ein Teil der Meranschen Beamten war mit Kind und Kegel eingetroffen, auch andere Csákberényer Flüchtlinge, wie Tischler Tollas zum Beispiel, der brühwarm von den Russen berichtete. Wir selbst wohnten in zwei Zimmern zu fünft und mußten uns täglich gegen die Wegnahme durch ungarisches Militär und Pfeilkreuzler wehren. Das ungarische Militär hatte damals eine sehr schlechte Moral, was ja auch begreiflich war, denn die meisten Soldaten hatten ihre

Familien im von Russen besetzten Gebiet, außer manch höherem Offizier, der seine Familie beim Rückmarsch einfach mitnahm. Die sowjetische Übermacht war acht- bis zehnfach, und die deutschen Märchen von Wunderwaffen und von der bevorstehenden Wende glaubte niemand mehr. Auf der anderen Seite kannten die Soldaten aus eigener Erfahrung die ‚Gepflogenheiten' der Fronttruppen, es war schon ein arges seelisches Dilemma, dem die empfindsamen Ungarn in ihrer fanatischen Heimatverbundenheit schlechter gewachsen waren als die Deutschen, die wesentlich hilfsbereiter zu uns waren. Bezeichnend waren vor allem jene ungarischen Soldaten, die auf die Deutschen schimpfend und die von ihnen entlehnte Macht oft gegen sie ausnützend, zu den Deutschen flohen, ohne gegen den östlichen Feind eine Hand zu rühren. Da waren diejenigen irgendwie anständiger, die gleich zu den Russen überliefen, als jene, die die kämpfenden Deutschen als Deckung zu ihrer eigenen Flucht benützten. Wenn man im Jänner in Raab zu tun hatte, sah man sehr viele goldbetreßte Stabsoffiziere auf den Straßen herumflanieren, im Februar änderte sich dies, da sah man dieselben Herren in Luxusautos (meist solchen, die man der Zivilbevölkerung weggenommen hatte), mit großem Gepäck, oft auch mit Damen gegen Westen fahren. Wie mir die Töchter berichteten, waren die Städte Steinamanger und Güns im März dann rammelvoll mit hohen und höchsten Offizieren, die anscheinend nichts zu tun hatten, auf keinen Fall aber kämpften oder einen Kampf leiteten. In Raab plünderten die Pfeilkreuzlerhorden und drangsalierten die Zivilbevölkerung auf das rücksichtsloseste. Wohnungen von eingerückten Soldaten wurden von ihnen oft ebenso geplündert oder enteignet wie solche von jüdischen Mitbürgern. Sie errichteten eine Schreckensherrschaft, die allerdings meistens nur in den Städten wirklich zum ‚Tragen' kam. — Ende Feber und Anfang März hielt ich mich nur sehr ungern in der Stadt auf, weil man ständig von Pfeilkreuzlertrupps (in ihren schwarzen Uniformen mit den gestreiften spitzen Kappen) perlustriert und zur Ausweisleistung gezwungen wurde, und es war ja — meiner Stellung als Regimegegner und Legitimist eingedenk — durchaus möglich, daß man kurzerhand in einem ihrer Lager landete. Da fühlte ich mich in Ikrény sicherer.

Hier lagen auch uns wohlgesinnte deutsche Truppen, die uns im Falle des Falles retten konnten, und last not least unsere guten, treuen Angestellten. Unterdessen etablierte sich die Szálasi-Regierung im äußersten Westen des Landes und feuerte die Bevölkerung lautstark zum Durchhalten an. Unser Land erlebte wahrlich ein trauriges Kapitel seiner Geschichte! In diesen Tagen versuchte ich allerlei zur Rettung des Ikrényer Gestüts und des herrlichen Viehbestandes, doch herrschte schon eine allgemeine Kopflosigkeit bei allen Stellen, und die Hilfe der Deutschen oder gar der allgegenwärtigen SS wollte ich in dieser Angelegenheit nicht in Anspruch nehmen, nur das ungarische Gut für Ungarn retten, wie es eben, abgesehen von privaten Interessen, auch Pflicht war. Aber es wäre in diesem Stadium alles schon umsonst gewesen, mitten im Winter. Die wenigen Leute, die etwas hinausbrachten und auch wirklich retteten, hatten schon vor Monaten vorgesorgt. Das waren aber nur sehr wenige, zu denen zu zählen ich nicht die Ehre hatte. Einige Male war ich auch in Győr (Raab) bei Bischof Apor (seine Mutter war eine Pálffy), einem ganz charmanten, überzeugungstreuen, aufrechten und ungemein beliebten Herren. Der hatte eine ganze Kolonie von Flüchtlingen in seinem Palais. Seine Schwester führte ihm das Haus, sie war eine ehemalige Oberin vom ‚Roten Kreuz', eine energische und politisch sehr engagierte Dame, die auch von den Nationalsozialisten eingesperrt worden war. Da gab es manchmal interessante Gespräche, in die allerdings der Bischof höchstens ausgleichend eingriff. Ich konnte ihnen nach all dem in Csákberény Gesehenen und von Augenzeugen Gehörten so manches erzählen, was aber als Ausnahmefall bezeichnet wurde und was man nicht recht glauben wollte. Wer hätte damals gedacht, daß dieser edle und aufrechte Priester, Baron Apor, schon wenige Wochen später vor seiner Türschwelle, betrunkene Russen abweisend, niedergeschossen und drei Tage später seinen Geist aufgeben würde. Er war einer der mutigsten und tapfersten Gestalten des ungarischen Episkopates gewesen, ein treuer Patriot, der keine Furcht gekannt hatte. Er war damals neben Mindszenty der einzige Bischof in Ungarn gewesen, der es durchgesetzt hatte, zu den internierten Juden gelassen zu werden, um ihnen seelisch beizustehen. Er war in vollem Ornat beim Lager vorgefahren, und da hatte niemand gewagt, ihn abzuweisen. Sein Tod war ein großer Verlust für Ungarn, denn er war nicht nur die Zierde des Episkopates, sondern auch der Stolz des Volkes.

Mitte März, wenige Tage nachdem Anna in Mór und Csákberény gewesen war, wo noch eitler Hoffnungstaumel geherrscht hatte, kamen böse Nachrichten. Die Vértes-Front eingedrückt, die Russen in breiter Front überall im Vormarsch. Auch in militärischen Kreisen wurde der Zustand als ‚ernst, aber nicht hoffnungslos' bezeichnet, was man von Todeskandidaten her kennt. Auf meine eindringlichen Fragen hieß es, in spätestens zehn Tagen wären die Russen da. Diesmal war der Entschluß leichter als in Csákberény, denn die Situation war klarer. Einesteils stand das in Csákberény Erlebte klar vor uns, andererseits fiel Ikrény in den Verteidigungsgürtel von Raab. Alle Stellungen, hieß es, auch in der Nähe des Hauses, sollten bis aufs äußerste verteidigt werden. Da war nicht viel zu überlegen. Ich expedierte Anna und Lori, die gerade da waren, nach Kőszeg (Güns). Lori und Christl sollten gleich weiter nach Neudau, Anna sollte uns erwarten. Sollte sich die Situation ändern, könnte man ja in Kőszeg die Ereignisse abwarten, dazu hatten wir es ja einkalkuliert. Die folgenden Tage waren mit Packen ausgefüllt. Phippi war zum Militär eingezogen, es gelang ihm aber, in Ikrény zu bleiben, wo er ‚seine Truppe' mit Wildenten versorgte. Wir planten die Abfahrt, versuchten alles Wertvolle zu verstecken und das Vieh bei Bauern unterzubringen. Wieder versagten viele der Angestellten ziemlich, sie waren mit eigenen Problemen beschäftigt. Himmelhochjauchzend, dann wieder ganz verzweifelt. Wenn die Existenz bedroht ist, scheint der Mensch alles andere völlig zu vergessen. Der arme, primitive Landarbeiter ist da viel gottergebener, vernünftiger. Nur Zwickl war bis zuletzt eine große Hilfe. Őhlmanns und Thieringers erklärten sich bereit, mit uns zu gehen, eventuell auch über die Grenze, der Oberknecht Lajos, ein sehr netter, vernünftiger Mann, bis Kőszeg. Wir planten, mit drei Wagen zu fahren, einer leichten Kalesche und zwei Leiterwagen. Ein Paar leichte und zwei schwere Pferde eingespannt, ein paar leichte Pferde mitgeführt. In Kőszeg war noch ein leichter Zigeunerwagen und ein Paar Pferde mit einer Wagenladung Sachen schon in Neudau. Die Strecke bis Kőszeg (107 km) wollten wir in eineinhalb Tagen zurücklegen. Am Palmsonntag, nach der Hl. Messe, konnten wir noch Sachen einmauern. Die Abfahrt war für zehn Uhr abends festgesetzt. Am Nachmittag verlangte der Ortsgruppenleiter der Pfeilkreuzler, Horog, Aufklärung über die Reisevorbereitungen und über einen Sack Zucker, den wir mitführen wollten. Ich sagte ihm grob meine Meinung. Er lief, ganz bleich und Drohungen ausstoßend, um mit Raab zu telefonieren. Die Buben waren noch am Entenstrich. Als wir eben aus dem Hof fuhren, die leichten Pferde machten beim Tor Schwierigkeiten, hörten wir Motorradgerassel, und Pfeilkreuzler in Lederjacken brüllten uns an: Aussteigen, wer sich widersetzt, wird erschossen! Nandi eilte zum deutschen Kommandeur, der im Schloß wohnte. Er kam herunter, fuchtelte ebenfalls mit der Pistole und stellte uns Passierscheine aus. Die Pfeilkreuzler wurden mit den zwei leichten Pferden ‚abgefunden', die wir mitlaufen lassen wollten. Eine Zeitlang begleitete uns deutsche Feldpolizei, die Mordbuben verdrückten sich. Das ganze hatte eine Stunde gedauert. Wir fuhren teilweise schon in Kolonnen und im Schrittempo. Auch mit den Juckern, den sogenannten alten ‚Vércse' und ‚Hegyes', den besten Pferden, die ich je hatte. Wir fuhren durch Csorna, kamen in Farád an, wo Bruder Hansi Ortskommandant war. Er stand im Pyjama vor seinem Quartier, hatte diese Nacht nicht geschlafen und sah sehr schlecht aus. Es war halb fünf Uhr früh. Er berichtete uns von etwas besseren Frontnachrichten, auch daß die Lage weiterhin sehr ernst sei. Er sagte, er habe schon Autos gesehen, mit unverbundenen Verwundeten, ein sehr schlechtes Zeichen. Tochter Marcsi war vor einigen Stunden mit ihrer Schwiegermutter von Csorna abgefahren. Wir sollten uns ihrer annehmen, da sie schlechte Pferde hatte und in der Hoffnung war. Ihr Mann Béla war beim Militär. Wir fuhren weiter, trafen Marcsi aber nirgends, obzwar wir überall nach ihr fragten. Sie fuhr ja auch in Richtung Kőszeg, wir hofften, sie dort zu sehen. Wir waren besorgt, und als sie dann später auch in Neudau nicht zum Vorschein kam, mußten wir das Ärgste befürchten. Sehr viel später stellte sich heraus, daß Marcsi den kürzeren Weg genommen hatte, während wir den weiteren, aber in dieser Situation sichereren Weg über Petőháza fuhren. Wir hatten einen Wagen mit Lebensmittel vollgepackt. Es waren Speckseiten, Schinken, Fett und Würste, auch zwei Zehnliter-Korbflaschen mit hochprozentigem Schnaps und eine Kiste Zigaretten (für Trinkgelder etc.) waren dabei. Őhlmann stärkte sich öfters, die Buben hielten die schlaflose Nacht gut durch. Später stellte sich auch heraus, daß die Pferde von Marcsi zusammengebrochen waren und daß sie bei Bekannten Unterschlupf suchen mußte und fand, wo sie dann die Russen aber doch erreichten. Doch mit Gottes Hilfe überstand sie auch dies, und es passierte ihr wenig. Nur ihr Mann und ihre Eltern hatten in Sorge um sie qualvolle Stunden verbracht. Hansi sagte, er habe in Farád zu bleiben, bis das Kampfkommando seinen Abschnitt übernehmen würde. In Petőháza machten wir Mittagsrast in einem mit deutschen LKWs völlig überfüllten Hof. Plötzlich erschienen amerikanische Flugzeuge über uns. Sie flogen niedrig und waren groß an Zahl. Kein sehr angenehmes Gefühl, daran zu denken, was geschehen würde, wenn sie ihre Bomben ausklinken ließen. Denn die deutschen LKWs waren mit Benzin und Munition förmlich überladen. Doch Gott half uns, und sie flogen weiter. Wir wären alle längst Marmelade!

Wir legten noch einige kurze Rasten ein, stellten aber fest, daß sowohl wir als auch unsere braven Pferde so frisch waren, daß wir in einem nach Kőszeg fahren konnten, nach Kőszeg, wo ich für alle Fälle vor Monaten ein Quartier gesichert hatte, um erst im allerletzten Augenblick Ungarn verlassen und Hitlerdeutschland nur im Notfall um Asyl bitten zu müssen. Wir kamen um neun Uhr dort an, wo uns gleich Alarmnachrichten erwarteten, daß die Russen bei Pápa durchgebrochen waren und bei Sárvár standen. Aber ein Tag Rast mußte eingeschoben werden, mehr ging wirklich nicht. Wir packten einiges um, reparierten kleine Defekte an den Wagen. Der Oberknecht Lajos verabschiedete sich und eilte nach Ikrény zurück. Ob die diversen Beamten und Flüchtlinge noch vor den Russen weggekommen waren? Sie hatten einen Tag nach uns wegfahren wollen. Sehr viel später hörten wir, daß nur der Borbálaer Verwalter Mürckl weggekommen war. Zámoly-Verwalter Pintér hatte gerade seinen Bruder in Ödenburg besucht, dann hatte er dort zum zweiten Mal die Russen erwartet. Am Dienstag in der Früh fuhren wir von Kőszeg ab. Bei der Abfahrt kippte der eine vollbeladene Wagen zu allem Überfluß noch um, aber es entstanden keine Schäden. In der Nacht gab es einen großen Fliegerangriff auf Szombathely (Steinamanger), mit phantastischer Beleuchtung durch ‚Stalin-Kerzen'. Überall furchtbar verstopfte Straßen. Anna war schon gestern an die Grenze vorausgefahren, um alle Formalitäten zu erledigen. Sie hatte hier schon seit Wochen vorgearbeitet. Ohne sie wären wir nicht glatt durchgekommen, und wir waren auch die letzten, die man noch durch Protektion passieren ließ, da der Grenzübertritt nur schubweise gestattet wurde, und wir hätten vielleicht viele Stunden warten müssen. In Köszeg hatten wir den dorthin vorausgeschickten Zigeunerwagen eingespannt und die Ikrényer Kalesche angehängt, was sich als zu mühsam für das Gedränge herausstellte, wir ließen sie daher in Rechnitz bei Iván Batthyány zurück. In Rechnitz stiegen Nandi, Maxi, Frau Őhlmann, Frau Thieringer und ich in den Zug ein, während Anna, Phippi, Őhlmann und Thieringer mit den Wagen folgen sollten. Das war für uns Erstere natürlich eine große Erleichterung, denn das Vorwärtskommen mit den Wagen im endlosen Zug von Autos, Flüchtlingsfuhrwerken und marschierenden Soldaten war schrecklich mühsam und auch voller Gefahren. Wir stiegen wie verabredet in Oberwart aus, wo noch am Vormittag eine paradiesische Ruhe herrschte, am Nachmittag aber Panikstimmung einsetzte, da die Evakuierung in Gang gesetzt wurde. Die Ursache für die Panik war der im Süden erfolgte Panzerdurchbruch der Russen, die über Feldbach gegen Graz vorstießen und nur bei St. Marein am Pickelbach von den Deutschen gestoppt und dann bis Gleichenberg zurückgedrängt wurden, wo sie bis zum Ende des Krieges blieben. Wir konnten mit Mühe einen Stall für die nachkommenden Pferde finden, aber für uns wollte sich kein Quartier finden, obwohl ich selbst bis zum Bürgermeister vordrang. Endlich wurde uns ein Quartier in einem Tanzsaal zugewiesen. Es war schon voller Soldaten und Zivilisten, aber es fand sich eine Lagerstatt auf schmutzigem Stroh. Plötzlich erklang das Kommando: ‚Alles hinaus!' Es wurden Verwundete gebracht.

Nandi und den zwei anderen Frauen gelang es, ihre Plätze doch zu halten. Maxi und ich hingegen mußten hinaus. Mir war es recht, denn ich hatte ohnehin keine Ruhe, da die Wagen noch immer nicht eingetroffen waren. Es war schon finstere Nacht. Ich ging ihnen entgegen, ohne aber eine Spur von ihnen in den abgedunkelten Straßen zu finden. Ich

Bild rechts:
Waldohreulen

Bild umseitig:
Der Fischotter ist selten geworden

1950

wartete noch vor dem Pferdequartier und wollte dann zurück zu den Frauen, um zu sehen, ob sie sich behauptet hätten. Ich war kaum 200 Schritte in die Richtung gegangen, als es auf einmal ganz nahe Fliegergeräusche gab, Tiefflieger, und schon stob alles ‚ventre a terre' auseinander. Ich hatte gerade noch Zeit, mich in eine Tornische neben dem Gehsteig zu werfen, da fielen schon die Bomben, es war ein Höllenspektakel. Klirrende Gläser, die Luft

Bilder umseitig:
Familienbilder
Links oben:
Die Ehepaare Philipp sen. und Hans sen. Meran, 1930 in Brandhof
Links Mitte oben:
Vier Generationen! Marianne Meran-Eltz, ihre Mutter Christine Eltz-Gudenus, ihr Enkel Philipp Gudenus, ihre Tochter Anna Gudenus-Meran
Links Mitte unten:
Drei Nachbarn: v. l. János Zichy, Philipp Meran sen. und Moritz Esterházy, Csákberény, 1943
Mittelbild:
Der Autor mit acht Jahren, 1934
Links unten:
Die sechs Geschwister beim 60. Geburtstag von Feri Meran, v. l. Max, Lori, Philipp, Feri, Christl, Anna – Murau, 1984
Rechts oben:
Philipp Meran mit seiner Frau Marianne und den vier jüngeren Kindern: Feri, Phippi, Lori und Max und dem Komondor „Pajtás"
Rechts mitte:
Der Autor mit dem zahmen Tier Traudl, 1958 in Eggenberg
Rechts unten:
Feri, Hansi und Philipp Meran, 1955 in Stainz

Bilder links:
Familienbilder

Links oben:
Die vier jüngeren Kinder mit Gouvernante Jeanne d'Appenthel (Antatelle) und Lehrer Walter Sándor, Csákberény, 1933
Links mitte oben: Philipp Meran sen. Mit der Strecke einer Pirsch, 1936
Links mitte unten:
Philipp sen. und Dr. Johann sen. Meran, 1935
Links unten:
Antatelle, Feri und Philipp sen. Meran, Höll, 1949
Rechts oben:
Die vier größeren Kinder, Csákberény, 1936
Rechts mitte:
Großvater Karl Graf Eltz mit Förster Neubacher, 1937
Rechts unten:
Das letzte Bild der ganzen Familie, Jänner 1950 in Stainz, v. l. Maxi, Phippi, Feri, Marianne (Nandi), Philipp, Anna, Christl, Lori Meran

voller Staub, überall neben mir einschlagende Bombensplitter. Die Hauptexplosionen waren auf der gegenüberliegenden Seite der Straße. Ein Riesenaufschrei der Menge, dann Totenstille. Über uns schwebte eine Wolke von Staub und stinkendem Rauch. Ich eilte sofort zu Nandis Quartier, fand sie aber nicht im vollgestopften Saal, der überdies völlig finster war. Auch Maxi war nicht dort, wo ich ihn gelassen hatte. Von Unruhe getrieben, voll Sorge, daß den Wagen vielleicht beim Einfahren durch die Bomben etwas geschehen sei, ging ich wieder in Richtung Pferdequartier, zum Anfang der Ortschaft. Gerade dort, wo ich einige Zeit vorher gewartet hatte, waren Bombentrichter, ein Pferd wälzte sich am Boden, man trug Tote und Verwundete weg. Von den Wagen weiter keine Spur. Ich hoffte, daß sie irgendwo in der Peripherie einen Platz zum Nächtigen gefunden hatten, und ging mit dem unterdessen wieder aufgetauchten Maxi weg, um einen Platz zum Übernachten zu suchen. Schließlich fand ich eine Art offenes Vestibül mit Stufen, den Eingang zu einem Kino, wo schon viele Menschen hockten und wo man wenigstens überdacht war. Der Zufall wollte es, daß sich hier ein Stuhlweißenburger Holzhändler mit Familie aufhielt, der mich kannte und der uns auf einem Sack einen Platz sicherte und uns Decken gab. Es war nämlich in dieser Nacht bitter kalt, ein Grad unter Null. Ich hockte auf der untersten Stufe, die Füße gegen den Gehsteig, vor mir flutete die ganze Nacht der Verkehr, Panzer, LKWs, Trecks, bei mir war vom Schlafen wenig die Rede, nur Maxi konnte etwas weiter oben einige Zeit schlafen. Auch diese Nacht hatte ihr Ende. Phippi war den Pferdewagen mit dem Radl vorausgefahren und übernachtete ohne Decke in einem alten, feuchten Heuschober am Friedhof. Er kam in der Früh völlig unterkühlt auf den Hauptplatz, wo er uns antraf. Auch die anderen kamen wohlbehalten in der Früh nach Oberwart, und so waren wir wieder, Gott sei Dank, alle beisammen. — Sowohl die Frauen in ihrem Quartier als auch die ‚Kutscher' waren voller Sorge wegen des Bombenangriffes in der Nacht. Wir fütterten die Pferde im vorbestellten Stall, dann ging es weiter in Richtung Neudau, vorerst über Kemeten in südlicher Richtung. Wir gewannen gegenüber den Russen, die südlich von uns weit vorgeprescht waren, kein Terrain, aber wir kamen wenigstens vom Fleck und aus dem gräßlichen Flüchtlingsstrom heraus.

Dieser Flüchtlingsstrom war übrigens voller Kontraste. Es gab da Zigeuner-, Pack-und Leiterwagen mit übernächtigten zerzausten Gestalten. Motorräder mit Beiwagen, riesige LKWs mit Zivilisten und Soldaten, alles durcheinander, dazwischen endlose Kolonnen von Luxusautos mit flüchtenden ungarischen Offizieren und Parteigrößen, dann Panzer und LKWs mit deutschen Truppen, meist von der SS, die Offiziere in Kampfanzug, dann wieder getriebenes Vieh, wieder Luxusautos mit eleganten Weibern, wie auf dem Corso von Budapest gekleidet. Dieses fliehende, unmilitärische ungarische Militär, fast alles hohe Offiziere und Stabsoffiziere mit goldenen Krägen, war ein pittoresker Anblick, den ich nie vergessen werde. Am Wege sah man dann neben den Elendsgestalten immer wieder Gruppen von eleganten Leuten, die so aussahen, als wären sie zu einem ‚Piquenique' ausgerückt, dazwischen Feldgendarmerie, die leidlich Ordnung schaffte, vereinzelt auch vorrückende Einheiten. Unbeschreiblich waren der Lärm, das Geschrei und verschiedene Klagelaute, man war wirklich froh, aus diesem Inferno herauszukommen. Aber auch auf dieser relativ stillen Straße sah man immer wieder erschreckte Gesichter, einpackende Leute, denn es war für den ganzen Bezirk der Evakuierungsbefehl da. Die Bauern aber erklärten zum allergrößten Teil, sie blieben zu Hause, komme was da wolle. Dies gelang ihnen umso leichter, als wir die ganze Route bis Neudau keinen einzigen uniformierten Parteimann sahen, offensichtlich hatten sie sich schon abgesetzt. Die Fahrt verlief hier daher ohne besondere Ereignisse. Den steilen Burgauberg bezwangen wir mit Leichtigkeit und waren am frühen Nachmittag in Neudau, wo wir mit unvergeßlicher Liebe und Gastfreundschaft aufgenommen wurden und Christl sowie Lori wohlbehalten vorfanden.

Wie wohltuend wäre es gewesen, hier inmitten unserer Lieben das Osterfest feiern zu können. Nur Minki, Hans und die über neunzigjährige Tante Chlotilde Kottulinsky waren anwesend. Cécile, Willi und die Kinder waren schon am Attersee.

Leider waren die Nachrichten weiter trübe, der Vormarsch der Russen konzentrierte sich allerdings mehr nach Norden (Richtung Wien). Hier im Süden schienen weniger kampfkräftige Verbände zu stehen. Kőszeg allerdings, wo wir noch vorgestern gewesen waren, war nun eindeutig besetzt worden. Meine Schwester Minki war auch schon mit Packen und Verstecken beschäftigt. Es war ein trauriger Anblick, die Auflösung eines lieben Familienhauses mitansehen zu müssen. Mir war nicht viel anders ums Herz als in Csákberény und Ikrény. Wir waren trotz aller Aufregung glänzend untergebracht und verpflegt, ebenso unsere Pferde. Leider war von den zwei vorausgeschickten Pferden das eine krank geworden und nicht marschfähig, für dieses Pferd sollten wir ein Paar gute dreijährige Pferde mitnehmen, die Ivi Batthyány dort zurückgelassen hatte, und das gesunde Pferd hinten anbinden. Wie gut hätte uns damals unser Auto geholfen, aber man hatte es Ende 1943 zur Armee einberufen. Wahrscheinlich diente es jetzt vornehmen Offiziersgattinnen zur Rettung ihrer Habe. Da ich ja kein Protektionskind des Regimes war, hatten da keinerlei Proteste und Interventionen geholfen. Andere hatten ihre Autos dem Zugriff der Armee entzogen, indem sie sie rechtzeitig abmontiert und unbrauchbar gemacht hatten. Unsereinem, der immer korrekt war, fiel solches aber nicht ein. —

Der Gründonnerstag verging mit einer Inventur der nach Neudau vorausgeschickten Sachen, Umpackungen, Wagenreparaturen, Beschlagen der Pferde. Leider war es unmöglich, alles mitzunehmen, und so mußten die schweren Sachen zum Teil in Neudau zurückbleiben, so Bücher, Bilder, Teppiche, Wäsche etc. Von den 2500 Stück meiner Csákberényer Bibliothek hatten wir — bereits nach der Russenbesetzung — etwa 100 stark verschmutzte und beschädigte Bücher gerettet. Auch am nächsten Tag, dem Karfreitag, waren wir so beschäftigt, daß wir nur für einen Moment in die Kirche kamen. Am Nachmittag erschien plötzlich Bruder Hansi mit seinem Schwiegersohn Béla Rudnay und einem Husarenobersten Révész. Auch sie brachten schlechte Frontnachrichten. Hansi hatte gehofft, seine Marcsi schon in Neudau anzutreffen, und war unglücklich, daß sie nicht da war. Ihre Spur hatten sie ganz nahe der Grenze verloren. Die Situation verschlechterte sich indessen von Stunde zu Stunde! Immer mehr Flüchtlinge erschienen, die meisten mit Kind und Kegel. Neudau glich einem Heerlager. Leider kann ich nicht behaupten, daß unsere ungarische Armee sich sehr großer Beliebtheit erfreute. Neffe Hans war damals Volkssturmkommandant von Neudau. Am Abend erhielt er den Befehl, das im Ort befindliche ungarische Militär zu entwaffnen. Sehr peinlich für ihn, da ja sein Onkel und Béla Rudnay seine Gäste waren. Er protestierte mit Erfolg und erreichte, daß die Offiziere ihre Waffen behalten durften. Am Nachmittag sagte uns dann Hans, daß keine Zeit mehr zu verlieren sei und wir unbedingt bald weiterfahren sollten. Es bestünde nämlich die Gefahr, daß die Russen uns sehr bald überholen würden. Bruder Hansi wollte mit seinem Auto noch weiter nach Marcsi forschen und dann seinem Stab irgendwo folgen, aber er konnte weder ihn noch seine Tochter finden. In der Nacht kam dann auch völlig ermüdet und abgerissen Bruder Karl in Zivil an. Ihn hatten die Russen in Kőszeg fast überrollt. Vor Rechnitz war er dann in Artilleriefeuer gekommen. Er war mit seinem ganzen Gepäck per Anhalter in einem Anhänger eines mit ungarischen Pfeilkreuzlern besetzten LKWs gefahren. Als das Feuer einsetzte, hatten sie kurzerhand die Kupplung gelöst, und Bruder Karl war mit dem Anhänger und all seinem Besitz den Hügel hinuntergerollt und hatte sich nur durch einen Sprung im letzten Moment vor dem Absturz retten können. Seitdem war er zu Fuß unterwegs. Wir hatten beschlossen, zeitig am Morgen abzufahren und bis Thannhausen bei Weiz vorzustoßen, wo mein Onkel Gordian Gudenus wohnte. Schwester Minki wollte mit Bruder Karl auf der gleichen Route folgen, sie war aber trotz Packens bei Tag und bei Nacht noch nicht mit allen Vorbereitungen fertig. Im stillen wollte sie eigentlich ausharren, ging dann aber doch und kam nach vielen Abenteuern schließlich glücklich bei ihrer Tochter in Ebental in Kärnten an. Unsere Fahrt ging zunächst auf einem wenig benützten Weg ganz glatt vor sich. Als ersten kritischen Punkt hatte man uns die Straßenkreuzung bei Kaindorf auf der Hartberger Straße vorausgesagt. Auf der Wechselbundesstraße mußten wir nur einige Kilometer fahren, bis wir die Einmündung der Weizer Straße erreicht hatten. Die Voraussage bewahrheitete sich. Auf dieser Hauptstraße herrschte ein unbeschreibliches Durcheinander. Aufmarschierende Panzer, PKWs, Trecks, Viehtransporte. Die leichten Pferde, die Anna lenkte, wurden unruhig, als ein entgegenkommender LKW sie fast rammte. Sie mußte auf eine Wiese ausweichen, wo sie hätte umkehren sollen, nahm die Wendung aber zu eng, der Wagen kippte um, wobei die Deichsel in drei Teile brach. Schön sahen wir aus! Die anderen Wagen, von Phippi, Maxi und Őhlmann gelenkt, hatten von diesem Unfall nichts bemerkt und waren im Schritttempo im Verkehrsstrom weitergeschwommen. Ich stand mit Anna und der gebrochenen Deichsel allein da, und wir mußten uns selbst helfen.

Gott sei Dank waren unsere braven Pferde ‚Hegyes' und ‚Vércse' sehr schnell beruhigt, und das Ausspannen ging glatt vor sich. Ich eilte ins nahe Dorf, um womöglich eine neue Deichsel zu bekommen, doch man machte mir wenig Hoffnung, alle Männer waren beim Volkssturm, alle Wagnermeister waren eingerückt. Endlich fand ich einen Mann zu Hause, der nach einigem Bitten auch mitkam und die gebrochene Deichsel fabelhaft geschickt mit langen Nägeln zusammenstoppelte. Der Brave wollte absolut nichts annehmen, eine ‚Regalia Media' auch nur auf mein Drängen. Leider wurde inmitten aller dieser Aufregungen mein fast neuer ungarischer Pelz gestohlen, den ich beim Ausspannen abgelegt und unter einem Busch versteckt hatte! Schließlich gelangten wir nach einiger Mühe auf die ruhigere Feistritzer Straße, und die Fahrt war bei herrlichem Frühlingswetter entlang der blauen Feistritz eine wahre Entspannung. Da Karsamstag war, sah man festlich gekleidete Leute da und dort zur Auferstehung gehen. Der Weg zog sich doch sehr in die Länge, und die Nacht brach herein, als wir die Abzweigung nach Anger erreichten. Ein Ereignis dieses Tages, das ich mein Leben lang nicht vergessen werde, will ich noch schildern. Als wir nach überstandenem Deichselbruch — noch auf der Hartberger Straße — weiterfuhren, überholten wir einen unabsehbar langen Trupp Juden, die aus irgendeinem Lager in Ungarn westwärts getrieben wurden. Es waren Gestalten von erschreckendem Aussehen, ganz abgemagert, erschöpft, in Hadern, denen man es ansah, daß sie einst gute Stadtanzüge gewesen waren, fast alle barfuß oder mit zerfetzten Schuhen, viele hinkend. Ich saß gerade auf unserem Zigeunerwagen und schnitt mir ein Stück Brot ab. Als dies die Unglücklichen sahen, stürzten sie dem Wagen nach, es setzte ein Betteln und Flehen ein, einer stieß den anderen zurück, die Allerärmsten dürften tagelang nichts gegessen haben. Ich gab ihnen alles, was auf dem Wagen war, Brot, Würste, Speck, aber es wäre eine wunderbare Brotvermehrung nötig gewesen, um sie nur zum Teil zu befriedigen. Drei Körbe unserer ‚Eisernen Ration' waren im Nu leer und weg. Nie werde ich die heißhungrigen, flehenden Blicke dieser Unglücklichen vergessen, diese zu Skeletten abgemagerten, zerfetzten Jammergestalten! Weh denen, die dafür vor Gott die Verantwortung tragen werden!

Endlich näherten wir uns unserem Ziel. Wir hatten Maxi schon mittags per Rad und Christl am Nachmittag per Anhalter vorausgeschickt, um Quartier zu machen. Christl kam sogar bis in die Elisabethstraße nach Graz, wo außer dem Hausmeisterehepaar Kohlbauer und der alten Kammerzofe Marie Herbst niemand anwesend war. Inzwischen war es stockfinster geworden. Wir trafen französische Fremdarbeiter, die uns warnten: „Surtout n'allez pas a Weiz! Les Russes y-sont." Auf einmal das monotone Brummen vieler Flugzeuge. Wir sahen den Himmel im Westen taghell erleuchtet, hörten Bomben detonieren, gegen den brennroten Himmel war eine Rauchsäule zu sehen. Graz wurde bombardiert. Ein schauriger Anblick! Durch die ungewollte Beleuchtung der Lichtraketen sahen wir, bei ansonsten stockdunkler Nacht, wo wir uns befanden. Besonders die Wegweiser an den Kreuzungen. Unsere schweren Leiterwagen waren auf diesen zahllosen Hügeln weit zurückgeblieben. Die Buben nickten immer wieder ein, waren völlig übermüdet, das Kutschieren war schwer und gefährlich, da die schweren Wagen ja keine Bremsen hatten. Endlich lag das Ziel, Schloß Thannhausen, vor uns. Wir bogen in die alte Lindenallee ein. Nirgends ein Lichtschein, das Gartentor fest verrammelt. Nach langem Herumtasten und Suchen fanden wir endlich Chauffeur-Diener Kubik, der uns den Weg ins Schloß wies. Infolge des Fliegerangriffes gab es kein elektrisches Licht. Das Ausspannen, Einstellen und Füttern war eine große Mühe, weder Leute zu helfen, noch eigentlicher Platz. Wir waren todmüde, da wir abwechselnd, um die Pferde zu entlasten, viele Kilometer marschiert waren, auch waren wir halb verhungert, da ich den Proviant vom leichten Wagen den Juden gegeben hatte, und die schweren Wagen waren weit zurückgeblieben. Auf ihnen hätte es noch Proviant gegeben. Oben fanden wir die armen Onkel Gordis bei ihrem ‚letzten' Souper vor der Flucht, sie waren auch im Begriff, am nächsten Tag wegzugehen. Sie reagierten kaum auf unsere Ankunft. Es war keine Köchin da, alles schien in Auflösung. Es war unheimlich und wehmütig, so ein Kontrast gegenüber früher, das Gefühl, daß auch hierher, zum ‚Jugendheim' Nandis, die Kriegsfurie kommen sollte, war tief bedrückend. Die letzten Nachrichten lauteten, daß die Russen bei Feldbach stünden, da man ihren Vorstoß nach Graz zurückgeschlagen hatte. Wir ventilierten unsere Weiterfahrt. Jedenfalls konnten wir hier nur einen Tag rasten, das aber war unerläßlich, denn die schweren Wagen kamen erst ganz spät in der Nacht an, und wir schliefen alle wie die Toten. Ostersonntag! Wieder keine heilige Messe, ein Extraopfer! Der Tag verging mit der Reparatur der Wagen und mit Beratungen über unser weiteres Schicksal. Die Onkel Gordis sahen wir kaum. Sie wollten auf die Schliederitz, ihr schönes Jagdhaus, und waren völlig mit diesem Problem beschäftigt. Auch wir dachten einen Moment daran, mit ihnen dorthin zu gehen. Fast mit Erleichterung dachten wir daran, denn da wäre diese schaurige Fahrerei zu Ende gewesen, aber wir wollten ja so weit wie möglich weg von den Russen. Die Idee Kärnten wurde endgültig aufgegeben, da es zu weit war, auch wegen der verstopften Straßen, der Partisanengefahr etc. Auch an Stainz dachten wir einen Moment, von hier hätten wir die Weiterfahrt nach Westen erkunden können, wir wollten ja den anrückenden Westmächten entgegen, aber davon hielten uns die zu bewältigenden Hauptstraßen um Graz ab, ebenso die schlechten Bergstraßen über die Hebalm etc. Wir blieben bei unserem ursprünglichen Plan, den Brandhof als Endstation zu wählen. Dort hatten wir doch einige Bergriegel zwischen uns und den Russen. Der liebe Gott führte uns sichtlich! Vormittags fuhren die Onkel Gordis ab. Der Abschied von diesen beiden alten lieben Leuten war unsagbar traurig. Als Schreckgespenst tauchte der jetzige Zustand unseres eigenen armen Zuhauses auf, würden die beiden Thannhausen auch in einem solchen Zustand wiedersehen müssen? Am Ostermontag fuhren wir früh weiter. Wir mußten ein Stück gegen Osten fahren, um die Straße nach Fischbach zu erreichen. Die Leute sahen uns ganz entgeistert an, als sie unsere Kolonne ‚russenwärts' fahren sahen. Unterwegs begegneten wir dem Birkfelder Zug, und es kam uns die Idee, daß es vielleicht gut wäre, wenn einige von uns mitfahren würden. Leider fuhr er uns gerade vor der Nase weg. Später kam ein Auto mit zwei Soldaten vorbei, die in der gleichen Richtung fuhren, und ich dachte, die müßten ja in Minutenschnelle den Zug einholen können. Ich hielt daher das Auto an und bat die beiden, Christl und Lori bis zu einer gewissen Wegkreuzung mitzunehmen, was sie auch gerne zusagten. Sei es aus Unachtsamkeit, Bosheit oder ganz anderen Absichten, die zwei Soldaten fuhren über die vereinbarte Stelle hinaus und ostwärts. Nur einem Offizier war es zu verdanken, daß er das Auto anhielt und die Mädchen aussteigen konnten, daß sie nicht weiß Gott wohin gefahren wurden. Dies war eigentlich die erste schlechte Erfahrung, die wir mit deutschen Soldaten während unserer ganzen Odysee gemacht hatten. Ich machte mir später große Vorwürfe, als die beiden Mädeln nicht und nicht erschienen und uns erst am nächsten Nachmittag einholten. Sie hatten einen langen Fußmarsch und eine Nächtigung in einem Bauernhof hinter sich. Es waren wirklich ganze Wolken von Schutzengeln, die uns umflogen. In Birkfeld schoben wir eine längere Rast ein. Hier erlebten wir, wie ein kleiner Bub mitten am Hauptplatz beim Hantieren mit einer Handgranate getötet wurde. Am Nachmittag fanden wir ein Auto, das direkt nach Mariazell fuhr. Wir entschlossen uns, Maxi mitzuschicken, Anna sollte bis Krieglach mitfahren und dort Quartier machen. Wo wir die heutige Nacht verbringen würden, wußten wir noch nicht. Wir hatten nicht vor, bis in die Nacht hinein zu fahren, und machten bei der Station ‚Fischbach' der Rattener Lokalbahn halt. Ein Bauernhof war in der Nähe, der Bauer aber war recht unfreundlich, er behauptete, er könne uns kein Heu geben, denn er habe selbst zu wenig für seine 60 Stück Vieh, auch hätten sie keine Milch abzugeben. Später kaufte ich von einem Eisenbahner etwas Heu (der alte Sozialist war wesentlich freundlicher als der Bauer), schließlich erlaubte uns die Bauersfrau gnädigst, im Heustadl zu übernachten, der bis zum

Dach voller Heu war. Da der Graben hier recht steil und eng war, mußten wir die Pferde für die Nacht ausspannen und anbinden. Die Wagen selbst ließen wir aber neben der Straße. Um sie zu bewachen, mußte immer einer von uns abwechselnd zwei Stunden Wachdienst ‚schieben'. In der Früh langwieriges Schmieren der schon stark verschmutzten und knirschenden Wagenräder. Weiterfahrt gegen St. Kathrein und das Alpl. Kaum waren wir ein Stück gefahren, als wir bemerkten, daß eine Reihe von Militärautos ungarischer Provenienz uns entgegenkamen. Auf unsere Frage hieß es zuerst, die Alpl-Straße wäre für Ungarn gesperrt, alles solle umkehren und über Weiz die Grazer Straße erreichen. Eine schreckliche Bescherung, denn dies bedeutete hundert Kilometer, was bei einem Auto zwei bis drei Stunden, bei einem Schrittfuhrwerk mindestens ebensoviele Tage ausmachen würde. Da liefen wir ja gerade den Russen in die Arme. Also weiter! Ich scherte mich nicht mehr um das Gerede und die Gerüchte, vielleicht würde es uns doch gelingen, mit unserem in der Steiermark nicht unbekannten Namen durchzukommen. Weiter vorne, bei St. Kathrein, war tatsächlich eine Straßensperre mit sehr wichtigtuenden Funktionären in Parteiuniform. Sie sagten uns, die Alpl-Straße sei sehr verstopft, weiter oben aufgeweicht, ganz oben vereist, sie sei derzeit unpassierbar. Ich aber sah doch einige Wagen weiterfahren und beschloß, in Gottes Namen den Weg zu riskieren. Bald sahen wir, daß die Warnungen nicht ganz aus der Luft gegriffen waren. Zuerst war die Straße wohl sehr ausgefahren, aber wenigstens trocken, auch war die Fahrzeugkolonne noch nicht so dicht, je mehr wir emporkamen, desto weicher und nasser wurde der Weg, und wir staken bald in einer dichten, nur Schritt für Schritt mit vielen Stockungen vorwärtskriechenden Wagenkolonne. Bei unseren schweren Wagen mußten wir mehrmals vorspannen. Als wieder einmal die Kolonne scheinbar aussichtslos steckte, dachte ich, die Pferde wenigstens mit Hafer schnell abfüttern zu können. Ich nahm daher das Gebiß heraus und legte in Säcken vor. Nach kurzer Zeit erscholl auf einmal das Kommando ‚Vorwärts' und die Kolonne setzte sich wieder in Bewegung. Nandi, die am Bock saß, hatte nicht bemerkt, daß ich das Gebiß herausgenommen hatte, sie trieb die Pferde mechanisch an, und schon war das Malheur fertig, ein Krach — und unsere Feder war entzwei. Ein Glück noch, daß der Sattel nicht mehr weit war. Einige deutsche Soldaten halfen uns, die Feder provisorisch zusammenzubinden, und dann schleppten wir den havarierten Zigeunerwagen bis zum Gasthaus unweit der Paßhöhe. Wehmütig dachte ich an die Zeiten, als dieser Wagen die Produkte meines Obstgartens und meiner Paprikaplantagen auf den Markt geliefert hatte. Es war schon spät, und die Kolonne steckte wieder hoffnungslos, als wir uns daran machten, ein Quartier für die Nacht zu suchen. Es war völlig umsonst, sogar die Gänge und Dachböden sowie alle Ställe waren mit Menschen belegt. Zuerst luden wir unseren Lieferwagen ab und ließen ihn stehen, an ein Weiterbringen war ja nicht mehr zu denken. Alles wurde auf die übrigen Wagen verteilt. Wir banden jetzt die Pferde an einen Almzaun und stellten unsere Wagen burgartig zusammen. Wind und Schneeregen setzten ein, wir bauten schnell neben einem Holzstoß mit Baumrinde eine Art Notquartier, legten den Pferden vor, Frau Öhlmann, die ehemalige Herrschaftsköchin, versuchte, ein Feuer zu entfachen. Auch das Ehepaar Hammer-Purgstall war da. Wir begrüßten uns freudig. Während dieser Tätigkeit bemerkten wir plötzlich, daß die vom Zigeunerwagen stammende große Plache verschwunden war. Die Wagen waren höchstens eine Minute lang unbeaufsichtigt gewesen. Die Diebe waren schon affenartig geschickt im

Stehlen, oder — wie man verniedlichend sagt — im ‚Organisieren'. Die entwendete Plache fehlte uns als Dach und Windschutz sehr, wir mußten mit Baumrinde vorliebnehmen. Wir hockten uns in unseren Unterschlupf — unter das Rindendach — es half wenig, der Wind wehte von allen Seiten, es war kalt und naß, die Pferde waren unruhig. Wie fehlte mir nun mein warmer ungarischer Pelz! Schlafen konnten wir trotzdem ein wenig, obgleich wir uns alle zwei Stunden in der Wache ablösten. Alles hatte aber ein Ende, auch diese kalte Nacht am Alpl! Eine große Freude hatten wir noch vor dem Unglück mit der Feder. Auf einmal erschienen Christl und Lori wohlbehalten, aber ganz verhungert bei uns. Ein Wunder, daß sie uns gefunden hatten, in dieser ungeheuren Menschenmenge. Őhlmanns langer Bart war immer das Erkennungszeichen. Wie gut war es doch, wenn einer die (bartlose) Mode ignorierte. Ohne dieses —damals — auffallende Zeichen hätten die Mädchen uns nie gefunden. Damit sie nach ihren Strapazen nicht noch eine Nacht im Freien verbringen mußten, schickte ich sie zu Fuß hinunter nach Krieglach, wo Anna schon ein Quartier bestellt hatte. Und so konnten wenigstens sie in richtigen Betten schlafen. In der Früh kam dann langsam und allmählich die lange Kolonne in Bewegung. Nandi und ich mußten die zwei Jucker, die den Zigeunerwagen gezogen hatten, an der Hand ins Tal führen. Hier fanden wir im ausgezeichneten Gasthaus Bachler ein sehr gutes Quartier. Unser Name wirkte hier schon Wunder. Anna hatte aber schon etwas anderes eingeleitet. Sie hatte erfahren, daß eine Abteilung deutsches Militär noch vormittags über Kapfenberg nach Mariazell verlegen würde. Der Kommandant nahm nicht nur Nandi, Lori und Christl im Auto mit, er gab uns zu unseren ‚verwaisten' Pferden auch einen leichten Wagen samt Kutscher! Wirklich gefällige Leute! So konnten unsere Damen in Kapfenberg in einem Heustadel nächtigen, sie kamen am anderen Tag wohlbehalten in Brandhof an, wo schon seit dem Vortag Maxi wartete. Den Wagen schenkten uns dann die Soldaten, er wurde aber später natürlich von den Russen weggenommen.

Nach dem Wegfahren der anderen legten wir uns nach einem famosen Imbiß und herrlichem Apfelmost in frisch überzogene Betten und schliefen uns einmal richtig aus. Anna ging unterdessen den schweren Packwagen entgegen. Diese trafen erst in stockdunkler Nacht in Krieglach ein. Das Abendessen, das wir bekamen (Blutwurst mit Sauerkraut), entschädigte uns für alle Strapazen. Das Pferd, das wir von Neudau aus mitgenommen hatten, den ausgezeichneten Ikrényer Kaltblütler ‚Nazi', hatte ich noch in Thannhausen dem dort rastenden Baron Heinrich Hammer-Purgstall gegeben, dessen eines Pferd am Weg von Hainfeld nach Weiz nachgegeben hatte. Er sollte das Pferd später in Krieglach bei seinem Schwiegervater Seßler hinterlassen, wo wir es wohlbehalten vorfanden. Ich hatte es dem braven Wirt zur Wartung übergeben, aber die Russen hatten es später mitgehen lassen. In der Früh alarmierende Nachrichten, daß alle ungarischen Pferde vom Volkssturm requiriert werden sollten, eine Sperre stünde am Hauptplatz. Wir fuhren daher auf Umwegen aus dem Ort, was ohne Störung gelang. Überall auf der ganzen Strecke im Mürztal war der Volkssturm mit dem Bau von Straßen- und Panzersperren beschäftigt. Es war eine Riesenarbeit, die ungeheuer viel Material verschwendete, aber außer in einigen Engpässen kaum einen praktischen Wert hatte. Am halben Weg nach Kapfenberg hielt uns ein Funktionär in Parteiuniform an und zwang uns, unsere Pferde zu Schanzarbeiten auszuspannen. Wir sollten große Baumstämme transportieren. Wir erklärten uns ohne

Protest dazu bereit, da wir gesehen hatten, daß Widerstand anderer Flüchtlinge mit Gewalt gebrochen worden war. Wir versuchten, den anfangs sehr unangenehmen Mann durch Liebenswürdigkeit zu entwaffnen. Bald war er weich und mit einer Stunde Arbeit zufrieden. Er ließ uns weiterfahren. Wir wären gerne noch bis Aflenz gekommen, die eine Stunde fehlte uns, und gewitzt durch schlechte Erfahrungen beschlossen wir, noch bei hellem Tag unser Nachtquartier zu beziehen. Nur aus dem geschlossenen Industriegebiet versuchten wir wegen der Nachtflieger herauszukommen. In Wildbad Einöd gelang es uns wirklich, in der dortigen Pappenfabrik unterzukommen. Der Direktor war, nachdem wir uns genannt hatten, sehr liebenswürdig, labte uns mit gutem russischem Tee, die Pferde waren in einem Sägeschuppen, wir selbst in einem warmen Kanzleizimmer auf unseren eigenen Matratzen sehr gut untergebracht. Es hieß auf unsere diesbezügliche Frage, daß das Gepäck auf den Wagen im Hof bleiben könne, da ein Nachtwächter das Gelände bewachte. In der Früh war eine unserer Kisten mit gutem Schweinefett aus Ikrény erbrochen und mehr als die Hälfte weg. Man sah, daß der Dieb mit bloßen Fingern das wertvolle Fett herausgenommen hatte. Es waren wahrscheinlich Fremdarbeiter gewesen, die mit den dick gestrichenen Broten sicher irgendwo allgemeinen Neid erregen würden. Wir hatten beschlossen, den Weg etwas abzukürzen und hinter Thörl einen Verkürzungsweg über Jauring zu nehmen. Nur eine kurze Strecke machte uns Sorge, nämlich ein steiler Feldweg, dessen Beschaffenheit wir nicht kannten. Hinter Thörl lag auch schon überall Schnee. Der freundliche Direktor sagte uns aber, daß der Fabrikstraktor zufällig in der Gegend zu tun hätte und er ihn uns zum Hinaufschleppen der Wagen gerne zu Verfügung stelle. Während dieser Schlepperei kam uns der Gedanke, ob dieser Traktor nicht vielleicht auch für den weit steileren Seeberg zu haben wäre, nicht auszudenken! Zuerst hatte der Traktorführer keine rechte Lust, als aber entgegenkommende Fuhrwerke berichteten, daß der Seeberg gut befahrbar sei, ließ er sich überreden. Wir luden einen Großteil der schweren Sachen auf den Anhänger des Holzgas-Traktors, ich sollte ihn begleiten, während die anderen mit den fast leeren Wagen folgen sollten.

In Seewiesen setzte Schneeregen ein, die schmale Straße wurde rutschig und an der steilen Stelle zwischen den beiden Gasthäusern drehten die Räder durch, der Anhänger war zu schwer beladen für die nasse, kotige Straße, auch konnte er wegen des Verkehrs keinen ‚Schwung‘ nehmen. Wir mußten nun zu zweit (der Fahrer und ich) zwei Drittel des Gepäcks abladen und lagerten es beim Jäger Breitler und beim alten Messner ein. Es sollten es dann die nachfolgenden Wagen teils nachbringen, teils am nächsten Tag von Brandhof aus holen. Jetzt ging die Fuhr glatt vor sich. Auf der Nordseite des Seeberges, wo ja der Brandhof liegt, noch tiefer Winter und hoher Schnee. Ich kam am frühen Nachmittag in Brandhof an, die anderen bereits anderthalb Stunden später, weil ich ja so lange in Seewiesen mit Packen und Einräumen Zeit verloren hatte. Das Gefühl, nach zwölftägiger Odysee alle wohlbehalten in das väterliche Haus gebracht zu haben, war herrlich. Meine Schwägerin Wilhelmine Meran war mit ihren fünf Kindern, von Stainz kommend, vor wenigen Tagen hier angekommen. Sie strebte in Richtung Salzburg weiter. Da Maxi schon am vierten hier eingetroffen war, fanden wir gut geheizte Zimmer in dem ansonsten eisigen Haus vor. Hier wollten wir jetzt vorerst bleiben, schon um die Pferde und Menschen wieder aufzupäppeln, die Wagen zu überholen und etwas besseres Wetter abzuwarten. Die Jugend unterhielt sich köstlich, man veranstaltete Schreibspiele, Őhlmann war für jede Hetz zu haben, doch wir ‚Alten' blieben wachsam. Von der südlichen — für uns ‚zuständigen' — Front kamen jetzt gute Nachrichten. Die Russen hatten sich am Gleichenberger und Stradner Kogel eingeigelt, stießen nicht mehr weiter nach Westen vor. Wenn uns aber eine Front gefährlich werden konnte, so war es jene um Wien herum. Von der St. Pöltener Seite drohte eher Gefahr. Aber die Russen waren mit der Eroberung von Wien und Niederösterreich derzeit ‚ausgelastet'.

Unsere ersten Tage in Brandhof vergingen mit Auspacken und Räumen, den Großteil ließen wir auf den Wagen. Wir schliefen uns einmal richtig aus. Gleich am ersten Tag erschienen in zwei Flüchtlingswagen Tom Rohonczy mit Frau, geborene Szegedy, Sohn Imi, Tochter Sári, die einen Kálozer Sohn geheiratet hatte, ein Schwager Szegedy, der etwas kränklich schien, sodann einige Angestellte und viele Hunde. Sie wollten nach Ischl weiter. Sie waren so erschöpft, daß sie fast eine Woche blieben. Niemand hatte sich wegen des Versteckens und der Verwahrung der wertvollen, unersetzlichen Brandhofer Sachen einen Gedanken gemacht, sie lagen offen und ungesichert herum. Obwohl die Nachrichten im Moment nicht allzu schlecht waren und wir alle ein großes Ruhebedürfnis hatten, entschlossen wir uns doch schon jetzt, noch weiter westwärts vorzudringen, um sicher von Amerikanern und nicht von Russen befreit zu werden. Wir wollten es vermeiden, mit dem letzten Troß im allerletzten Moment zu reisen, das hatten wir ja schon erlebt, daher so bald als möglich Aufbruch in Richtung Aussee oder Salzburg! Obwohl der ganzen Lage nach mit einem baldigen Waffenstillstand zu rechnen war und es nicht so aussah, als sollten wir Kampfgebiet werden, war mir das Risiko, mit den vielen Frauen die Russen zu erwarten, doch zu groß, und ich verfügte, daß Nandi, die drei Mädchen, Maxi sowie die ungarischen Menagen Őhlmann und Thieringer schon am 13. in der Früh starten sollten, während ich mit Phippi am Brandhof bleiben wollte, bis alle Wertgegenstände in beruhigender Weise versteckt und verwahrt wären. Nach Beendigung dieser Arbeiten wollten wir dann den anderen folgen, und zwar nur mit minimalem Gepäck, alles andere sollte nach Westen geschickt werden. Die Abfahrt am 13. war allgemein, denn auch die Stainzer und die Rohonczys starteten mit uns. Knapp vor der Abreise erschien noch ein deutscher General mit Adjutant, um für seinen Gefechtsstand Quartier zu machen. Er war voll von penetrantem Optimismus und sagte, daß es keine Ursache zum Wegfahren gäbe. Unseren Entschluß konnte er aber nicht beeinflussen. Ich begleitete den Treck zu Fuß bis Gollrad, Phippi blieb als Nachhut am Brandhof. Die erste Station sollte verabredungsgemäß der ‚Franzbauer' im Salzatal sein, das war nur 25 km von Brandhof entfernt. Aber man hatte beim Wagenschmied in Gußwerk lange zu tun, der Tag verging. Am zweiten Tag sollten die Wagen bis Wildalpen fahren. Doch es kam alles ganz anders. Bei der sogenannten ‚Presceni-Klause', unterhalb von Weichselboden, ist ein eher enger, ‚roh gezimmerter', aber kurzer Felsentunnel, bei dem die Straße recht steil abfällt. Am Ausgang links ist der Abfluß aus der Klause. Bei der Fahrt durch diesen Tunnel kamen die Pferde, die Maxi lenkte, sei es daß sie durch das Rauschen des Wassers, den Widerhall oder die Lichtgegensätze unruhig gemacht worden waren, in raschere Gangart, Maxi verlor die Herrschaft über sie und wurde vornüber heruntergerissen. Er kam unter die Räder des schwerst bepackten Fuhrwagens, auf dem noch Lori saß, und die Räder gingen über seine rechte Schulter und seinen linken Unterarm hinweg. Er hatte instinktiv den Arm gehoben, was ihn davor bewahrte, daß der Wagen über seinen Kopf oder seinen Hals fuhr. Entsetzlicher, lähmender Schrecken bei den anderen, die teilweise, so Nandi und Lori, die Katastrophe mitansehen mußten. Nun lag der arme Bub neben dem Wagen, anscheinend schwerst verletzt, sich vor Schmerzen windend, aber man sah nicht gleich, was eigentlich passiert war. Während sie sich um ihn bemühten, ihn ordentlich zu betten suchten, kam plötzlich ein Auto daher, das angehalten wurde — und siehe da, was für eine Fügung des Himmels: es entstieg ihm der Primararzt des St. Pöltener Spitales, der ihm die erste Hilfe leistete, aber nur Contusionen am Kopf und den Armen konstatierte. Er meinte, Maxi könne bis zum nächsten Spital (ich glaube Rottenmann) weiterfahren. Gottlob folgte man ihm nicht. Nandi ging zum Gasthaus zurück, um die Gußwerker Rettung anzurufen, damit diese Maxi in das Mariazeller Spital bringe, das immerhin höchstens 20 km weit weg war. Noch bevor das Telefonat zustande kam, hielt wieder ein Wagen. In diesem saß ein Militärarzt, der nach Mariazell fuhr. Er nahm den Buben und Nandi mit. Die anderen wurden in die Höll dirigiert, wo sie weitere Nachrichten abwarten sollten. In Mariazell war der gottlob ausgezeichnete und uns wohlbekannte Primarius Dr. Wertheim, ein berühmter Chirurg, trotz seiner Anti-Nazi-Einstellung in Amt und Würden, eine große Erleichterung. Er untersuchte Maxi und konstatierte einen glatten Bruch des rechten Oberarmes sowie eine tiefe und ganz scheußlich verschmutzte Rißquetschwunde ober dem linken Handgelenk und Contusionen am Kopf. Der Bruch war einfach und gab zu keinerlei Bedenken Anlaß, die Wunde nahm er ernster und sagte, daß hier Phlegmonengefahr bestünde. Das Reinigen, Vernähen und Verbinden der Wunde dauerte zwei Stunden und war für Maxi schrecklich schmerzhaft. Er bekam eine Tetanus-Injektion, und der gebrochene Arm wurde eingerichtet, in Gips gelegt und bekam eine lange Schiene. Der arme Bub war an beiden Händen aktionsunfähig und mußte gefüttert bzw. gehoben werden. Er bekam ein gutes Zimmer, zunächst mit einem anderen Patienten, dann mit seiner Mutter allein. Maxi stand damals knapp vor seinem fünfzehnten Geburtstag. Ich selbst erfuhr vom ganzen Unglück telefonisch erst am nächsten Morgen. Damals hieß es, der Doktor sei relativ zufrieden, Maxi müsse aber sicher zehn Tage im Spital bleiben. Ich fuhr sofort nach Mariazell, wo der Doktor mir aber mitteilte, daß es sich erst in acht Tagen entscheiden werde, ob eine Phlegmone daraus würde oder nicht. Maxi müsse in acht Tagen ganz fieberfrei sein.

Würde eine Phlegmone eintreten, so würde es Wochen, ja vielleicht Monate dauern, selbst wenn alles gutginge, müßte Maxi vierzehn Tage im Spital bleiben, die Schiene aber mindestens fünf Wochen tragen. Ich blieb in Mariazell und verrichtete im Dom meine Andacht. Was gab es alles zu danken und zu bitten! Unterdessen gab es in Brandhof allerlei Aufregung mit Einquartierungen erschöpfter deutscher Truppen, die aus Italien kamen und bei Wiener Neustadt eingesetzt wurden. Die anderen Familienmitglieder erhielten die Weisung, weiterzufahren. Infolge einer Konfusion ließen sie keine Lebensmittel für uns zurück, auch wurde Nandis Tasche mit Wäsche irrtümlich mitgenommen. Mit dem Spital blieb ich in telefonischer Verbindung. Phippi und ich bekamen keine Lebensmittelkarten, der Gemeindesekretär teilte uns mit, wir sollten doch schleunigst nach Ungarn zurückkehren. Daher war die Kost eher schmal und wir ständig hungrig, ursprünglich war abgemacht, daß von unseren ungarischen Vorräten ein Viertel in Brandhof bleiben sollte, durch einen Irrtum Öhlmanns unterblieb dies aber. Ich dachte voller Sorge an die Reise der

Mädchen. Schwägerin Wilhelmine fuhr mit den Ihrigen mit den zwei Brandhofer Haflingern ohne viel Gepäck bis Hieflau. Von da kam der ukrainische Kutscher zurück und berichtete, daß unser Treck glücklich bis dahin gekommen war. In Brandhof stürzte ich mich mit Phippi in die Verpackungsarbeiten der wertvollen Objekte. Dazu mußten wir viele Kisten anfertigen, was mit großen Schwierigkeiten verbunden war. Alle Männer waren beim Volkssturm, es waren kaum Nägel aufzutreiben, und nur unzulängliche Bretter. In den Zimmern war es eisig, wir verkühlten uns beide. Marie Herbst war bei alldem alles eher als nützlich und stützig, wie ein Muli. ‚Wer soll das alles wieder auspacken?' war ihre größte Sorge, für mich allerdings die geringste! Da im Haus SS-Truppen waren, außerdem die beiden Ukrainer in der Wirtschaft und das ukrainische Stubenmädchen bei den einquartierten Nazi-Parteien, mußten wir sehr vorsichtig sein und alles selbst machen. Mir war vor allem um ein gutes Versteck zu tun. Es lag tiefer Schnee, daher war ein Unterbringen außer Haus undenkbar, jedenfalls ohne Spuren zu hinterlassen und aufzufallen. Ich beschloß, alles fertig zu packen und das Versteck erst im letzten Moment zu bestimmen. Bis dahin sollten die etwa 45 großen Kisten und anderen Schachteln im sogenannten Pfarrerzimmer stehenbleiben. Gott sei Dank funktionierte auch das Radio, so daß wir den Fortgang der Ereignisse verfolgen konnten. Am 18. war ein ganz junger und sympathischer Ritterkreuzträger namens Gentz einquartiert, tags darauf kam ein älterer Herr von Reichenau, ganz allein in einem eleganten Pferdegespann aus Pettau kommend. Am 20. heilige Messe in Brandhof, Phippi und ich ministrierten. Von Maxi kamen gute Nachrichten. Wenn er noch zwei Tage fieberfrei bliebe, wäre die Phlegmonengefahr vorüber. Sie waren im Spital herrlich untergebracht. Nandi wohnte mit ihm, alles war sauber und nett, die Kost prima. Die Vinzentinerinnen ganz große Klasse, der Primar ein hervorragender, einer Hauptstadt würdiger Arzt. Am 23. fiel ein halber Meter Neuschnee. Eine junge Gräfin Korniss, den Mädeln vom Sacré-Coeur in Budapest bekannt, war mit ihren Begleitern am Seeberg steckengeblieben und nächtigte am Brandhof. Sie kamen von der Gegend vom Semmering und waren dort schon im Artilleriebeschuß gewesen. Die oststerische Front hielt weiterhin, trotzdem schien der Zusammenbruch nicht mehr weit zu sein, besonders wegen der Lage bei Berlin. Ich war mehrmals in Mariazell. Henriette Hohenlohe war besonders lieb zu uns. Die erste indirekte Nachricht von unserem Treck kam aus Grundlsee, wo sich Schwester Laja befand. Sie waren im Schloß Steinach, wollten weiter bis Glanegg, da in Grundlsee keine Unterkunftsmöglichkeit bestand und auch die Verpflegung ein schweres Kapitel war. Aber — dachte ich — würde nicht das in der Nähe des Obersalzberges liegende Glanegg besonders gefährlich sein? Ich vertraute meinem findigen und gescheiten Schwager Fritz Mayr-Melnhof, er war bekannt vorsichtig und hatte die meisten Hilfsmöglichkeiten. Aus dem Radio erfuhren wir, daß Mussolini von Partisanen exekutiert worden war. Wien war ja schon vor einiger Zeit gefallen, dort hatte sich eine neue Regierung unter Renner etabliert. Die nördliche Front war jetzt in Bewegung. Ich beschloß, die eingepackten Wertgegenstände endgültig zu verstecken. Sie wurden teils im Parterre des Brandhofes in einem der Zimmer, teils dem Schloß vis-a-vis im sogenannten ‚Kleinen Speisezimmer' verwahrt, indem die Türen vermauert und durch schwere Bücherkästen verdeckt wurden. Am 1. Mai kam die Nachricht, daß Hitler in Berlin gestorben war. Nun war der Zusammenbruch nur eine Frage von ganz wenigen Tagen. Aus dem britischen Sender erfuhren wir zu unserer Erleichterung, daß die Steiermark von den Engländern besetzt werden sollte. Die Amerikaner waren vor Salzburg. Am 5. Mai kamen endlich Nandi und Maxi aus Mariazell nach Brandhof zurück. Er hatte eine unförmige ‚Stütz-Kraxe' für seinen Arm und war für eine Weiterreise noch zu schwach. Die Amerikaner hatten Steyr erreicht. Der Wirtschafter Reitbauer, der verwundet im Spital gelegen war, war eingetroffen.

Ich inspizierte die Fladenalm-Hütte als eventuellen Ausweichplatz. Oben lagen fast zwei Meter Schnee. Endlich erfuhren wir, daß am 8. Mai die Kapitulation unterschrieben werden sollte. Der sechsjährige Krieg war zu Ende. Nun war die Gefahr von Kriegshandlungen wohl vorüber, eine Erleichterung. Am Tag vorher hatte der Volkssturm noch an zwei Stellen der Seebergstraße Minen gelegt und 50 der herrlichen Bäume der Erherzog-Johann-Allee angesägt. Es gelang mir, in zähen Verhandlungen mit dem Volkssturmführer die Bäume davor zu bewahren, daß sie auf die Straße gefällt wurden. Welch ungeheure Barbarei! Wer wollte denn jetzt noch Truppen aufhalten? Marie Herbst fuhr nach Graz zurück. Es war besser, wenn jeder auf seinem ‚Posten' war, wenn die Truppen einrückten. Großer Durchzug deutscher Truppen aus Richtung Mariazell. Sehr viel Haltung und Disziplin, aber wachsende Nervosität. Die Straße war übersät mit stehengelassenen PKWs und LKWs. Vor dem Brandhof blieb ein 8-Tonnen-LKW mit wertvollen neuen Kugellagern stehen. Ich vergrub unseren geretteten Schmuck im Krampelgraben. Am Abend des 8. Mai verkündete der Grazer Sender, daß die Steiermark von Engländern besetzt werden sollte — also eine Bestätigung der Nachricht des BBC. Wir schliefen beruhigt und entspannt, vielleicht würde doch alles gut ausgehen. In der Früh kam dann ein Anruf aus Gollrad, daß *russische* Truppen im Anmarsch auf Gußwerk seien. Also doch die Russen! Am Vormittag noch einige deutsche Wagen in rasendem Tempo. Dann Ruhe, unheimliche, lautlose Ruhe auf der ganzen Straße. Am Nachmittag erschienen drei russische Lastautos und hielten vor dem Schloß. Der Kreis hatte sich geschlossen — nun hatten uns die Russen doch eingeholt."

Mein Schatten

Die zweitausend Seelen zählende Csákberényer Bevölkerung hatte meinen Bruder und mich, als wir 1945 rechtlos und enteignet und trotzdem aus dem Westen heimgekommen waren, mit großer Herzlichkeit empfangen. Uns jungen Burschen schien dies selbstverständlich zu sein, hatten wir ja seit jeher ein gutes Verhältnis zu den Dorfbewohnern und hatte mein Vater sich ja sein Leben lang bemüht, so viel Gutes wie möglich zu tun, nicht aus Opportunismus, sondern aus tiefster Überzeugung. Trotzdem war dieser Empfang nicht selbstverständlich. In der offiziellen Propaganda von damals waren wir ja Klassenfeinde, Ausbeuter und Volksschädlinge, nicht wegen unserer Taten, sondern wegen unserer Abstammung. Außerdem mußten wir ja auch „schuldig" sein, hatte sich ja eine neue Ordnung etabliert, der wir uns durch die Flucht in den Westen entzogen hatten. Von aller Unbill, die unser Volk während und nach dem Krieg hatte erleiden müssen, schwieg dieselbe Propaganda. Das ungarische Volk, eines der liebenswertesten und gutmütigsten Völker der Welt, jahrhundertelang von diversen Unterdrückungen geläutert, war durch all das schreckliche Geschehen zutiefst schockiert worden und begriff nicht, warum es wieder unschuldig leiden mußte.

Dazu kam eine damals besonders als kränkend empfundene Dauerlüge vom besseren Leben und von der östlichen Kultur. Die Ungarn waren seit tausend Jahren ein christliches und zutiefst westlich orientiertes Kulturvolk, und nichts empörte sie mehr als lügenhafte Überheblichkeit. Da sie überdurchschnittlich intelligent waren, konnten sie bestens Vergleiche anstellen, und das Ergebnis war, daß vom Säugling bis zum Greis jeder Ungar vom Stalin-System auf Jahrhunderte genug hatte.

Und so kam es, daß, sozusagen als eine unbewußte Demonstration, die Csákberényer uns zwei „Heimkehrer" als Symbole einer menschlichen Vorkriegszeit mit Freude und echtem Wohlwollen empfingen. Man ahnte nicht, was kommen sollte, die Zeitenwende war nicht allen bewußt, unser Heimkommen symbolisierte aber Optimismus und Hoffnung, denn sonst wären wir wohl nicht so blöd gewesen, aus dem sicheren Westen nach Csákberény zu kommen.

Wir konnten ein spontanes Volksfest nur mit Ausreden auf Müdigkeit und mit der Mahnung zur Vorsicht verhindern. Das alles scheint heute vielleicht phantastisch, entspricht aber der Wahrheit. Ich möchte gerne Vertreter der jüngeren Generation, die andere Vorstellungen von der Vergangenheit haben, einladen, Csákberény zu besuchen, wo man uns heute noch immer mit Achtung und Wohlwollen begegnet — eigentlich ein Unding nach der seligmachenden Lehre, der papierenen Theorie. Gewiß, auch unsere Csákberényer wußten, daß eine echte Bodenreform notwendig war, mein Vater hatte es gewußt und auch dadurch betont, daß er einen Teil seiner Felder Ende der dreißiger Jahre abgegeben hatte. Schon Kaiser Karl hatte nicht nur eine radikale Bodenreform, sondern auch einschneidende soziale Reformen einführen wollen, jeder in Ungarn wußte, daß eine Wende fällig war, und niemand zweifelte an ihrer Notwendigkeit. Der Bauer wollte mehr Boden, der arme Landangestellte wollte selbständig werden, man begrüßte es, daß auch der ärmste Keuschler einen Teil des aufgeteilten Großgrundbesitzes erhielt. Niemand hielt es damals für möglich, daß die Bodenaufteilung von 1945/46 nur als Übergang zu einem späteren Genossenschaftssystem geplant war, in welchem es dann mit der bäuerlichen Selbständigkeit wieder vorbei war. Kurz und gut, in dieser Zeit der absoluten Unsicherheit, der aufgeweichten Fundamente, der verwischten Grenzen und Konturen sehnte man sich nach Besserung, Stabilität und Wohlstand, in Csákberény umsomehr, als hier drei volle Monate lang die Front gewütet hatte.

Soviel zur Einleitung. In Csákberény, das mein Vater erst Mitte der dreißiger Jahre ganz übernommen hatte, war die Landwirtschaft nicht sehr lukrativ, alle anderen Sparten des Betriebes aber florierten. Da gab es einen großen Wald, eine Säge, Obst- und Paprikaplantagen, eine Molkerei, große Weingärten, eine Kaolingrube und andere Zweige des Betriebes. Vater hatte sehr gute Leute ausgesucht. Jeder einzelne Bereichsleiter war ihm persönlich verantwortlich, es gab sogar eine Mitbeteiligung in Form von hohen Erfolgsprämien. Die beiden landwirtschaftlichen Beamten kamen während der Kämpfe bei Csákberény um. Andere ehemalige Angestellte kamen vom Kriegsdienst zurück oder überlebten im Westen oder an Ort und Stelle. Eine alter Ferund war L., den die Familie sehr schätzte. Als wir uns Ende 1945 im kleinen Pfarrerzimmer in Csákberény etablierten, wurde dieses kleine frühere Ministrantenzimmer zu einem „Audienzsaal". Alle, alle kamen, uns zu begrüßen — Köchinnen, Förster, Tischler, Schmiede, Chauffeure, Feldarbeiter und Holzknechte, alle unsere Angestellten und viele, viele Csákberényer, die Würdenträger eingerechnet. Nur der alte Freund, L., zeigte sich wenig, und wenn er sich zeigte, schien er unvertraut zu sein. Wir grübelten darüber nach und fanden keine plausible Erklärung. Man wußte, daß er als ehemaliger Gendarm des Horthy-Regimes eine Zeitlang eingesperrt gewesen und dann vorzeitig entlassen worden war. Später erfuhren wir, daß solche „erpreßbaren" Ehemaligen als Berichterstatter der Polizei zu fungieren hatten. In einem so kleinen Dorf sprach sich ohnehin alles bald herum, und so erfuhren wir, daß L. ein Spitzel geworden war. Er tat uns ehrlich leid, denn er litt sicher mehr unter dieser Situation als wir, außerdem hatten wir kaum Zeit, viel nachzudenken.

Doch Alkohol löst die Zungen, wie man sagt. Anläßlich eines kleinen Gartenfestes beim Transportunternehmer M. sagte er mit Tränen in den Augen: „Sprechen Sie nicht mit mir, ich bin ein böser Mensch, ich habe sie verraten." Weiteres konnte er nicht sagen, denn ein ehemaliger Offizier — wie sich später herausstellte ebenfalls ein Spitzel — hielt ihm den Mund zu. Ich vergaß die Angelegenheit im Trubel der Ereignisse bald. Doch der Mann hatte nicht gelogen. Regelmäßig berichtete er über uns, über alles, was wir so taten, wohin wir reisten, mit wem wir verkehrten. Damals fuhr ich oft nach Budapest, besuchte die

Bilder rechts:
Oben: László Szápáry mit den beiden Weltmeistern im Trap-Schießen: Prof. Dr. Sándor Lumniczer und Dr. Rudolf Sack. Pörtschach, 1957
Unten: Philipp Meran und László Szápáry beim Großen Preis von Österreich in Voitsberg, 1965
Bild umseitig:
Auf jeder Feder ein Auge...

ADABEI

Redaktion, dann war ich wieder drei Monate in Fünfkirchen, um zu maturieren, außerdem besuchten wir gelegentlich die Eltern in Stainz. Ich hatte keine Ahnung (einen Gestapostaat habe ich ja nie erlebt), daß fast alles, was ich tat — zumindest das, was der Mann wußte —, der Geheimpolizei bekannt war. Und trotzdem — es war ja mein Leben auch im Sinne der damaligen Behörden — unsere „Grenzüberschreitungen" vielleicht ausgenommen — absolut nicht außergewöhnlich. Ich arbeitete von früh bis spät, baute und färbelte an unserem neuen Heim herum, betreute den Garten. Die Zukunft schien mir rosig zu sein, so wie auch heute erhoffte sich damals das Volk eine baldige Besserung, nicht ahnend, daß das Land einem Tiefstand seiner Geschichte zusteuerte, jenem Tiefstand, der später zum ersten und einzigen großen bewaffneten Aufstand der Satelliten, der zur Revolution von 1956 führen sollte.

Das Volk haßte den Stalinismus, weil es ihn kannte, und es wollte nichts mit jenen radikalen und unmenschlichen Maßnahmen eingesickerter fremder Funktionäre zu tun haben, die ihre Unmenschlichkeiten immer in seinem — des Volkes — Namen vollbrachten. Das Volk wollte Freiheit, Wohlstand und eine echte Demokratie, nichts weiter. Es weigerte sich, an imaginären Klassen- und Rassengegnern Rache zu üben, es verabscheute die seinerzeitige bestialische Vernichtung der unschuldigen Juden ebenso wie jetzt die Deportation der Adeligen und Mittelklassler und die Ausweisung der loyalen Schwaben. Das Volk war friedfertig, tolerant und gut, unabhängig davon, zu welcher Partei es Sympathie empfand. Hier im Frontgebiet, wo jeder sein wahres Gesicht zeigte, hatte man — wahrhaftiger Gott — zu unterscheiden gelernt, zu unterscheiden zwischen Systemen und Völkern, Wahrheit und Lüge, Gut und Böse. Die Erfahrung und die Verheißung deckten sich ebensowenig wie das Leben und die Propaganda. Das Leid und die grausame Verfolgung schmiedeten die Menschen jener Zeit zu einer wahren Gemeinschaft zusammen, in der jeder jedem half und alle gegen den Unterdrücker zusammenhielten.

Dann kam die Zeit der schrecklichen Verfolgungen. Zuerst die Prozesse der (erfundenen) Verschwörungen, dann der Schauprozeß gegen das Idol und die Hoffnung der Massen, den Kardinal Mindszenty, schließlich der Rajk-Prozeß. Alle diese lancierten und falschen Anschuldigungen legalisierten sozusagen die totale Machtergreifung der Rákosisten, täuschten den damals noch mächtigen und in der alliierten Kommission auch zuständigen Westen, daß an diesen Anschuldigungen etwas Wahres wäre, und er griff nicht ein, obgleich sich vor seinen Augen in den ehemaligen freien und wohlhabenden Ländern Mittel- und Osteuropas eine schreckliche Unterdrückung der Völker abspielte. Ich erlebte nur mehr den Prozeß gegen die „Verschwörer" mit der riesigen Verhaftungswelle, die Flucht des Ministerpräsidenten Nagy, die Zermalmung der Opposition und jenes Wahlspektakel zur Augenauswischerei des Westens bei dem schätzungsweise eine Million falsche

Bild umseitig:
Der Pascha und sein Leibwächter
Bild links:
Ein gelungener Schnappschuß

Stimmzettel abgegeben wurden und etwa ebensoviele Menschen, darunter natürlich auch wir, nicht wählen durften, denn wir, und mit uns eine Million noch nicht eingesperrter Bürger, gehörten ja zu den potentiellen Gegnern. Trotz dieser Machinationen und der Unmöglichkeit, die „bürgerlichen Parteien" im ganzen Lande kandidieren zu lassen, ferner einer Einschüchterung unglaublichen Ausmaßes in den Betrieben und teilweise „freiwillig" offener Wahlen erreichten die Kommunisten nur dreiundzwanzig Prozent aller Stimmen! Wenn alles ordnungsgemäß zugegangen wäre, wie man es den westlichen „Beobachtern" vorgegaukelt hatte, hätte die christlichsoziale Partei wahrscheinlich sechzig Prozent und die Kommunisten hätten fünf Prozent der Stimmen erhalten. — Die Arbeiter aber hätten alle sozialdemokratisch gewählt. — Nun wurden auch Antifaschisten und Abgeordnete der Parteien, ja sogar Kommunisten in großer Zahl eingesperrt und abgeurteilt. Es gab viele Todesurteile. Noch vor der Mitte 1948 anlaufenden Pressekampagne gegen die Kirche wurde auch mein „Spitzel", L., unerwartet verhaftet. Sie kamen mit zwei Jeeps und holten ihn einfach ab. Ich stand gerade vor dem Konsumgeschäft, als die Polizeiwagen aus der nahen Bezirksstadt mit ihrem Gefangenen um die Ecke bogen. Ich erhaschte einen Blick des Unglücklichen, der genau wußte, was ihm bevorstand, und konnte einige Nächte nicht schlafen. Sein Blick war eine Mischung von „geprügeltem Hund", fürchterlicher Angst und — und, ja auch Mitleid sah ich in diesen Augen. Es war ja auch an den Fingern abzulesen, daß er nun auch gegen uns alles Erdenkliche aussagen, ja erfinden würde, um sich vor den Verhörmethoden zu schützen, die die damalige politische Polizei gegen alle in ihren Klauen Befindlichen anzuwenden pflegte. Doch es waren jene Tage dermaßen voll von Ängsten und Ablenkungen, Schauernachrichten und Hiobsbotschaften, daß man nach einer Woche Angst langsam vergaß, daß man nun selber eigentlich an der Reihe war. Die anderen vergaßen das sicher nicht. Ich konnte vor Angst kaum essen, in der Nacht wachte ich bei jedem Geräusch auf, aber bald ließ ich mich ablenken von Arbeit, Hoffnung und jugendlicher Unbekümmertheit. Bis Oktober geschah auch nichts, dann mußten wir, wie bekannt, innerhalb weniger Stunden alles liegen und stehen lassen und Csákberény, Ungarn, die Heimat für immer verlassen. Ich war innerlich dagegen, aber zurückblickend war es ein Glück und die Rettung vor einer mehr als sicheren Verhaftung.

Die Jahre vergingen. Aus den Dickungen wurden Stangenhölzer, aus den Kindern wurden Erwachsene, aus jungen Mädchen wurden Großmütter. Die schmalen Bauernfelder verschwanden, und nun prägen riesige Tafeln die Landschaft. Unser Schloß wurde auf Veranlassung kurzsichtiger und kurzdenkender Behörden — trotz reparierten Daches und völlig intakter Mauern — abgetragen, obgleich die Hälfte der Dorfhäuser im Kriege zerstört worden war. Nach der blutigen Revolution besserte sich langsam und allmählich das Los der Menschen, die Zeiten wurden erträglicher, der Lebensstandard unter den kommunistischen Staaten am höchsten. Man öffnete nun auch die Grenzen zu Österreich. Zur Zeit der großen Jagdausstellung 1971 fuhr ich Ende August unweit von Csákberény auf der Zámolyer Straße. Ich wollte Csákberény nicht besuchen, auf mein Heimatdorf nur einen Blick aus dem Auto werfen.

Da sah ich unter einer großen, vertrockneten Ulme einen Mann stehen. Es war knapp vor Mittag, und er suchte Schutz vor der heißen Augustsonne. Er kam mir irgendwie bekannt vor. Neugierig blieb ich stehen und stieg aus. Da erkannte ich den Mann: es war L. Freudig erregt eilte ich auf ihn zu, und auch er erkannte mich, als ich vor ihm stehenblieb. Wieder sah ich die gleichen Augen, wenn auch in einem uralten, zerfurchten, tragischen Gesicht. Und auch die gleichen Tränen, die unbehindert durch die Runen seines Antlitzes zu Boden tropften. „Können Sie mir verzeihen?“ — „Aber wieso denn, Sie konnten doch nichts dafür!“ — „Als Sie das Land verließen, war es ganz schlecht, ich habe viel Unwahres über Sie gesagt, nur damit sie mich in Ruhe ließen.“ — „Sie müssen mir auch verzeihen, denn indirekt war ich schuld an Ihrem Leid!“ — Er antwortete nicht, seine abgearbeitete, knorrige Greisenhand segnete mich. Die Augen blickten nun gütig und erfreut, das Gesicht wirkte jünger. Nun war es an mir, meine Beherrschung zu verlieren. Schluchzend fiel ich dem alten Mann um den Hals, dann lachten wir beide und erzählten uns alte Geschichten.

Der Wind fegte über die Felder, und die Turteltauben gurrten wie eh und je. Grillen zirpten, Zieseln huschten über die ausgetrockneten Weiden, vorn auf der Kuppe des Csókaberges trotzten die uralten Eichen dem Nordwind. Es duftete nach Staub und zertretenen Zwetschken, und über den Öreghegy segelte wie so oft ein Adler. In der Ferne läuteten die Glocken meines Heimatdorfes — und die vergangenen Jahre schienen wie ausgelöscht.

Laci Esterházy (1891–1966)

Einer der bekanntesten, besten und beliebtesten Jäger Ungarns war in der Zwischenkriegszeit László Esterházy, der Jüngere. Er war Präsident des ungarischen Jagdschutzvereines, des Landes-Schweißhundeverbandes und bekleidete zahlreiche öffentliche Funktionen, besonders in der Landwirtschaft. Er heiratete 1920 die Schwester von Siegmund Széchenyi, dem bekannten Afrikaforscher, Sári Széchenyi. Im selben Jahr übernahm er das Mustergut Sárosd mit 5.800 kat. Joch im südlichen Komitat Fejér. 1937 kam dann im Bakonyerwald das 2.000 kat. Joch große Waldgut Gézaháza dazu. Wir waren mit den Esterházys bestens bekannt. Mein Vater lud sowohl Laci Esterházy als auch dessen Schwiegervater Viktor Széchenyi regelmäßig auf die Saujagden ein, und ich war ein Freund und Schulkamerad seines Sohnes Béla, eines leidenschaftlichen Jägers. Die Befreiung Ungarns brachte Vater Laci die Totalenteignung, dem Sohn aber ein ganzes Leben ohne Jagd. Beide blieben als echte Patrioten im Lande, Béla ist heute ein besonders berühmter Architekt und u. a. Erbauer zahlreicher Hotels von Budapest.

Doch zurück zu Vater Laci. Im ersten Weltkrieg diente er vom Anfang bis zum Ende als Leutnant und später Oberleutnant bei den Neuner Husaren an der russischen Front. Als Landwirt war er so erfolgreich, daß er fast bei allen Ausstellungen mit seinen Zuchttieren Preise gewann. Als Jagdfunktionär gründete er die ersten Hegegemeinschaften im Komitat Fejér. Die größte umfaßte etwa 50.000 kat. Joch und die Güter Sárosd (Esterházy), Seregélyes (Hadik), Zichyujfalu (Kasimir Zichy), Előszállás (Hunyadi), Nagyhantos (Sennyey), Kishantos (Nagy Gyula), Perkáta (Hunyady). — Das Niederwild erreichte fast Békéser Dimensionen, und die Rehböcke waren so gut, daß dort später der Weltrekordbock erlegt wurde. Für die Jagdhunde hatte Laci Esterházy nicht nur eine gute Hand, sondern auch einen sechsten Sinn. Schon als kleiner Bub sprach er mit den Hunden, als ob sie Menschen wären, und war überzeugt, daß sie ihn verstanden. Er hatte immer preisgekrönte Schweißhunde und Vorstehhunde. Zahlreiche Artikel von ihm erschienen im alten „Nimród", er war ständiger Preisrichter bei den jährlichen Trophäenausstellungen. Mit Politik befaßte er sich nie. Seine einzige Politik war die Hebung des Lebensstandards der Bevölkerung. Er hielt für seine Angestellten, wie das damals üblich war, eigene Schulen, Ärzte und Tierärzte, baute gesunde Wohnungen für alle landwirtschaftlichen Arbeiter, mit elektrischem Licht, Wasserleitung und modernstem Komfort. Seine Beliebtheit zeigte sich dann nach 1945, als das damalige Regime Leute wie ihn, allein wegen der Abstammung, als vogelfrei erklärte. Zu seinem Begräbnis im Jahre 1966 erschienen nach polizeilicher Schätzung etwa 3.000 Menschen, an der Spitze der greise Bischof von Stuhlweißenburg, Lajos Shvoy.

Als im Herbst 1944 die Front immer näher kam, deponierten die Esterházys einen Teil ihrer Wertgegenstände im Hadik-Schloß Seregélyes, das als Vanderbilt-Teilbesitz von der USA-Flagge beschützt sein sollte. Die Soldateska kümmerte sich aber nicht um solche „Kleinigkeiten", und das Schloß wurde ausgeplündert wie alle anderen ungarischen Schlösser auch. Laci erwartete die Befreiung in Gézaháza, die unmittelbare Besetzung aber im Zisterzienserstift Zirc. Als sich die Situation etwas konsolidierte, kehrte Laci nach

Gézaháza zurück, wo ihm die Bevölkerung zehn Joch zurückgab und die Behörde ihm das Jagdhaus als Wohnung zuwies. Er wurde zum Bezirksjägermeister für den Bezirk Zirc ernannt, und man gab ihm auch einen Waffenschein für ein Dienstgewehr. Im Jahre 1950, einen Tag nach Ablauf der jährlichen Waffenbescheinigung, wurde er vom Polizeichef wegen unerlaubten Waffenbesitzes verhaftet und in das Veszprémer Gefängnis eingeliefert. Dort wurde er ein halbes Jahr unter den üblichen unmenschlichen Bedingungen der damaligen Zeit festgehalten. Während seiner Haft wurde sein Wohnsitz, das Jagdhaus Gézaháza, „verstaatlicht". Laci und Familie zogen zuerst in ein leerstehendes Försterhaus, später in das Dorf Bakonyszentkirály. Er arbeitete wie so viele seines Standes als einfacher Taglöhner im Wald. Später stellte sich heraus, daß er gelernter Sattlermeister war, denn in noch guten Zeiten hatte er als Hobby alle Arten der Lederverarbeitung erlernt und auch ausgeübt. Nun wurde er der Sattlermeister der ganzen Umgebung. Die Forstverwaltung richtete ihm eine Werkstatt ein, fürderhin das „Casino" der ganzen Gegend. Bis zum Jahr 1962 arbeitete und verdiente er als Sattler, dann wurde er pensioniert. Irgendwann dazwischen wurde er einmal unvorgesehen und plötzlich von Direktor Nadler nach Budapest zitiert, um Trophäen zu bewerten. Diese „Rückkehr" in eine frühere Tätigkeit verstörte und beunruhigte ihn, noch Wochen später war er traurig und wortkarg. 1963, als sich die politische Lage wesentlich gebessert hatte, übersiedelten Laci und Sári Esterházy an den malerischen Velence-See, wo sie in Gárdony von einem Verwandten ein altes Bauernhaus mit größerem Grundstück erwarben. Noch einmal konnte Laci Esterházy sein organisatorisches Talent und seinen Fleiß unter Beweis stellen. Im Kleinen entstand hier eine Musterwirtschaft, wie es sie einmal in früheren Zeiten in Sárosd gegeben hatte. Doch konnte der vielgeprüfte Mann diese neue, beglückende Tätigkeit nur kurz genießen. Nach halbjähriger Krankheit starb er im Jahre 1966. Er ist jetzt dort begraben, wo täglich seine geliebten Wildgänse vorbeifliegen: in seiner Heimat am Velence-See...

Lassen wir ihn nun selber einige Jagdgeschichten erzählen:

Mein Lebensbock

Es war der 5. Mai 1932. Am Nachmittag unternahm ich mit meinem Pferdewagen eine Inspektionsfahrt in die Landwirtschaft, ohne jede Absicht, zu jagen. Aus Gewohnheit hatte ich aber meine Savage-Schonzeitbüchse und den bayerischen Schweißhund Dizsi mit. Sie begleiteten mich auf allen meinen Fahrten ins Revier. An vielen Stellen sah ich Rehe äsen, manche waren niedergetan, Fasanhähne balzten massenhaft, sich jagende Hasen belebten die Landschaft.

Vom Perkátaer Weg auf die Allee von Darus abbiegend, zeigte mir plötzlich Peti, der adleräugige Kutscher, mit der Peitsche deutend, drei Rehe, die auf mindestens einen halben Kilometer ästen. Wir hielten, ich nahm meinen achtfachen Zeiss-Trieder und stellte fest, daß alle drei Böcke waren, der eine unter ihnen aber irgend etwas ungewöhnlich Dichtes zwischen den Lauschern zu haben schien. Ich dachte zunächst, daß sicher beim Fegen Äste oder Gräser zwischen den Stangen stecken geblieben wären. Da mein Weg ohnehin dort vorbeiführte, trabten wir, nichts ahnend, langsam und gemütlich in die Richtung der Rehe.

Als wir die Akazienreihe erreichten, die die große Tafel begrenzte, hielt ich den Wagen an und hob mein Glas. Es ist schwer, das Gefühl zu beschreiben, das mich nun erfaßte und meinen ganzen Körper beherrschte. Vor meinen Augen tanzten Kreise, meine Hände zitterten wie Blätter im Wind. Ich ließ das Glas sinken, hob es wieder, ich glaubte, daß eine Fata morgana mich narrte oder ein trügerischer Traum. Ich ließ den Wagen weiterfahren und rutschte unbemerkt herunter. Hinter einem kleinen Akazienbusch setzte ich mich am Rande des Grabens nieder. Meine Büchse lag auf meinen Knien, die drei Böcke ästen ruhig auf etwa 120 Schritt in der Saat, in der Mitte jener mit dem Riesengehörn. Ich konnte mein Fernglas kaum halten, so zitterte ich vor Aufregung. Der Moment des Schusses kam, aber es war leichter, das zu beschließen als durchzuführen, denn die Arme und Augen wollten nicht folgen, eine innere Kraft ließ meinen ganzen Körper erzittern. Das kleine 2,5fache Glas mit dem feinen Fadenkreuz umtanzte das Blatt des Bockes. Die Augen vibrierten, Schweiß brach aus, obgleich die Kälte mich schüttelte. Ich dachte schon, daß ich nicht würde schießen können, wußte aber gleichzeitig, daß ich mit einem solchen Rehbock niemals im Leben mehr zusammenkommen würde.

Ich nahm daher meine ganze Willenskraft zusammen, hielt den Atem an, versteifte meine Knie, biß die Zähne zusammen und unternahm den letzten Versuch. Als das Fadenkreuz in den roten Bock eintauchte, riß ich den Abzug durch. Ja, ich „riß“, denn das vorschriftsmäßige, langsame Berühren des Abzuges ließen meine überspannten Nerven nicht zu. Nach dem Schuß sah ich nur so viel, daß der Bock nach vorne stürzte und im Stürzen einige Meter hindurch mit dem Äser den Boden „pflügte“. Dann wurde er hoch und raste in Richtung der Jagdgrenze, die der drübere Rand der Tafel bildete. Dort verschwand er mit den beiden anderen Böcken in einer hohen Roggenfrucht. Ich aber saß da, machte ein wenig intelligentes Gesicht, fühlte mich müde und ausgelaugt. Daß der Bock über die Grenze gegangen war, störte wenig, denn das jenseitige Revier gehörte einer freundlichen, älteren Dame, mit der ich die Folge angeschweißten Wildes ausgemacht hatte, sie erbat sich nur einen Teil des Wildbrets dafür.

Ich fürchtete aber die großen Roggenfelder, da die Nachsuche in solchen auch die allerbesten Schweißhunde vor schwierigste Aufgaben stellt. Jenseits der Rogge war ein etwa drei Joch großer bürstendicker Föhrenwald, und ich hoffte, daß der angeschweißte Bock dorthin wechseln würde. Mein Wagen kam zurück, ich ging mit meinem Hund Dizsi zum Anschuß und nahm, ihn an der langen Leine, die Nachsuche auf, denn ich hatte wenig Zeit zu verlieren, da die Sonne sich schon gegen Westen zu senkte. Der kleine Hund legte sich in die Leine, nahm die warme Fährte auf und zog mich auf Teufel komm raus nach vorne, daß mir Hören und Sehen verging. Die Fährte führte durch die ganze Rogge, dann auch durch die Föhrenjugend, und es war keine leichte Sache, durch letztere durchzutaumeln. Vor mir lag die große Weide von Parragmajor. Ich durchflog sie mit dem Glas und erblickte sofort die drei Böcke, die in Richtung eines Weizenfeldes wechselten. Vorneweg die zwei schwächeren, hinten, etwa 80 Meter zurückgeblieben, hinkend und mit tief gesenktem Haupt der Starke. Ich sah, daß er schwer krank war und beruhigte mich ein wenig. Ich wartete, bis er im Weizen verschwunden war, und hoffte, daß er sich nach diesem langen Weg dort niedertun würde. Ich betrat den Weizen vorsichtig mit schußbereiter Büchse, den Hund an der Leine. Kaum waren wir 100 bis 150 Schritt gegangen, was mit dem Hund nicht so leicht war, als ich in einem höheren und dunkleren Weizenfleck das Gehörn des Bockes erblickte, der niedergetan war. (Solche dunkleren Flecken gibt es überall dort, wo Misthaufen längere Zeit hindurch gestanden sind.) Mit angeschlagener Waffe pfiff ich den Schwerkranken an, worauf er sich mühsam erhob, aber nur für einen Augenblick, denn mein Schuß auf den Träger ließ ihn im Feuer stürzen. Ich stand vor ihm und konnte es noch immer nicht fassen, daß all dies die Wahrheit, die Wirklichkeit, daß im Komitat Stuhlweißenburg solch ein Kapitalbock möglich war. Ich wußte in meinem Innern, daß ich vor der stärksten Trophäe meines Jägerlebens, inklusive dessen Zukunft, stand. Der erste Schuß war tief und etwas nach hinten gerutscht, wäre aber tödlich gewesen. Ich legte meinen Hund beim Bock ab und spazierte in den nahen Meierhof, wo ich einen alten Schäfer kannte, der mir half. Nach Abschlagen des Hauptes übergab ich ihm das Wildbret mit dem Auftrag, die beiden Schlegel und den Rücken meiner Nachbarin zu bringen, den übrigen Teil des Bockes schenkte ich ihm. Sein einziger Kommentar war: „Ein so großes, häßliches Reh habe ich noch nie gesehen." Ich nahm das Haupt meines Bockes in die Hand und ging zu meinem Wagen. Es wurde Abend, bis ich zu Hause ankam. Der Abend eines der schönsten Tage meines Jägerlebens.

Am nächsten Tag kam von meiner gütigen älteren Nachbarin ein Brief, in dem sie sich für den Braten des „Rehleins" bedankte und mich aufforderte, ihr auch in der Zukunft „solch" einen Rehbock zu schießen. Ich war über ihre Worte gerührt, aber ich wußte bereits, daß ich ihre Bitte nicht würde erfüllen können, denn einen solchen Bock würde ich nie mehr im Leben sehen. In den nächsten Tagen setzte sich die Weidmannsfreude fort. Eigenhändiges Auskochen, Reinigen und Präparieren, anschauen, angreifen. Ich fertigte eine genau bemessene Tragtasche für den Bock, damit ich ihn überall mitnehmen konnte. Im selben Jahr schoß ich auf keinen Bock mehr.

In den zwei letzten Jahrzehnten bin ich viel gewandert, bin viel übersiedelt, habe sehr viel verloren. Aber die Trophäe dieses Kapitalbockes war immer mit mir, auch heute steht sie auf ihrem Eichenholzgestell auf meinem Schreibtisch. Mein Bock wurde 1933 bei der Trophäenausstellung Landessieger und gewann den ersten Preis und die Goldmedaille. In Berlin, bei der Jagdausstellung 1937, war er der neuntbeste Bock und errang gleichfalls die Goldmedaille.

Abenteuer eines zahlenden Jagdgastes

Im vergangenen Jahrhundert war das Reh im Gebiet zwischen dem Velence-See und der Donau, im südlichen Komitat Fejér, völlig unbekannt. Zwei hervorragenden Jägern und

Bild rechts:
Erst mal gustieren …

Bild umseitig:
Mach mal Pause

Jagdbesitzern, die in Z.ujfalú und Sárosd lebten, ist es zu verdanken, daß dieses edle Wild in dieser Gegend heute vorkommt und auch der langjährige Weltrekordbock dort geschossen wurde (Anmerkung des Übersetzers). Beide Weidmänner hatten kleinere Wälder in ihren Feldrevieren, der eine etwa 40, der andere 20 ha groß, die sie einzäunten, um dort Rehe zu halten. Im Jahre 1898 wurden die Zäune abgetragen und das Rehwild freigelassen. Eine Hegegemeinschaft gleichgesinnter Jagdbesitzer dieser Gegend beschloß, vier volle Jahre lang keine Rehe zu schießen, und dann sehr sparsam und selektiv. Tatsache ist, daß eine im Jahre 1940 durchgeführte Wildzählung im Gebiet zwischen Ercsi-Sárbogárd-Velencesee und Donau einen Rehbestand von 2.500 Stück und qualitativ hochwertigem Wild ergab. Diese Population ist bis heute eine der allerbesten ganz Ungarns. Da ich in der Mitte dieses großen, ausgedehnten Reh-Dorados lebte, konnte ich den jährlichen Abschuß und die Trophäen mancher hervorragender Böcke begutachten. Bald wurde es in Jägerkreisen bekannt, daß hier gleich gute Böcke wie im Alföld, etwa in Szolnok oder Békés, heranwuchsen. Im Jahre 1937 rief mich ein guter Freund an und fragte mich, ob es auch im Komitat Fejér möglich sei, einem ausländischen Gast zehn bis zwölf starke Böcke anzubieten, so ähnlich, wie dies schon seit Jahren in Ostungarn eingebürgert war. Sein Freund war ein jüngerer belgischer Fabrikant, der in Békés seit Jahren zahlender Jagdgast war, er hatte die Absicht, für seinen Schwiegervater ein Dutzend Böcke zu pachten, jedoch weit weg von seinem Jagdgebiet, er dachte an unser Komitat. Obgleich ich Gegner der kommerziellen Jagd war, rief ich die Besitzer der umliegenden Jagdreviere zusammen, und wir beschlossen, daß jeder dem Gast zwei seiner Böcke überlassen würde, wobei ich die Unterbringung und Führung übernehmen wollte. Dies war nicht schwer, hatte ich ja einen ausgezeichneten Pirschwagen und einen bewährten Schweißhund. Ich lud den Gast also für den 10. Mai nach Sárosd ein. Am Stichtag traf ein sehr netter, dicker alter Herr ein, der mir im ersten informativen Gespräch mitteilte, daß er seit Jahren leidenschaftlicher Weidmann sei, bereits über 200 Böcke erlegt habe, doch wären die qualitativ natürlich mit den ungarischen Böcken nicht zu vergleichen, deren Trophäen er bei seinem Schwiegersohn schon bewundert hätte. Er hätte vor kurzem seine Fabrik dem Schwiegersohn übergeben, und als Pensionist wollte er seine Zeit dem edlen Weidwerk widmen. Er freute sich, auf starke Böcke pirschen zu können und kapitale Trophäen zu erbeuten. Ich empfahl ihm, einige Probeschüsse abzugeben, da hier im Flachland die Beleuchtung und Luftdichte anders sei als im Berg- und Hügelgelände. Er lehnte dies aber mit dem Hinweis ab, daß er seine Schönauer-Büchse Kal 6.5 × 54 genau eingeschossen hätte. Am nächsten Tag im Morgengrauen fuhr der Wagen vor, wir stiegen ein und fuhren los. Es fiel mir auf, daß er einen zwei Meter langen Bergstock mitgebracht hatte, an dessen oberem Ende mit Spagat ein aus Stoffetzen gefertigter „Ring" angebunden war. Auf meine Frage erklärte er mir, daß er immer so zu schießen pflege. Der

Bild umseitig:
Die Saat ist noch zu niedrig
Bild links:
Da ist doch was…

Stock wurde in die Erde gesteckt, der Lauf durch den Ring geschoben, so hatte er eine gute Auflage und der Schuß war sicher. Nach kurzer Zeit kamen wir zu einer Luzerne-Tafel, wo ich einen starken Bock kannte. Er stand auch dort mit zwei Geißen, etwa 120 Schritte vom Feldweg entfernt. Als wir in seine Richtung kamen, bat ich den Gast, vom im Schrittempo fahrenden Wagen abzuspringen und baldigst zu schießen. Abspringen konnte er nicht, der Wagen mußte halten, dann rammte er den Stock in die Erde, steckte den Büchsenlauf durch den Ring und zielte sehr lange. Natürlich hielten die Rehe das Manöver nicht aus und flüchteten. Sehr bald kamen wir an einen weiteren Sprung, in dem ebenfalls ein sehr guter Bock stand. Sie mochten auf 150 Schritt stehen. Ich sah, daß den alten Herrn das Bockfieber plagte, und so schlug ich vor, noch näher heranzufahren. Dies lehnte er aber ab, sprang diesmal behende herunter, legte an und schoß. Die Rehe sprangen gesund ab. Die Nachmittagspirsch führte uns in das Revier eines meiner Nachbarn. Kurz berichtet: auch hier fehlte er einen Bock und auf der Heimfahrt durch mein Revier einen weiteren auf 50 Schritt. Zu seiner Ehre sei aber gesagt, daß es diesmal schon recht finster war. Die Fehlschüsse deprimierten den alten Herrn, er blieb wortkarg, antwortete kaum auf meine Fragen, brummte vor sich hin. Als wir heimkamen, zog er sich in sein Zimmer zurück, wo er auch sein Diätessen einnehmen wollte.

Später kam ich auf einen Sprung zu ihm, um den morgigen Tag zu besprechen, stellte aber zu meinem Schrecken fest, daß unser Gast krank war. Sein Gesicht war feuerrot, er hatte Kopfschmerzen, war schwindlig und hatte auch das Abendessen nicht angerührt. Gut schau'n wir aus, dachte ich, hier wird den armen alten Herrn der Schlag treffen. Schnell einen Arzt! Er kam auch, gab dem Patienten eine Injektion, Tabletten und ordnete Bettruhe an. Mit Rücksicht auf den Zustand unseres Gastes schlug ich für den nächsten Tag eine Pause vor, doch umsonst. Um fünf Uhr früh wartete er schon im Hof auf den Wagen. Wir fuhren auf das Jagdgebiet eines südlichen Nachbarn. Hier möchte ich bemerken, daß meine beiden Nachbarn sehr geschickte junge Söhne hatten, beide erstklassige Jäger und hervorragende Schützen. Der eine hieß Pali und der andere Gyula. Auf sie konzentrierte sich meine ganze Hoffnung. Pali wartete an der Grenze und stieg zu uns ein. Unter einem flachen Höhenrücken fahrend, kamen wir an ein Baltacim-Feld. Dieses grenzte an ein hohes Kornfeld. Nahe am Korn äste ein Sprung Rehe, mit einem sehr starken Bock. Da Deckung vorhanden war, konnte der alte Weidmann gemütlich bis zum Rücken vorpirschen, beobachtete lang, zielte lang und schoß. Ich war auf den Sitz des Wagens gestiegen und beobachtete durch das Glas die Rehe. Ich sah im Schuß die Kugel über den Rehen stauben, und in Sekunden waren sie im Korn verschwunden. Unser Gast war noch kaum von der Erregung des Schusses zu sich gekommen, als ich ihm zurief: „Weidmannsheil, gratuliere, ein schöner Schuß!" Nachher erklärte ich ihm, daß wir den „angeschweißten" Bock jetzt nicht behelligen dürften, außerdem wäre das Korn zu naß und der Schweißhund hätte drum keine Witterung. Ich schlug vor, daß Pali in zwei Stunden den — sicher in der Nähe verendet liegenden — Bock holen würde. Wir fuhren nach Hause. Als der alte Herr beim Frühstück saß, sagte ich zum verwunderten Pali: „Sei um zehn Uhr mit einem starken Bock in meinem Hof. Die Einzelheiten überlasse ich dir." Es war noch nicht zehn Uhr, als mein Freund Pali mit seinem Wagen vor dem Haus hielt und einen starken, alten Bock herunterhob. Der alte Herr war glücklich, aber ich auch, denn ich war auf die

Methode gekommen, wie man ihn zu einem Weidmannsheil bringen konnte. Nachmittag sandte ich den Gast wieder in ein anderes Revier, konnte ihn aber diesmal nicht selber begleiten. Ich telefonierte mit dem Revierjäger, einem Meister seines Faches, und gab ihm den Auftrag, daß er den Gast nur auf gute Böcke schießen lassen, die Nachsuche aber auf den nächsten Tag verschieben sollte. Als der Gast am Abend zurückkam, sagte er mir, daß er auf einen guten Bock zu Schuß gekommen war, sein Pirschführer, der sein volles Vertrauen hatte, aber die Nachsuche für den nächsten Tag festgesetzt hatte. Ich beruhigte den Gast, daß der Bock sicher zur Strecke kommen würde, denn Jäger Schäffer wäre sehr verläßlich. Nun setzte ich mich ans Telefon und rief Freund Gyula an. Ich sagte ihm, daß der Gast beim Nachbarn B. einen guten Bock beschossen hätte. Ich bat ihn, um fünf Uhr an der Grenze zu sein, wo Schäffer ihn erwarten würde. „Ihr müßt den Bock unbedingt finden, ich erwarte dich zum Frühstück." Nachdem ich Schäffer ebenfalls Bescheid gesagt hatte, legte ich mich zur Ruhe.

In der Früh um neun Uhr war Gyula grinsend mit einem alten Kapitalbock im Hof. Große Freude, Weidmannsheil, Streckenlegung. Am Nachmittag schoß mein alter Gast auf 80 Schritt auf einen Bock, der diesmal hinten zusammenruckte, aber dann wie gesund absprang. Nach langer Nachsuche und Hatz konnte ihn mein kleiner Schweißhund in einem Weizen stellen, und ich gab ihm den Fangschuß. Er hatte am linken Hinterlauf einen Streifschuß. Am nächsten Tag endlich fiel auf den Schuß des Gastes ein sehr guter Achterbock, doch der Schuß saß im Haupt, allerdings ohne die Trophäe beschädigt zu haben. So vergingen die Tage, und als eine Woche vergangen war, hatte der alte Herr alle zwölf Böcke auf der Strecke. Er war mit seinem „Weidmannsheil" mehr als zufrieden und packte eigenhändig die wirklich sehr guten Trophäen ein. Er war sehr dankbar für die bei uns verbrachten schönen Tage und schrieb noch von Belgien einen Dankesbrief, weil ich ihm zu so starken Böcken verholfen hatte, um die ihn alle seine Jagdfreunde beneideten.

Jagdherrnsorgen

Es war in den zwanziger Jahren, als ich mit zwei lieben Nachbarn und einem Jagdfreund von Jugendtagen her ein schön gelegenes, großes Revier in den Bergen um Budapest, dem Pilisgebirge, pachtete. In den ersten Jahren beobachteten und hegten wir bloß, da das Revier eher ausgeschossen war. Nur da und dort fielen ein Abschußbock oder eine Sau. Ich suchte die Pächter und Besitzer der umliegenden Jagden auf und vereinbarte mit ihnen eine Wildfolge. Danach mußten wir einander angeschossenes und über die Grenze wechselndes Wild melden, die Nachsuche war erlaubt, und die Trophäe des Wildes gebührte dem Schützen, der das Wild angeschossen hatte. Die Abmachung sollte unsere gutnachbarlichen Beziehungen fördern und Mißverständnisse ausschließen.

Unser Wildbestand gedieh, und so beschlossen wir nach vier Jahren, daß jeder von uns je zwei Brunfthirsche erlegen durfte. Ich lud auf einen meiner Hirsche einen nahen Verwandten ein. Leider weilt er nicht mehr unter den Lebenden.

Ich nenne bewußt keinen Namen, denn mehrere Personen dieser Geschichte würden noch heute in den Wäldern des Pilis den Hirschen nachstellen, wenn man ihnen einen Jagdschein gäbe.

Mein alter Verwandter hatte schon schwache Augen, aber seine Leidenschaft und Begeisterung waren groß. Er wurde von einem ausgezeichneten Revierjäger geführt, der das Revier wie seine Tasche kannte, aber trotz tagelangen Pirschens erreichten sie nichts. Endlich, am letzten Pirschtag, an einem Abend schoß er auf einen Hirsch, der nach Angabe des Jägers ein mittlerer Zehner war. Die Kugel dürfte ihn etwas hinten und weich getroffen haben. Da es schon recht finster war, wurde die Nachsuche auf den nächsten Tag verschoben. Mein Gast mußte aber wegen wichtiger Agenden am nächsten Morgen abfahren. Ich versprach, im Interesse des Erfolges alles zu unternehmen und ihm das hoffentlich positive Ergebnis zu telegraphieren. Am nächsten Tag in der Früh nahm der Jäger die Nachsuche auf. Schweiß gab es keinen, aber es gelang ihm, nach längerem, systematischen Streifen etwa 200 Meter von der Reviergrenze entfernt den bereits verendeten Hirsch zu finden. Es war ein mittelalter Zehner. Wir kochten das Geweih aus und telegraphierten die gute Nachricht dem alten Herrn. Auch ich war sehr froh, daß alles so gut ausgegangen war. Aus Erfahrung wissen wir, daß, wenn in einem Revier ein Hirsch fällt, diese Nachricht auf geheimnisvollen Wegen innerhalb kürzester Zeit in der Umgebung bekannt wird.

Ich weiß nicht, ob die Eichelhäher oder irgendeine Radiowelle die Nachricht weitertrugen, aber Tatsache blieb, daß die Nachbarn das Resultat der Nachsuche erfuhren. Am Nachmittag erschien ein jagdlich gekleideter junger Mann und trug die Bitte des Obmannes der nachbarlichen Jagdgesellschaft vor: „Einer unserer Jagdkameraden schoß vorgestern am Abend auf einen mittleren Zehnerhirsch, er fand ihn nicht, wahrscheinlich ist er zu Ihnen gewechselt.“ Da sie hörten, daß der Hirsch zur Strecke gekommen war, baten sie im Sinne der vereinbarten Wildfolge, ihnen die Trophäe auszuhändigen. In der ersten Überraschung sagte ich nur, daß der Schädel gerade ausgekocht, ich das Geweih aber in zwei bis drei Tagen übersenden würde. Als er wegging, dachte ich sorgenvoll: „Nun hat der Hirsch zwei Erleger!“ Aber die Sache wurde noch bunter. Am nächsten Tag kam mit der Post ein Brief. Die Schrift war bekannt, sie stammte von einem älteren Freund, einem seelensguten Menschen, dessen Jagdrevier ganz in der Nähe lag, dort hatte ich übrigens 1905 meinen ersten Hirsch geschossen. Er schrieb, daß vor einigen Tagen ein lieber Gast einen Hirsch angeschossen hätte, sie hatten ihn nicht gefunden, aber festgestellt, daß er gegen das Pilisgebirge gezogen war. Da er gehört hatte, daß man bei uns einen Hirsch gefunden hätte, war er sicher, daß es sich um diesen von seinem Gast angeschossenen handelte, um einen mittleren Zehner, er bat, die Trophäe bei Gelegenheit zu schicken. Sofort antwortete ich, daß wir gerade beim Auskochen seien, in zwei bis drei Tagen würde ich die Trophäe absenden. Niemals hätte ich einem so lieben Freund und Verwandten die Bitte abschlagen können.

Im Innern grübelte ich, wie ich einem einzigen Hirsch drei Geweihe, und zwar Zehnergeweihe, wachsen lassen könnte. Plötzlich kam mir eine Erleuchtung! In der Früh bestieg ich mein Auto und fuhr nach Sárosd in mein Schloß. Dort angekommen, stieg ich auf den großen Dachboden, wo mindestens 150 Hirschgeweihe in einem großen Haufen übereinandergeschlichtet „ruhten“. — Diese waren in langen Generationen an Zahl gewachsen, um den nachkommenden neuen Trophäen in den Gängen und Zimmern Platz zu machen. Ich suchte zwei ungefähr gleich starke Zehnergeweihe aus, der eine war zwar ein Kronenzehner, aber in solch einer Zwangslage konnte ich darauf keine Rücksicht nehmen. Sofort wurde der Kessel angeheizt, die gelb gewordenen Schädel neu ausgekocht und gebleicht, die Stangen aufgefrischt. Am nächsten Tag fuhr ich ins Piliser Revier zurück, wo ich alle drei Trophäen den glücklichen „Erlegern" per Post zusandte. So wurden aus einem Hirsch drei, und ich blieb der verständnisvolle, gute Jagdnachbar.

Zwischen zwei Stacheldrähten

Auf Einladung eines lieben alten Freundes, der Präsident einer Jagdgesellschaft in Ödenburg ist, habe ich im September 1981 nach Jahren wieder Gelegenheit, einen Brunfthirsch zu schießen. Jedesmal, wenn die Eberesche auch auf den Bergen rot wird, wenn Morgennebel wie ein riesiger See die Wiesen bedeckt, wenn es im Weinberg nach reifen Birnen riecht, wenn die Turteltauben und Störche unbemerkt die Heimat verlassen, wenn Schlehdorn und Kornellkirsche reifen und das Pfaffenkapperl in der Morgensonne zwischen taubedeckten Spinnweben glänzt, wenn die Blätter fallen und irgendwo der erste Hirsch zu schreien beginnt, habe ich jahrzehntelang sehnsüchtig daran gedacht, daß jetzt die hohe Zeit des Weidmannes, die Hirschbrunft, beginnt. Ich sitze zu Hause, und aus Düften, Erinnerungen, Lauten, Gefühlen und Erfahrungen wächst eine schmerzende, unbezwingbare Sehnsucht in mir, und Csákberény wird wieder lebendig. Seit meinem sechsten Lebensjahr bin ich Vater und Großvater auf ihren Pirschgängen gefolgt, wenn sie am Cser, im Buchwald, im Csonkabükk oder am Dachsbau in der Früh und am Abend den starken Hirschen nachstellten. Das unselige Pensionat schnitt grausam in das Leben der aufkeimenden Jagdpassion. Zwischen 1939 und 1943 konnte ich an keiner Hirschbrunft mehr teilnehmen. Herrliche, nie wiederkehrende Tage zu Hause waren nutzlos vergeudet. Und 1944, als ich mit achtzehn Jahren den ersten Hirsch schießen durfte, war es auch gleich zu Ende. Im selben Jahr verließen wir, vor der anrückenden Front flüchtend, endgültig das Paradies, das unerbittlich, restlos und für immer zerstört wurde. Es folgten die drei Jahre der Volksdemokratie und dreieinhalb Jahrzehnte als mittelloser Flüchtling. In all diesen Jahren wurde ich zweimal auf die Hirschbrunft eingeladen. Die Sehnsucht, dem kleinen Buben schon vor Jahren ins Herz gepflanzt, war unerfüllt, aber unauslöschlich geblieben. Ich durfte die Trophäen deutscher Jagdgäste vor dem Eggenberger Schloß bewundern, wenn sie, aus Ungarn kommend, meinem Jagdmuseum einen Besuch abstatteten. Ich durfte Verwandten und Freunden herzlich zu den erlegten kapitalen Hirschen gratulieren, Hirschgeweihe vermessen, Trophäenausstellungen organisieren, die Weltausstellung besichtigen und abends im September irgendwo in den Bergen die Hirsche verhören.

Dann, im Sommer 1981, kam die liebe Einladung, und fieberhaft traf ich die Vorbereitungen zur kommenden Hirschbrunft. Da ich Mitte September wie alle Jahre bei meinem lieben Freund Springschitz in Siegendorf Rebhühner jagte, war die „Überfahrt" von dort aus geplant. Siegendorf liegt an der Grenze, etwa acht Kilometer von Ödenburg entfernt, in alter Zeit selbst mit dem Fahrrad ein Katzensprung, jetzt durch den Eisernen Vorhang ein Unternehmen mit Weltreisecharakter. Wie sehr dies zutrifft, sollte ich am eigenen Leibe zu spüren bekommen.

Am Fünfzehnten fahre ich nach einem Essen in der Kantine der Siegendorfer Zukkerfabrik voller Freude und Erwartung in Richtung Ödenburg. Der österreichische Zöllner in Klingenbach wirft nur einen flüchtigen Blick auf meinen Reisepaß. Nicht so der Ungar. Mein Paß wird mir abgenommen, und nun heißt es erfahrungsgemäß, Geduld zu haben. Dort drüben sehe ich schon meinen Freund warten, und ich bitte um die

Erlaubnis, hinübergehen und ihn begrüßen zu dürfen. Die Autos hinter mir werden schon abgefertigt, ich bekomme meinen Paß nicht zurück. Neue Wagen rollen heran, Österreicher, Deutsche, Belgier, sie werden nach einiger Zeit abgefertigt, ich nicht. Dann kommt ein Offizier, fragt nach mir und sagt: „Wir bedauern, aber sie dürfen nicht einreisen." Ich frage: „Warum nicht?" — „Das kann ich Ihnen nicht sagen, sie müssen zurückfahren." Mein Freund mischt sich ein, ohne Erfolg. Weiteres Warten, weil der Paß noch nicht freigegeben wird. Ich gehe unterdessen zum Kommandanten. Man läßt mich warten. Dann erscheint er, freundlich lächelnd, ein älterer Herr mit dunklem Teint, gibt mir den Paß und heißt mich, ein neues Formular auszufüllen. Das erste wurde bereits weggeworfen. Dann sagt er wörtlich: „Nichts für ungut, Papa, Sie können einreisen!" Und erleichtert fahre ich hinter meinem Freund nach Ödenburg. Vorher hatte er sich vom Kommandanten noch ein Permit für die Jagdausübung im sogenannten „Niemandsland" geben lassen, denn ein Revierteil liegt zwischen den zwei Sperren: der sogenannten „Technischen Sperre" mit elektrischem Draht, täglich geglättetem Spurensand, Alarmanlagen und dem eigentlichen Grenzverlauf, dem (früher verminten) Stacheldrahtzaun, der teilweise schon stark beschädigt ist. Nach einer Stärkung bei meinem Freund und der Bewunderung seiner hervorragenden Geweihe und jagdlichen Sammlungen geht es zum Berufsjäger Jóska, wo auch mein Quartier sein wird. Es liegt im Vorort von Ödenburg, in Ágfalva, unweit des Revieres, des sogenannten „Bergrevieres", dessen Wälder und Ausläufer bis in die Außenstädte Ödenburgs hineinreichen. Die ganze Wohnung des Jägers wird für mich geräumt, die Familie ist zu den Schwiegereltern gezogen. Ich räume meine Sachen ein und bin um vier Uhr startbereit. Inzwischen informiere ich mich über das Revier. Es sind im großen und ganzen die gleichen Berge wie „drüben" - die Rosalia, der Sieggrabener Höhenzug und die Lackenbacher Wälder. Fichte, Föhre, Lärche, Buche und Eiche. Im Bergrevier leben „Berghirsche", der stärkste im Revier erlegte hat über acht Kilogramm (mit großer Hirnschale). Ein Teil, der größte Teil des Revieres, ist, wie gesagt, im „Niemandsland" zwischen den Stacheldrähten. Um ins Revier zu gelangen, muß man zwei Kontrollen passieren und seinen Reisepaß abgeben. Dafür hat man den Vorteil, vor Schwammerlsuchern, Beerenbrockern, Joggern und Fitmarschierern restlos verschont zu bleiben, denn in diesem Revier ist Zivilisten der Aufenthalt verboten. Dafür sieht man mehrmals junge Grenzsoldaten, die den Jäger aber gut kennen und uns passieren lassen. Sie geben gelegentlich Hinweise auf gesehenes Hochwild.

Am Abend gehen wir in einem lockeren Bestand auf einen anscheinend guten Hirsch, der spät zu melden anfängt und nicht aus seinem Einstand, in dem er mit seinen Tieren steckt, zu locken ist. Ich versuche es mit der Tritonmuschel, dann mit dem Tierruf, aber außer einer müden Antwort gibt es keine Reaktion. Dann verstummt er völlig, anscheinend

Bild rechts:
Noch hat er nichts gemerkt

Bild umseitig:
„Sommerspiele"

hat das Rudel Wind bekommen. Denn das Wetter schlägt um und der Wind kesselt, es ist wie im Hochgebirge. Dieser Revierteil erinnert stark an den Bauernmaiß in der Rosalia. Als es dunkel ist, melden überall die Hirsche, allerdings hören sie bald ganz auf, weil es zu regnen beginnt.

Zum Essen bekomme ich Paprikahendl mit Nockerl und Zwetschkenkompott. Da ich keinen Alkohol trinke, bekomme ich „Traubi-Soda" in kleinen Flaschen. Es ist hier nach einer Lizenz neu eingeführt und schmeckt besser als bei uns. Richtig nach Trauben, mit wenig Kohlensäure. „Einführungsqualität" anscheinend. Im Fernsehen gibt es einen alten Edgar Wallace-Krimi. Ich sehe ihn mir an, er ist hervorragend synchronisiert. Auch die Sportkommentare sind interessant.

Es regnet in Strömen, als mich Jóska weckt. Wir besprechen länger, ob es sich lohnt, hinauszugehen. Ich bin dafür, und wir beschließen, uns auf einem der ganz wenigen Hochstände des Revieres, am sogenannten Jánospihenő-Schlag anzusetzen. Gestern haben um diesen Schlag für kurze Zeit einige Hirsche gemeldet, vielleicht sehen wir etwas. Die Außenstadt ist trotz der frühen Stunde bereits munter. Überall sieht man Menschen mit Aktentaschen hasten oder auf den Autobus warten. Auch die Grenzsoldaten sind auf ihrem Posten. Zur heutigen Pirsch müssen wir aber nicht „zwischen die Zäune". Noch bevor das Schußlicht da ist, schleichen wir uns über einen schön ausgeputzten Pirschsteig auf die Kanzel. Sie ist aus Prügelholz angefertigt und der Rand für meinen Geschmack zu hoch. Unter uns äst vertraut ein Kalb. Es ist totenstill. Im flimmernden Dämmerlicht leuchten die Lichter aus dem nahen Eisenstadt und Klingenbach herüber. So wie drüben in Österreich hört man die Raab-Ödenburger Eisenbahn keuchen und verschieben. Autobusse hupen, weit im Osten läutet eine Morgenglocke. Das gleichmäßige Tropfen des Regens, die würzige Bergluft, Nebelbänke, die über den großen Schlag schwimmen, das alles mutet mehr alpenländisch als ungarisch an. Und doch gehört diese Gegend — hüben und drüben — zum gleichen Land, man nennt es Deutschwestungarn oder Burgenland. Die hier gezogene Grenze, die Abtrennung der geplanten Hauptstadt von ihrer Basis, wurde in den Hirnen jener im Westen geboren, die die eigentlichen Verursacher und mitverantwortlich für den Zweiten Weltkrieg waren. Sie haben unser Österreich-Ungarn, ein gewachsenes, bewährtes, starkes, vermittelndes und erfahrenes Völkergebilde, haßerfüllt zerschlagen und an seiner Stelle künstliche Staaten errichtet.

„Aeoüaah", tönt es nun vor uns aus der Mulde in Hochwald. Es ist sechs Uhr. Irgendwo heult eine Sirene. Dort fängt man zu arbeiten an. „Auuaöoa, ööa" ... Das war schon näher. Ein Eichelhäher schäkert, ein Flug Stare schwirrt über die Fichten, das Kalb unter uns verhofft. „Dort ist er, ich seh ihn schon", Jóska ist ganz aufgeregt, und auch ich sehe einen im Wildbret sehr starken Hirsch mit massigem Zehnergeweih von Hochwald her zügig auf den

Bild umseitig:
Ein Weg ist immer gefährlich
Bild links:
Vertraut am Wechsel

Schlag hinausziehen. Er ist allein. „Schießen!" kommandiert Jóska. Der Hirsch kommt immer näher, will nicht verhoffen, ist auf etwa 120 Schritt, als ich ihn anpfeife. Wie angewurzelt verharrt er, der Zielstachel des Diavari ist mitten im Stich ... im Schuß hebt es ihn vorne auf, er wendet, und in rasender Todesflucht strebt er dem Walde zu. Noch vor dem Wald, mitten am Weg, überschlägt er sich dann wie ein Hase und bleibt frei liegen, das Haupt uns zugewandt. Ich atme tief durch, Jóska schlägt mir auf den Rücken. Ich freue mich, weil ich überzeugt bin, einen alten Abschußhirsch geschossen zu haben. Nicht so Jóska, er hat ihn für weit stärker gehalten und ist sichtlich enttäuscht, so daß ich ihn trösten muß. Während des Aufbrechens fällt mir ein, daß ich meinen alten, bewährten Bergstock an die Leiter des Hochstandes gelehnt und vergessen habe. Ich gehe ihn holen und ... er ist nicht mehr da. Halb sieben Uhr — und schon hat ihn jemand mitgehen lassen. Welche unsichtbaren Geister beobachten uns?

Nach gutem Frühstück und erholsamem Schlaf am Vormittag, fahre ich mit Jóska zur Polizei, um mich dort anzumelden. Es hat zu regnen aufgehört, ein sonniger, milder Herbsttag umschmeichelt uns mit guter Fernsicht und weißen Schäfchenwolken. Fern über dem Schneeberg hängt wie eine dunkle Wolkenkrone noch der Regen. Eine fesche Polizistin stempelt mein Reiseformular ab, und wir sind fertig. Ich besichtige vor dem Essen die Stadt. Eine wunderschöne Altstadt, etwas verwahrloste Fassaden, aber viel Blumen überall. Die Kleidung der Menschen hier ist kaum mehr von jener der Westler zu unterscheiden. Überall Heldendenkmäler. Ödenburg scheint eine Militärstadt gewesen zu sein, ich photographiere sechs k.u.k. Denkmäler mit deutschen und ungarischen Inschriften. Sie sind gut gepflegt, hier scheint man die Tradition wieder zu achten.

Mit Interesse sehe ich Jóska beim Auskochen meines Hirsches zu. So habe ich dem alten Ferenc in Csákberény zugesehen, von dem ich es gelernt hatte. Der gleiche Geruch, die gleichen Bewegungen, die gleichen Gespräche. Der Hirsch hat sechs Kilogramm, schöne, dicke und schwarze Stangen, guten Rosen — eine gefällige Trophäe. Nach den Zähnen würde ich ihn mindestens auf vierzehn Jahre schätzen. Mein Freund erscheint, gratuliert und meint, ich solle noch einen, diesmal einen besseren Hirsch schießen.

Gemütlich lesend verbringe ich den Nachmittag. Die Frau Jóskas kocht meine Lieblingsspeise — „túrós csusza", Topfennudeln auf ungarische Art. Ich vertiefe mich in Kálmán Kittenbergers Afrika-Memoiren. Ich hatte ja die Ehre, ein Freund des alten Einzelgängers zu sein, der jahrelang die ungarische Jagdzeitschrift „Nimród" als Chefredakteur gestaltete. Er hatte es schwer in der Rákosi-Ära, bald nachher starb er jedoch als viel gefeierter Volksschriftsteller, Forscher, Zoologe und Sammler. Bei ihm veröffentlichte ich schon mit zwölf Jahren Artikel, er war mein eigentlicher Entdecker, und ich war stolz unter „seinen" Autoren zu „rangieren", unter einem Csathó Kálmán, Fekete István, Széchényi Zsigmond, Studinka László, Müller Géza, Sterbetz István und vielen anderen. Ich habe ihn als Entrechteter von Csákberény aus öfters besucht und unsere Freundschaft gepflegt und mit ihm bis zu seinem Tod korrespondiert.

Am Nachmittag vor der Pirsch besuche ich meinen Freund zum Tee, dort treffe ich auch ein anderes führendes Mitglied der Jagdgesellschaft. Mit den zwei Herren unternehme ich eine Abendpirsch in ein anderes Revier um den großen Aussichtsturm. Dieser, ein gigantisches Holzgebilde, steht inmitten einer riesigen Eichendickung, die nur hie und da mit kleineren lichteren Stellen durchsetzt ist. Vom Aussichtsturm kann man bis Wiener Neustadt sehen, die Österreichische Landschaft liegt friedlich ausgebreitet vor uns. Wir sehen und hören mindestens fünf Hirsche, aber sie lassen sich in diesem Dschungel weder anpirschen noch hervorlocken. Für den nächsten Tag wird ein anderer Plan gefaßt.

Wir stehen noch früher auf, fahren über Felder in südlicher Richtung, passieren Magyarfalva, Harka und die obligaten Sperren, wo ich meinen Paß vorschriftsmäßig abgebe (ich will wirklich nicht illegal nach Österreich flüchten), und zu Fuß gehen wir durch ein schönes Tal, das Kocseda-Tal, mindestens eine Stunde lang, bis wir auf einen großen Schlag kommen, den zwei, drei tiefe Täler durchschneiden. Weit im Süden sieht man die burgenländische Ortschaft Deutschkreutz, im Nordwesten ist die Grenze näher.

Da oben herrscht reger Brunftbetrieb. Da der Wind vom Westen kommt, wagen wir uns nur auf die südlichste Kuppe des Kahlschlages, um von dort zu beobachten. Drei Rudel sind auszumachen. Ein junger guter Zwölfer rechts, er zieht langsam in den Weißbuchenbestand, ein Vierzehnender ganz am Plateau und links im tiefen Tal ein Sechzehnender mit dicken Stangen und mächtiger Krone, den wir nur einen Augenblick sehen, weil er mit seinem Rudel bereits in einen alten prachtvollen Rotbuchenbestand einzieht. Jóska sagt, daß sein Einstand weiter oben ist, eine undurchdringliche Dickung, eine wahre Wildnis, wohin man ihm nicht folgen kann. Der Hirsch zieht mit seinen Tieren anscheinend auf diesen Schlag aus, da werden wir ihn am Abend erwarten. Da infolge der absoluten Ruhe in diesem „Niemandsland" Hochwild schon recht früh ausziehen kann, müssen wir bereits um vier Uhr zur Stelle sein. Wir warten, bis die Rudel alle eingezogen sind, das dauert bis acht Uhr, sehen einen Fuchs und einen schwachen Keiler, dann besichtigen wir die Stelle, wo wir uns am Nachmittag ansetzen werden, um den Sechzehnender zu erwarten, bauen einen unauffälligen Schirm zwischen zwei Buchen am Hang des älteren Schlages und stellen fest, daß wir von hier das ganze Tal leidlich übersehen können. Mit einem Stein schlage ich zwei mitgebrachte lange Nägel schräg in die beiden Buchen ein und befestige über diesen einen dicken langen Ast, fest verkeilt, damit ich — für weitere Schüsse — gut auflegen kann. Dann spazieren wir über einen Abkürzungsweg zu meinem Auto, und, sobald ich meinen Paß übernommen (und den Kofferraum geöffnet) habe, nach Ödenburg zurück. Rechts passieren wir einen großen staatlichen Obstgarten, in dem gerade die Äpfel und Birnen geerntet werden. Mindestens 40 Menschen, vor allem Frauen, sind hier beschäftigt. Das Obst ist für den Export bestimmt. Wahrscheinlich das billige ungarische Tafelobst, dessentwegen die Bauern bei uns das Obst vielfach verfaulen lassen müssen, so in der Oststeiermark, wo sich eine Ernte in manchen Fällen nicht rentiert. Ich besichtige in Ödenburg das Apotheken- und das Heimatmuseum, kaufe ein, hauptsächlich in Privatgeschäften (Maszek), und stelle fest, daß die wieder zugelassenen kleinen Greißler weit mehr frequentiert werden als die staatlichen Geschäfte. Bei uns ist die Tendenz umgekehrt. Da können sich die kleinen Greißler nur dann halbwegs halten, wenn sie sich in die Kette der großen Kaufhäuser eingliedern lassen. In Ungarn ist man aber für jede Reprivatisierung dankbar.

Sobald die Konkurrenz aus dem Boden schießt, ist überall auch das Service besser. Allerdings ist Ödenburg ein Sonderfall, hier sind ja ständig Ausländer als Kunden vorhanden, hier bemüht man sich um diese besonders, auch wenn sie den Einheimischen die feinsten Waren wegschnappen. Karawanen von Wienern kommen nach Ödenburg, um billiges Fleisch, Wurstwaren und Brot einzukaufen, so als ob es bei uns keine Auswahl gäbe. Die Belieferung der hiesigen Kaufhäuser ist auf jeden Fall besonders gut. Mittags fahre ich Richtung Fertőd (Schloß Esterháza), das ich ja gut kenne, und speise in einem kleinen Privatrestaurant, das man mir empfohlen hat. Es gibt Fleischpalatschinken mit Rahm und Kastanienreis mit Schlag. Das grausliche Cola hat den Weg natürlich auch hierher gefunden. Überhaupt macht sich das Unwichtige aus dem Westen auch hier breit und kann von keiner Macht verboten werden. Da hat jedermann Jeans an, der Mongolenbart ist „in" (Jóska hat auch einen), die Jugend stapft auch hier aus unerfindlichen Gründen in weißen Turnschuhen herum, Cowboy-Hüte, grelles Plastik, stumpfe Pop-Musik, wenn auch mit besseren und ungarischen Texten. Aus dem Autoradio höre ich die Rede des burgenländischen Landeshauptmannes anläßlich eines Festivals in Eisenstadt. Dann lege ich mich für eine Stunde aufs Ohr. Um drei Uhr starten wir bereits mit Jóska. Die nun schon traditionelle Kofferraumkontrolle, Paßabgabe, immer sind andere junge Soldaten eingesetzt. Jóska kennt sie alle, sie machen auch Witze, walten aber stur ihres Amtes. Mein Paß wird in einer Art Stellage verwahrt, er ist der einzige in seinem Fach. Diesmal fahren wir — weil es ja frühester Nachmittag ist und kein Wild unterwegs sein kann — mit dem Auto ein gutes Stückerl weiter hinauf und erreichen unseren Schirm durch den Hochwald. Zehn Minuten nach sechzehn Uhr sind wir an Ort und Stelle, machen es uns bequem. Ich bin längere Zeit damit beschäftigt, auf dem steilen Hang einen stabilen Sitz zu konstruieren, auch für die Füße grabe ich eine kleine Terrasse, sitze rechter Hand, obgleich wir den Hirsch von links erwarten, damit ich meinen rechten Arm am Baum abstützen kann. Dann unterhalten wir uns leise. Jóska ist wißbegierig, er war noch nie im Westen. Wir sprechen über die traurige Geschichte einer Turnlehrerin, die vor Jahren in unserer Presse gestanden ist. Diese Lehrerin stammte aus der DDR und hatte vor ein paar Jahren unweit von hier die „technische Sperre" im Wald durch tarzanartige Akrobatik glücklich und unbemerkt überwunden. Unmittelbar vor der Grenze hatte sie als letztes Hindernis den rostigen Grenzzaun vor sich gehabt. In der Dunkelheit hat sie sich aber verirrt, die Orientierung verloren, und als sie an eine Wildfütterung gekommen ist, hat sie gemeint schon in Österreich zu sein. In dieser Fütterung hat sie übernachtet. Eine Patrouille ist zufällig vorbeigekommen, der Hund hat Wittrung bekommen, sie ist entdeckt, verhört, ausgeliefert und für einige Jahre eingesperrt worden. Jóska kennt die Geschichte gar nicht.

Vor einiger Zeit wurde bekanntlich ein mit 260 Passagieren besetztes Linienflugzeug ohne Warnung abgeschossen, weil es sich verirrt hatte und über ein militärisches Sperrgebiet geflogen war. Man bedenke: 260 unschuldige Männer, Frauen und Kinder. Haben die Friedensmarschierer aufgeheult, haben alle Menschen, die ganze westliche Welt gegen diese Barbarei protestiert? Haben die Jugendsendungen im Fernsehen das System verurteilt? Nein. Es wurde geschwiegen. Das Schweigen ist überhaupt ein Krebsübel unserer Zeit. Bischöfe schweigen, wenn die Religion öffentlich angegriffen, lächerlich gemacht, wenn der Papst blasphemisch verunglimpft wird. Auch die Pornographie ist von der Kirche neuerdings kaum verurteilt worden. Politiker schweigen, wenn sich militante Minderheiten gegen das Volk stellen, Untergebene schweigen, wenn es die Mächtigen zu bunt treiben. „Wer sich mit dem Zeitgeist vermählt, wird bald ein

Witwer sein", sagte ein sehr gescheiter Mann. Das Pendel der Zeituhr schlägt einmal nach rechts, einmal nach links aus. Die sich nicht unterwerfen lassen, die sich dagegenstemmen, die Einzelgänger, Dissidenten, „Reaktionäre" und wahren Künstler, sie werden oft verfolgt werden, sie werden höchstens nach ihrem Tode anerkannt. „Niemand ist in seiner Zeit ein Prophet", könnte man das alte lateinische Sprichwort abwandeln, Künstler, die mit dem Zeitgeist schwimmen, sind keine wahren Künstler, eher Opportunisten. Die Jugend, die mit dem Zeitgeist mitgeht, ist keine schneidige Jugend mehr, dazu gehört kein Mut.

Drüben am Waldrand, auf etwa 300 Meter, ist ein Tier ausgetreten, es folgen ein Kalb und ein Spießer. Sie äsen langsam näher, fühlen sich sicher, der Wind ist gut, unbeschreibliche Stille liegt über dem Schlag, über mir klopft ein Buntspecht. Kohlmeisen bestaunen uns auf der nahen Holunderstaude, ich flüstere mit ihnen, und es scheint mir, als ob sie antworten würden. Gibt es eine Seelenwanderung? Wer weiß, wer von all den verstorbenen Freunden mir jetzt zusieht? Ist es mein Lehrmeister, Förster Müller, oder Oberjäger Öhlmann, ist es mein Jugendfreund Marcel Esterházy, der als Soldat im eigenen Wald gefallen ist, oder vielleicht Onkel Fritz, der unweit von hier jährlich seine Rehböcke geschossen hat, vielleicht Nando Arco, der großzügige Jagdherr von St. Martin, mein guter Freund René La-Roche etwa, mit dem ich in so vielen Metropolen der Welt herrliche Stunden erlebt habe, ist es Freund Lazar Raic, mein Kollege aus Zagreb, Feri Hasenöhrl, mein Schnepfenfreund, oder Vater, Onkel Hansi, Großvater? Aus tiefstem Herzen sende ich ihnen allen von hier einen Gruß.

Hinter der großen Kuppe des Schlages hat jetzt ein Hirsch gemeldet, es klingt dumpf, wie aus der Erde kommend. Bald darauf antwortet weit oben im Bestand eine tiefe Stimme. „Unser Hirsch", flüstert Jóska. Es ist halb sieben Uhr, und weiteres Kahlwild ist ausgetreten. Dann kommt ein Achterhirsch, vertreibt den Spießer bis auf etwa fünfzig Schritt vor uns. Wenn er noch dreißig Schritte weitergeht, kommt er in unseren Wind. Aber er dreht um, geht zu den Tieren zurück, und der Spießer steigt beleidigt zum Plateau hinauf, wo das Rudel des Vierzehnenders steht. Immer näher kommt das Röhren aus dem dunklen Hochwald. Der Rand des Waldes ist auf etwa 300 Meter, dort fällt das Gelände etwas ab, Teile sind nicht einzusehen, auf etwa 200 Schritt ist eine Wegkreuzung, ein Weg von links, ein Weg von rechts und unser Talweg treffen sich dort. Das Melden des Hirsches ist jetzt schon so nahe, daß wir jeden Augenblick auf sein Erscheinen gefaßt sind.

Aber jetzt läßt er sich Zeit. Das Kahlwild kümmert sich überhaupt nicht um das Schreien der Hirsche. Jetzt hat sich anscheinend auch der Zwölfer gemeldet. In ungeheurer Spannung warten wir. Der Plan war gut ausgeheckt, und gut war es, schon früh an Ort und Stelle zu sein. Jetzt ist eine kleine Pause eingetreten. Der junge Achter treibt nun ein Tier nach rechts in den Graben. Da erschallt wütend und herrisch der Kampfruf des Platzhirsches, und schon sehen wir ihn in der Mulde erscheinen und gegen den Achter ziehen. Der halbe Hirsch ist vom hohen Gras verdeckt, ein grauer, langer Hirsch, oben wippt dick und mächtig die Fünferkrone. Er ist jetzt etwa auf 250 Schritt. Wenn er noch weiterzieht, kann er verschwinden. Und er ist kaum zu stoppen, jetzt sind es etwa 220 Schritt. Ich nehme den Ruf und schreie ihn an. Wie aus Erz gegossen verharrt er, das Haupt uns zugewandt. Das Fadenkreuz ist schon am Blatt, ich steche, und als er das Haupt zum

Röhren hebt, berühre ich den Abzug. Kugelschlag, rasende Flucht, er kommt näher, ich habe repetiert, schieße im Flüchten noch einmal, diesmal wesentlich näher, der Hirsch zeichnet nicht, plötzlich stolpert er, die Läufe geben nach, und mit weithin hörbarem Krach bricht er zusammen, mitten am kleinen Schlag, zehn Schritte von der Kreuzung entfernt. Das Kahlwild verhofft, wendet, und langsam, fast unwillig, immer wieder verhoffend, trollt es in zwei verschiedenen Richtungen in die nahe Deckung des Hochwaldes. Und wie aus Bosheit und Triumph schreit jetzt der Achter einen langgezogenen Siegesruf in das Tal. Mein Hirsch hat beide Schüsse am Blatt, mächtig sind die Kronen, stark die Stangen. Ich photographiere ihn, Jóska bricht ihn auf, wir verweilen noch längere Zeit bei ihm. Dann wird das Haupt abgetrennt, wir gehen zu meinem Auto und als ich meinen Paß bei der Sperre zurückbekomme, gratulieren sogar die Grenzsoldaten.

Noch einen Tag verbringe ich im gastlichen Ödenburg. Mein Freund, seine Jagdfreunde und Jóska umstehen den ausgekochten Sechzehnender und bewundern das herrliche Geweih. Er wiegt über sieben Kilogramm. Ein starker Berghirsch aus dem Grenzraum. Jahrelang mußte ich mich zur Zeit der Hirschbrunft platonisch Erinnerungen widmen. Jetzt kann ich mich wieder aus vollem, dankbaren Herzen über eine herrliche, erfolgreiche Hirschbrunft freuen. Es wird hoffentlich nicht die letzte sein.

Kleine, aber bunte Strecke

Verträumt sitze ich vor der Trophäenwand in meiner Grazer Wohnung, ein Glas mit zwiebelrotem Schilcher in meiner Hand, und betrachte meine im Laufe von 40 Jahren erlegten Rehböcke. Ein Blick genügt, und die ganze Geschichte der Erlegung wird wieder lebendig. Ich atme den Duft der reifen Felder, der Waldwiesen und der Himbeeren ein, grüngolden leuchtet der Hintergrund, rot hebt sich der Bock aus Blättern und Phantasie... Jede Phase der Erbeutung ist mir nach all den Jahren noch gegenwärtig. Da hängt der erste, ein Spießer aus dem Jahr 1941, der kapitale von Székelyhid aus der Brunft 1943, der Abnorme von der Rajkavölgy, der Starke vom Burián. Steirische Bergböcke, Südburgenländer, Waldviertler... Es ist Zeit, ich muß schlafen gehen. Noch ein streichelnder Blick auf das silbergerahmte Bild einer lieben Frau, und der Fluß der Gedanken, Wünsche und Erinnerungen mündet allmählich und unbemerkt im großen Meer der Träume... Häßlich und schrill weckt mich der Küchenwecker aus einer anderen Welt. Der Traum — Bindeglied zum Jenseits — ist jäh unterbrochen, nur das Gefühl und die Erinnerung schwingen noch eine Weile weiter, während ich zerschlagen und lichtscheu ins Badezimmer schlurfe. Draußen ist es noch dunkel, die jagdfeindliche, moderne Sommerzeit ist nicht mehr, der Morgenverkehr hat begonnen, eine Blechlawine wälzt sich mit rotglühenden Lichtern, unablässigem, dumpfem Gebrumm vor meinem Fenster der Innenstadt zu. In jedem dieser Wagen sitzt ein Mensch, viele haben eine Zigarette im Mund, mit ungeduldigem Blick, ins Lenkrad verkrampft. Alles neue Autos. Beamte im Geländewagen, Trafikanten im Range-Rover, Arbeiter im Mercedes. Arbeitslosigkeit? Resignation? Nicht daß ich wüßte! Die türkischen und jugoslawischen Straßenarbeiter beginnen nun wie jeden Tag, die Straße aufzureißen. Der Asphaltbohrer läßt das alte Haus erzittern, meine Rehböcke an der Wand scheinen zu tanzen. Ich ziehe mich in die Küche zurück, wo der Lärm kaum zu hören ist. Bald erfüllt würziger Kaffeeduft die Räume. Beim Frühstücken lasse ich mir Zeit. Buttersemmel, Schin ken und Käse, frischer Bienenhonig. Dann nehme ich die alte Springer aus dem Kasten, verstaue sie im Futteral. Der Polo rollt aus der Garage. Zehn Minuten dauert es, bis mich ein mildtätiger junger Mann in die Kolonne läßt. Merangasse, St. Peter-Hauptstraße, Autobahn.

Heute schreiben wir den sechzehnten November, und ich bin zu Freunden auf eine kleine Jagd nach Kirchberg eingeladen. Aus dem Autoradio tönt rhythmische Trommelmusik. Sie weckt zwar die müden Geister, das ewige englische Protestgezeter, die gekünstelten Eunuchenstimmen sind aber nicht lange auszuhalten. Im anderen Sender spricht der weise Politiker über Natur- und Umweltschutzprobleme. Vor einem Dutzend Jahren hat man das Wort „Umweltschutz" noch gar nicht gekannt, geschweige denn rechtzeitig vorbeugende Maßnahmen ergriffen! Im Lokalsender wettert man wieder einmal über die bösen Jäger, die den armen „Tasso", Liebling der Kinder, totgeschossen haben. Daß derselbe „Tasso" eine beschlagene Ricke bei lebendigem Leib zerfleischt hat, darüber spricht man nicht. Ich drehe ab. Aus dem morgendlichen Nebeldunst steigt jetzt der riesengroße, kaltrote Teller der Sonne. Langgezogenen Schleiern gleich hängen Wolkenreste über den aufwachenden Wäldern. Hungrige und grantige Saatkrähen aus dem Osten überqueren in unübersichtlicher Zahl die Niederungen der Raab. Zwischen den blaugrünen Fichtenwäldern gähnen — schon etwas angereift — die Restschatten einer langen Herbstnacht und warten geduldig auf die ersten Strahlen der Sonne. Bald erscheinen sie aus rotvioletten Wolkenbänken, zaghaft tastend, aber schon wärmend. Dankbar baden die Vögel, Rehe und Hasen in ihnen, denn die Nächte waren feucht und die Tage sind kurz.

Als ich beim kleinen Landhaus ankomme, warten Hubi, Hansi, Helmut und Arnold schon auf mich. Ich bin zwar pünktlich, aber trotzdem der letzte der Runde. Die beiden Spaniels, besonders die Hündin Wowo, sind außer sich vor Freude. Schon geht es los.

Wir fahren in zwei Wagen über die große Kreuzung, vorbei am Mühlteich, hinüber zur Windisch-Au. Das ganze Flußtal ist völlig umgewandelt. Dort, wo vor kurzem undurchdringliche Maisdschungel dem Wild (manchmal sogar Sauen und Rotwild) sicheren Einstand boten, ist jetzt eine Mondlandschaft. In den Wäldern tummeln sich die längste Zeit des Jahres hindurch Beeren- und Schwammerlsucher, auch Hobbyreiter, Motocrosser, Fitmarschierer und Jogger. Nun verschwand die Deckung von heute auf morgen, die Felder wurden sofort umgeackert. Das Wild ist zutiefst geschockt. Feldraine verschwinden nach und nach, Baumgruppen, Alleen und Remisen werden immer kleiner. Den Winter hindurch ist das Niederwild ohne Deckung den Greifvögeln, die abnormal zugenommen haben, ausgesetzt, diese Vögel haben auch ihre Jagd- und Nahrungsgewohnheiten geändert. Rehe flüchten und wissen nicht wohin. Sie neigen schon bei „normalen“ Verhältnissen zur Panik, umso mehr jetzt, weil auf dieser Ackerwüste absolut keine Deckung vorhanden ist, von Äsung gar nicht zu sprechen. Kein Wunder, daß die Straße reiche „Ernte“ hält. Der Jagdherr (Hubi) hat heuer nur einen einzigen, geringen Rehbock geschossen, alle im Abschußplan vorgesehenen älteren Böcke wurden überfahren. Er, der vor der Brunft nie den Finger krumm macht, wird für diese weidgerechte Haltung regelmäßig „bestraft“. Und manch neunzehnjähriger Taschen-Lauda verlangt dann noch Schadenersatz für seinen beschädigten Luxusschlitten.

Hubi, Helmut und ich stellen uns am vorderen Rand der etwas niedriger liegenden Au an, während Hansi und Arnold mit den Hunden und drei Treibern langsam auf uns zukommen. Die Au ist am Anfang (des Treibens) schmal, wird aber immer breiter, dort, wo wir Frontschützen stehen, etwa 200 Meter breit. Vier Fasanhähne salvieren sich schon vor dem Anstellen über den Fluß. Drüben „regiert“ schon der Nachbar. Eine Henne nach der anderen überstreicht uns, doch sind diese bei Hubi seit Jahrzehnten geschont. Neben mir fällt ein schneller Doppelschuß. Helmut hat in die Goldrute geschossen. Vielleicht ein Fuchs? Hoch über mir segelt eine Elster vorbei. Soll ich es versuchen? Ich halte vor und etwas drüber, und wirklich fällt sie wie ein Stein auf den hinter mir befindlichen Wildacker. Schon auf den Doppelschuß sind Enten aus der Raab hochgeworden, hinten fällt ein

Bild rechts:
Ich bin der Herr und Gebieter!
Bild umseitig:
Über dem Nebelmeer ein verlassener Hochstand

Schuß. Ich höre Arnold „Apport" rufen. Eine kleine Pause folgt. Ich höre die Hunde stöbern. Plötzlich Hansis elektrisierender Ruf: „Schnepf, Schnepf" —... Ganz nahe passiert, langsam und niedrig gaukelnd der Langschnabel unsere Schützenlinie. Er ist dem Jagdherrn am nächsten, ich halte mich zurück. Ein Schuß — und weich fällt die Schnepfe in die Weiden. Unser erfreutes „Bravo" ist vielstimmig. Es dauert eine Weile, bis Helmuts Fuchs gefunden wird. Arnold bringt einen Erpel. Zu Fuß begeben wir uns zum nächsten Treiben. Es ist die etwas größere „Frisch-Au". Diesmal sind es Hansi und ich, die treiben werden.

Die Restnebelfelder haben sich aufgelöst. Zufrieden schwebt eine milde Herbstsonne über der Landschaft. Der fast sommerlich blaue Himmel ist mit den Spinnweben der modernen Zeit überzogen. Sich in grotesken Formen kreuzende Kondensstreifen durchschneiden ihn häßlich. Lärm, Rauch und Gestank dringen von der nahen Schnellstraße herüber. Diese einst vernachlässigte „Ostprovinz" prahlt jetzt mit einem Verkehr, der Salzburg Konkurrenz machen könnte. Wohlstand und Technik sind gut für den Menschen. Aber wohl auch für das Wild?

Das zweite Treiben beginnt, als die Mittagsglocken der weithin sichtbaren Kirche zu läuten beginnen. Es ist eine alte Erfahrung: Niemals vergeht die Zeit so schnell wie während einer Jagd. Abermals entschwinden einige raffinierte Hähne über den Fluß zum Nachbarn hinüber. Doch dieses Mal gelingt es nicht allen. Wir lassen unsere Hunde erst aus, als die Vorstehschützen ein Zeichen geben, daß sie ihre Plätze eingenommen haben. Vorne knallt es, vereinzelt stehen Hennen auf. Dann sehe ich hoch über den Wipfeln einen Hahn wie ein dunkles Kreuz am blauen Himmel in meine Richtung segeln. Er scheint sich sicher zu fühlen, streicht pfeilschnell und ohne Schwingenschlag in Richtung Raab. Ein klassischer, turmhoher „Kopffasan". Ich lasse mir Zeit und schwinge — ohne Rücksicht auf die vielen kahlen Äste — weit vor. Der Hahn kommt im Schuß — steif und klein geworden, wie eine dunkelrote Kugel —, da und dort anstreifend, leblos herunter. Er liegt nur fünf Meter vom Fluß, der weit hinter mir fließt — obgleich ich eigentlich nach vorne geschossen habe. Ich freue mich riesig über diesen Schuß. Unweit von mir schießt Hansi zwei Hasen auf Doublette. Auch sie wollten nach hinten ausbrechen. Eine Nebelkrähe — offenbar überlistet — fällt, von Arnold getroffen, auf das Feld. In diesem Treiben sind vier Hähne, zwei Hasen und eine Krähe gefallen. Es vergeht einige Zeit, bis wir das Wild zu den Wagen gebracht haben. Dann lagern wir uns gemütlich im Windschatten des Trattenwaldes und verzehren unsere mitbegrachten Jausenbrote. Dazu wird Apfelmost getrunken, und goldgelbe Birnen werden gegessen.

Als letztes Treiben ist eine kleine Feldstreife vorgesehen. Geheimnisvolle Düfte schweben vom Fluß herüber. Sie kommen und gehen, vermischen sich manchmal mit

Bild umseitig:
Zwischen zwei Feldtreiben

Bild links:
Die Sonne blendet

penetrantem Jauchengeruch. Durch Monokultur ausgelaugte Böden sind mit einer weißen chemischen „Dünger"-Schicht überzuckert. Nur an den Wegrändern ist noch spärliches Grün zu sehen, vom Wild abgeäst wie eine Schafweide. Sonst ist alles öde, trostlose Ackerwüste. Die Melancholie des Herbstes ist für uns Jäger seit Jahrtausenden Schönheit, Freude und Beginn. Die Trostlosigkeit der vergewaltigten Natur ist aber der Vorbote des Todes, der die von Gott geschaffene Natur und ihre Ordnung immer mehr bedroht. Eine große Kette Rebhühner überquert unsere Schützenlinie. Zwei Schüsse fallen, ein Huhn fällt. Von den nahen Obstbäumen segeln über zwanzig Eichelhäher dem Walde zu. Einer verkalkuliert sich und wird von einem Weitschuß Arnolds getroffen. Dann ist die Jagd zu Ende. Die Streife erbrachte keinen einzigen Hasen. Auch das ist ein „Ende".

Unbemerkt schwebt der kühle Nachmittag in die zeitige Dämmerung. Unsere kleine Jagdgesellschaft schreitet langsam und munter, die schönen Schüsse besprechend, über die Felder zu den abgestellten Wagen.

Da und dort hört man Saatkrähen rufen, über die leeren Fischteiche segeln die enttäuschten Reiher, deren Zahl von Jahr zu Jahr zunimmt. Langsam fahren wir der nahen Ortschaft zu. Lange Abendschatten kriechen wartend zwischen den Zäunen und Gärten herum, so wie müde gewordene Kinder vor dem Schlafengehen. Das Abendlicht setzt sich hinter das Schilf der leergewordenen Teiche, wird rosa, dann violett, um schließlich im dunklen Blauton zu erlöschen. Wo ist das Wasser, wo sind die vielen Gelsen, Wespen und Bremsen, wo sind die Stare, die hier täglich rauschend und zwitschernd ihre Nachtruhe suchten, wo die emsigen Schwalben, die Störche und die Bläßhühner? Im Dorf empfangen uns Motorengebrumm, Radiomusik, Neonlicht und das bläuliche Schimmern der eingestellten Fernsehapparate. Wo ist die Beschaulichkeit, wo ist die Stille geblieben? Dann, nach einer Pause von einer Stunde, in der wir uns wieder frischmachen und für das Abendessen umziehen, wird zur Strecke gebeten. Es liegen ein Fuchs, drei Hasen, vier Fasanhähne, eine Ente, ein Schnepf, ein Rebhuhn, eine Nebelkrähe, eine Elster und ein Eichelhäher. Das sind vierzehn Stück und neun verschiedene Wildarten! Wir sitzen noch lange zusammen, denn wir sind gute Freunde. Wir sind so zufrieden und dankbar, daß wir mit niemandem tauschen möchten. Denn auf die Qualität, nicht auf die Zahl kommt es an, und für den wahren Jäger kann eine Elster mehr sein als ein (falsch geschossener) Hirsch.

Saujagd in Bayern

Die Einladung kam knapp vor Weihnachten. Mein langjähriger Freund und Gönner lud mich wie fast alle Jahre zu einer seiner unerreichten Treibjagden in B. ein. Datum: der 14. Jänner, Ankunft am Abend vorher im Jagdhaus.

Die Vorbereitungen sind mannigfaltig. Jagdschein und Versicherung langen am 5. Jänner per Expreßbrief ein, die Handtasche liegt bereits eine ganze Woche auf der Sitzbank meines Vorzimmers, damit ja nichts vergessen, nichts überhudelt wird. Da ist einmal meine treue Mauserbüchse 7 x 64 mit dem Fluchtabsehen, dem rot eingefärbten Korn und dem silbernen Dreieck an der Kimme. Letztere wurde 10 cm vorverlegt, damit das leicht weitsichtige Auge Kimme und Korn besser zusammenbringt. Dazu zwei Schachteln „Brenneke-Torpedo-Ideal"-(11.6 g-Geschoß)Patronen. Ferner ein vierfaches und ein zweifaches Glas, letzteres mit Punktabsehen. Handwärmer für den Muff, mein gummiarmiertes Habicht-Glas, Pulswärmer, Traubenzucker, eine Nylon-Überhose und eine leichte schottische Regenjacke, Angorawäsche, Pelzstiefel, ein Jagdanzug für das Abendessen. Immer wieder fällt mir etwas ein, das ich vergessen habe. Ich mache es immer so, wenn ich abreisen will. Einpacken im letzten Moment ist eine Garantie dafür, daß man Wesentliches vergißt. Trotz der größten Sorgfalt vergißt man Sachen, die man braucht, nimmt man Überflüssiges mit. Dann, am Vorabend, werden die Sachen im geräumigen Kofferraum verstaut, der Wagen wird vollgetankt. Als ich nach gutem Frühstück um neun Uhr starte, ist es wolkenlos. Doch was bedeutet das schon? Ich muß zwei bis drei Klimazonen durchfahren, etwa 500 Kilometer zurücklegen, wer weiß, welches Wetter mich erwartet. Sicher, seit Wochen ist es schön und mild, nach dem harten Winter des Vorjahres hat es einen warmen regnerischen Herbst und einen wunderbaren, sehr schneearmen Vorwinter gegeben. Noch im Jänner sind sowohl im Burgenland als auch in der Steiermark Schnepfen gesichtet worden — ein noch nie registriertes Phänomen. Westwetter erreichen uns hier südlich der Alpen nur selten, daher ist Graz im Winter sehr begünstigt. Aber ich will weit nördlich der Alpen, in die Nähe der jugendlichen Donau, und dahin kommen die diversen „Fronten" mit Sicherheit. Als ich den nördlichen Stadtrand von Graz verlasse, schalte ich das Autoradio ein.

Und — meine Leser werden es schon ahnen — wieder sind irgendwo Wahlen vor der Tür. Die Zeitungen sprechen von 20 Millionen, die für die Berieselung von etwa 200.000 Städtern mit Wählerstimme ausgegeben wurden. Wenn davon nur eine halbe Million für die Museen bereitstünde, könnten Sie fühlbar aufatmen. Doch gegenseitige Beschimpfung, Verdächtigung, Selbstlob, Verniedlichung, Belästigung durch Rundfunk und Medien läßt man sich — ohne viel Hemmung — etwas kosten. Dem Volk ist es doch eher gleich, wer gewinnen wird. Wir leben ja in einem demokratischen Rechtsstaat. Nicht gleich jedoch ist es den Politikern! Das System ist gut, nur der Mensch ist schwach... Bei Steinach entschließe ich mich, über Schladming, Radstadt zu fahren, hier komme ich früher auf die Autobahn und zur Abzweigung München. In Mandling werden alte Erinnerungen wach.

Hier an der steirisch-salzburgischen Landesgrenze war im Jahre 1945 die Demarkationslinie zwischen der britischen und der amerikanischen Besatzungszone. Feri und ich fuhren damals — es war der September 1945 — von Brandhof nach Glanegg. Als Staatenlose hatten wir keine Papiere. Hinter mir lagen zweieinhalb Monate Russenbesetzung am Brandhof. Wir wußten nichts von unseren Geschwistern, die im April, als Maxi verunglückt war, nach Salzburg weitergefahren waren; sie wollten wir damals in Glanegg besuchen. Ein einziger Zivilzug fuhr täglich in Richtung Salzburg. Anderthalb Tage waren wir schon in diesem Zug, genauer gesagt in einem Viehwaggon, mit 30 anderen Leuten zusammen. Auf der „einspurigen" Strecke mußten wir fast an allen Stationen längere Zeit warten. Militär- und Gefangenenzüge kamen uns entgegen — Kosaken, Wlassow-Leute, SS-Gefangene. Westliche Besatzer begleiteten die Züge, die in endloser Folge nach Osten fuhren. Als endlich unser Zivilzug an der Demarkationslinie hielt (wohlgemerkt: an der britisch-amerikanischen!), stürmten behelmte junge US-Soldaten die Waggons. In ihren Händen hielten sie Gummiknüppel und Peitschen. „Let's go, let's go, ssnell, ssnell, aussteigen!" Sie jagten uns ebenso aus dem Zug wie jene Mitbürger, die verzweifelt ihre Ausweise und Fahrkarten zückten. Wir hatten beides nicht. „Nix good, nix good!" brüllten sie, ohne zu schauen. Wir waren ja Parias, „tschörmens", Feinde, mit denen man nicht fraternisieren durfte. Ohne viel nachzudenken, durchquerten wir den kleinen Ort Mandling in Richtung Süden, bis wir den Waldrand erreichten. Hier, unterhalb der Felsen, Schläge und Schütten, stolperten wir über die nicht bewachte Demarkastionslinie. Unheimliche Gestalten begleiteten uns. Aber vielleicht sahen wir ebenfalls unheimlich aus. Um sieben Uhr früh fuhr dann ein Personenzug von der nächsten Station in Richtung Salzburg ab. Bis nach Salzburg benötigten wir noch einmal fünfzehn Stunden. Ungeduldig war damals niemand. Höchstens die Amerikaner.

Heute geht alles schneller. Schnell ist die Mozartstadt umfahren und um halb ein Uhr bin ich am Walserberg, an der Grenze. Mein Paß wird gar nicht beachtet, ich kann weiterfahren. Am Chiemsee bei Felden photographiere ich die zahlreichen Enten und Bläßhühner. Ich lasse mir Zeit. Gemütlich esse ich in einer Raststätte zu Mittag. Am Himmel sind Zirruswolken zu sehen, der Wetterbericht sagt einen Wettersturz voraus. Der ist ja schon lange fällig. 40 Tage war es jetzt entweder mild oder schön. Als ich das letzte Mal in B. war, hat es den ganzen Tag geregnet. Trotzdem habe ich fünf Sauen erlegt.

Bald verlasse ich die Autobahn und erreiche als erster Gast um sechzehn Uhr das Jagdhaus in B. Noch muß ich warten, denn die Liste mit der Zimmereinteilung ist noch nicht eingelangt. Ich mache einen Spaziergang und photographiere viel. Als ich zurückkomme, sind der Zimmerschlüssel und eine „Brotzeit" gerichtet. Nach der langen Reise ruhe ich ein wenig und bade dann. Um neunzehn Uhr ist Treffpunkt im Gastzimmer. Der Sohn des Jagdherrn empfängt uns. Zehn Schützen sind über Nacht hier, weitere sechs kommen erst morgen an. Ich scheine der einzige Österreicher zu sein. Das Menü ist wie immer hervorragend: Wildschweinbraten mit Serviettenknödel und Preiselbeersauce, dazu Rotwein, als Nachspeise Kuchen und Obst, diverse Schwarzwälder Schnäpse. Als Tischnachbarn habe ich den Revierleiter. Er erzählt mir, daß der Wald vierzehn Kilometer lang und acht Kilometer breit ist, der höchste Punkt des Revieres beträgt 570 Meter. Lange fachsimpeln wir über Waffen, Triebe und die Kunst des Schießens. Ich verabschiede mich um halb elf Uhr und gehe in mein Zimmer. Draußen plätschert es gleichmäßig. Es regnet. Morgen wird Schnee liegen — hoffentlich!

Mein Schlaf ist tief, aber nach fünf Uhr etwas unruhig. Um sieben Uhr wird geweckt, zu dieser Zeit bin ich schon beim Rasieren. Ein Blick in den noch dunklen Hof besagt, daß etwa fünf Zentimeter Neuschnee liegen. Der Himmel ist klar, könnte es günstiger sein? Obgleich ich schnell fertig bin, dauert es noch eine Weile, bis ich meinen Wagen abgekehrt habe, um „trocken" in den Kofferraum zu gelangen. Meinen leichten Rucksack fülle ich mit dem Allernötigsten. Das sind mein Photoapparat, Reservepatronen, Regenjacke, Hirschfänger, Jausenpackerl, die zwei Fernrohre, das Fernglas, ein Pullover, ein Mündungsschoner. Als ich das Frühstückszimmer betrete, sind schon fast alle Herren anwesend. Omelette, Schinken, starker Kaffee. Ich bringe fast nichts hinunter. Draußen hört man die Hunde winseln und heulen. Bald fahren die Fahrzeuge vor. Es sind drei VW-Busse und ein großer Linienbus. Ein junger, bärtiger Mann wie aus einem Ganghofer-Buch, bittet um Gehör: Es ist grundsätzlich verboten, in den Trieb zu schießen. Jeder Schütze wird von einem Förster angestellt und auch abgeholt. Geschossen werden: Schwarzwild, Füchse, Damtiere und Kälber. Dann folgt die Einteilung in die Busse. Zum Schluß wird uns noch mitgeteilt, daß ein langes Hornsignal „Anblasen" bedeutet, zwei lange Signale „Abblasen". Man darf zwar schon vor dem Anblasen schießen, keinesfalls aber nach dem Abblasen. Die Fahrt im VW-Bus führt uns relativ weit. Das Gelände wird immer steiler und felsiger. Ich werde vom anstellenden Jäger auf einen „Spezialstand" mitten im Trieb geführt. Wir müssen lange und steil anmarschieren. Ich stehe in einem Hochwald aus Buchen. Vor mir auf etwa 30 Schritt ist die Höhe des Bergrückens, nach unten ist auf etwa 70 Schritt zu schießen, nach rechts des coupierten Geländes wegen auf etwa 50 Schritt. Ich darf nach eigenem Ermessen überallhin schießen. Schon bin ich allein am Stand, und eine große Spannung erfaßt mich. Der Stand ist mit einem Schutzschirm aus Drahtgeflecht und Reisig umgeben. Ich habe bereits geladen, Fernrohr brauche ich hier keines. Der Jäger hat sich triebeinwärts entfernt. In der Ferne hört man den Lärm der Autobahn. Dann knallen weit unten drei Schüsse und nach einer Pause wieder zwei. Plötzlich rumpelt es rechts ober mir, und ehe ich zum Denken komme, nähern sich zwei starke Sauen, eine hinter der anderen. Schon ist das rote Korn am Blatt der ersten. Noch ein Baum — ich warte bis sie auf eine freie Stelle kommen. Als der erste Keiler erscheint, schieße ich ihm aufs Blatt, er ruckt zusammen, ich repetiere im Schuß, der zweite, stärkere rumpelt nun in rasender Flucht schräg von mir davon, aber auch ihn kann ich fassen, und im Feuer überschlägt er sich. Schon bei seinem Erscheinen habe ich klopfenden Herzens die starken Waffen gesehen. Nun liegen beide und die Stille umgaukelt den verschneiten Wald wie eine große blaue Wolke. Blau sind die Schatten im Schnee, rosig die verschneiten Äste im Sonnenlicht, und ich kann noch immer nicht fassen, daß ich hier gleich zu Beginn zwei starke Keiler geschossen habe. Ganz unverhofft dieses große Weidmannsheil! Es knallt jetzt nah und fern, ein Damhirsch passiert mich im scharfen Troll, es ist ein reifer, guter Schaufler, und weit unter mir passiert eine Rotte den Hang. Ich kann nur zwischen den dort dichteren Bäumen die Bewegung sehen. Dann knallt es fünfmal im Tal. Eine Pause tritt ein, ich höre die Treiber schon. Nun nehme ich meine Kamera und verewige den Ort meines Weidmannsheils. Nicht lange dauert es, und der Jäger kommt über die Kuppe. Er winkt mir schon von weitem zu, dann winkt er den Treibern, ihm zu helfen. Bevor er mit dem Aufbrechen beginnt, werden beide Keiler nebeneinandergelegt und aufgenommen. Beide sind überdurchschnittlich stark im Wildbret und fast kapital in den Waffen. Der hintere hat anscheinend längere.

Nach Überreichung eines Buchenbruches marschieren wir ins Tal zu den Fahrzeugen. Ich werde beglückwünscht. Einige Herren haben auch Brüche, andere noch nicht. Nur wenige schneiden ein süßsaures Gesicht. Wie nach jedem Trieb wird jetzt neu eingeteilt. Wir werden wieder einzeln aufgerufen. Ich bekomme einen anderen Begleiter, steige in ein anderes Fahrzeug, wo wieder andere Herren sitzen. Es geht zum zweiten Trieb, der mindestens drei Kilometer weiter liegt. Es handelt sich um eine längliche Fichtendickung, die von Straßen und Alleen begrenzt ist. Ich werde an einer Allee angestellt. Vor mir eine undurchdringliche Dickung, hinter mir und links hinten Fichtenhochwald, rechts hinten ein älterer Schlag mit hohem Gras. Kaum stehe ich am Platz, warte ich schon gespannt, weil ich aus Erfahrung weiß, daß die alten Keiler immer am Anfang der Triebe erscheinen, da höre ich leises Schnaufen, und schon steht dreißig Schritt vor mir auf der einzigen Blöße, doch sehr verdeckt, eine grobe Sau. Wäre es erlaubt, in den Trieb zu schießen (in dem sich ja noch kein Treiber befindet), läge mein dritter Keiler bereits auf der Schwarte. Ich rühre mich nicht, hoffe inbrünstig, daß er bei mir die Allee überfallen möge. Aber der Wind ist schlecht, für die ganze rechte Seite unserer Schützenfront ungünstig, und meine Hoffnung fällt zusehends, als ich einen kaum wahrzunehmenden Schnaufer höre und der Keiler nach links verschwindet. Nun beobachte ich meinen linken Nachbarn, der noch ahnungslos an seinem Rucksack herumfingert. Doch dann knickt er zusammen, hockt sich hinter die Brüstung seines Standes, die ganze Gestalt krampfhaft gespannt. Dann nimmt er sein Fernglas, offenbar passiert ihn der Keiler, sich noch weiter nach links entfernend. Bald fallen vorne drei Schüsse, und ganz weit, am Anfang der Allee, dort wo ein Stand ausgelassen wurde, überfällt ein starkes Schwein die Allee gerade dort, wo auf beiden Seiten dichteste Deckung ist. Noch fünf Schüsse fallen, dann wird abgeblasen. Beim Passieren des erwähnten Standes sehen wir die Fährten. Er hat den Stand auf fünf Meter passiert. In diesem Trieb liegen im Gegensatz zu den vierzehn des Vortriebes nur drei Sauen. Und wieder wird neu eingeteilt. Nun hat es sich etwas bewölkt, und bald fängt es zu schneien an. Der Wind wird etwas stärker, die alten Bäume rauschen und Schnee fällt von den Ästen, irgendwo donnert ein Düsenjäger vorbei. Auch diesmal werde ich von einem neuen Förster in Empfang genommen. Mein Stand ist ein niedriger Hochstand in einem mittelalten Hochwald. Die Bäume stehen unsympathisch eng nebeneinander. Dafür ist es aber der letzte Stand in der Reihe, und ich stehe so weit vom eigentlichen Trieb, daß ich kurz nach vorne und auch rechts und links von mir schießen darf. Vorne ist auf etwa 80 Schritt ein Fahrweg, über den hinaus ich nicht mehr schießen soll. Ich schüttle den Kopf. Welches Fernrohr soll ich montieren, wenn überhaupt eines?

Mein Instinkt, durch Erfahrung geschult, sagt mir: das ist kein leichter Stand. Sehr bald nach dem Anblasen fängt auf allen Seiten eine große „Kanonade“ an. Wenn mir Sauen kommen, sind es beschossene. Kaum denke ich dies zu Ende, erscheinen vor mir am Weg zwei Überläufer und kommen links auf siebzig Schritt in rasender Flucht vorbei. Ich habe kein Fernrohr, halte, so gut ich kann, auf den ersten und schieße zweimal. Bei einem Schuß merke ich — als alter Schrotschütze —, daß ich den Schnappschuß vor die Sau geworfen habe. Und weg sind sie. Ich werde nach dem Trieb sehen, ob ich mit dem ersten Schuß getroffen habe oder nicht. Nun montiere ich das zweifache Fernrohr mit dem Punktabsehen. Ein Experiment, weiter nichts, vielleicht geht es so besser. Mein einziger Nachbar schießt, aber nichts fällt. Dann sehe ich einen Frischling, der den einen Hinterlauf schont, direkt auf ihn zukommen. Auf den ersten Schuß fehlt er, dann liegt der Frischling im Feuer. Ich habe ihm zugesehen und eine Sekunde nicht aufgepaßt. Ein einzelner Überläufer kommt gerade auf mich zu, auch er hat ein gutes Tempo drauf, ich komme nach vorne absolut nicht mehr zusammen. Als er den Hochstand auf etwa 15 Schritt passiert, bekomme ich ihn nicht richtig ins Fernrohr, fehle ihn, dann schräg nach hinten, nach sorgfältigem Zielen, gelingt mir der Schuß, der Überläufer stürzt, wird wieder hoch, und der letzte Schuß, schon in eine Dickung, ist ungewiß, wahrscheinlich ging er aber daneben. Die Kanonade hat aufgehört, bald kommen die Treiber und auch mein Begleitjäger. Beim ersten Überläufer ist etwas dunkler Schweiß. Der zweite liegt, von nur einem Schuß getroffen, verendet auf etwa hundert Schritt in der Dickung. Es ist eine Bache. Wir verbrechen den Anschuß des anderen Stückes, während der Mittagspause wird wahrscheinlich nachgesucht, aber es ist nicht sicher, weil in diesem Trieb zweiundzwanzig Sauen gefallen sind, fünf sind — außer meiner — angeschossen worden.

Mit gemischten Gefühlen begebe ich mich zum Bus, und mit meinen drei Jagdfreunden fahren wir zum Platz des Mittagessens im Zentrum des Revieres, wo schon zwei lustige Feuer brennen. Es wird Székelygulyás mit Erdäpfeln serviert, dann eine fabelhafte Linzerschnitte, dazu Kaffee oder Tee und für Interessenten allerlei Alkoholika.

Nun sind auch einige Damen eingetroffen und leisten der lustigen Runde Gesellschaft. Ich photographiere trotz schlechten Lichtes und des gerade zu den Tischen treibenden Rauches. Da gibt es gute Köpfe: Weißhaarige, hagere Berglertypen, schwarzbärtige Kraftlackeln, feine und elegante alte Herren, auf englische Art gestutzte Schnurrbärte.

Man spricht über Politik, neue Bücher und Fernsehsendungen. Man erörtert die langsam überall zunehmende Umverteilung, Nivellierung und die offenbar fortschreitende Zerstörung von Familie und Tradition. Schulbuben werden zum Stricken und Strümpfestopfen, zum Kochen und Weinen angehalten. Unschuldigen Kindern wird der Sexualunterricht früh, allzufrüh aufgezwungen. Junge Männer, „Popidole", quiecken in Fistelstimmen, wie angeschossene Frischlinge, die Frauen werden gegen die Männer aufgehetzt, die Kinder gegen die Eltern. Ähnliches hat der Ostblock schon hinter sich, dort bläst ein anderer, weniger „fortschrittlicher" Wind. Dort grüßt der Student seinen Professor artig, will er nicht von der Schule fliegen. Hier gackt ein fortschrittlicher Studiosus gelegentlich dem ehrwürdigen und weltbekannten Professor vor das Katheder. Nein, die Debattierer sind sich hier durchwegs einig. Es ist nicht alles schön im materiellen Wohlstand. Der Müßiggang der einen wird vom Bienenfleiß der anderen begleitet. Man hat den Menschen die alten Ideale zerstört, sie glauben kaum mehr an etwas. Die anderen aber glauben zumindest an die Macht.

Die eine Stunde Mittagszeit ist vorübergegangen. Ich habe viele nette, gleichgesinnte Menschen kennengelernt, die offen mit mir reden.

Ein Hornstoß unterbricht unser Gespräch. Auf zum vorletzten Trieb! Inzwischen hat es wieder zu schneien angefangen, und auch der Wind ist lebhafter geworden. Eine abermals neue Einteilung soll nun diejenigen auf die besseren Stände bringen, die noch nichts geschossen haben. Es dürften etwa fünf Herren sein, die noch ohne Bruch sind. Ich werde auf einen niedrigen Hochstand postiert, als vorletzter Schütze an einer Allee. Hinter mir — außerhalb des Triebes — ein lockerer Hochwald, vor dem Stand undurchdringliche Fichtendickung, etwa drei Meter hoch. Man muß sich so postieren, daß man mit dem Rücken gegen den Trieb steht. Am Boden des Hochstandes ist ein Drahtgeflecht befestigt, damit man während des Schießens nicht auf den glitschigen Stangen ausrutscht. Da der Lärm der nahen Autobahn jedes andere Geräusch übertönt, bin ich nur auf meine Augen angewiesen, und das erfordert auf einem solchen Stand gespannte Aufmerksamkeit. Mein linker Nachbar fehlt zuerst einen flüchtigen Überläufer, dann kommen ihm drei Frischlinge, von denen er einen erlegt. Ich konzentriere mich mehr nach links, denn dort ist eine Überraschung am wahrscheinlichsten. Die Hunde jaulen ganz in der Nähe, aber nichts erscheint. Zufällig blicke ich auf meinen rechten Nachbarn und sehe, wie er in Anschlag geht. Einmal scheint seine Waffe zu versagen, ein starker Keiler erscheint auf der Allee, er schießt, der Keiler flüchtet weiter. Ich fahre mit, und im Feuer überschlägt er sich auf etwa fünfzig Schritt im Hochwald. Er rührt sich nicht mehr. Doch was ist das? Deutlich sehe ich, daß er an der Keule stark schweißig ist. Dorthin habe ich sicher nicht geschossen, er wäre ja auch nicht im Schuß verendet. Sollte am Ende der Keiler bereits angeschossen gewesen sein? Meine Weidmannsfreude ist gedämpft, ich erwarte mir nichts, und das ist gut so. Als ich zum Keiler trete, der herrliche, lange Waffen hat, konstantiere ich zusammen mit meinem Nachbarn zwei Schüsse. Der eine ist ein Fleisch-Durchschuß an der Keule, unweit des Pürzels, dann mein Schuß: hochblatt. Es heißt also Abschied nehmen, denn der erste — wenn auch noch so schlechte — Kugelschuß gilt.

Nach diesem Trieb wird relativ lange nachgesucht, die Hunde haben einen angeschossenen Keiler gestellt, es ist fünfzehn Uhr dreißig, als zum letzten Trieb angestellt wird. Mich führt ein junger Jäger auf einen Spezialstand weit hinter der Schützenlinie auf einem Kogel in einem alten Buchenwald. Die Schützen stehen etwa fünfhundert Meter vor mir am Rande einer schmalen Wiese, andere im Bestand weiter rechts und links. Deutlich sehe ich, daß einige Wechsel vor mir durchziehen. Ich setze das vierfache Fernrohr auf meine Mauser und harre der Dinge, die da kommen sollen. Es wird bereits finsterer. Bald fallen rechts im Tal Schüsse. Etwa auf dreihundert Schritt sehe ich zwei mittelgroße Sauen durch den Bestand flüchten. Dann knallt es vor mir auf der Wiese. Dreimal, sechsmal, achtmal. Ich richte mich. Gerade vor mir erscheinen aus einem Kulturstreifen drei Frischlinge und flüchten schräg links gegen mich. Es ist schwer, sie in das Fernrohr zu bekommen. Knapp vor dem Steilstück verhofft der erste. Ich bin gut drauf und sehe ein Zeichen. Ein zweiter Schuß auf das nächste geht daneben. Dann wird bald abgeblasen. Zusammen mit meinem Begleiter gehe ich zum Anschuß. Lungenschweiß. Auf sechzig Schritt liegt auf dem

Bild rechts:
In der Nacht fiel Neuschnee

Bilder umseitig:
Oben: Gemeinsame Nahrungssuche
Unten: Früh übt sich…

Anschuß, der gut sitzt, ein starker Frischling. Es ist fast dunkel, als die Autobusse uns zum Jagdhaus bringen, und es fängt stark zu schneien an. Mit dem Wetter hatten wir großes Glück, denn es schneit die ganze Nacht hindurch, und in ganz Europa setzt ein Wettersturz ein, der Zehntausende Urlauber und Skifahrer in den Alpen von den Hauptverbindungsstraßen abschneidet.

Nach einer gemütlichen Jause verbringen die meisten Jäger die Zeit bis zur Streckenlegung mit Baden und Ausruhen. Punkt sieben Uhr bittet man zur Streckenlegung. Leider ist die Strecke so stark verschneit, daß man sie nicht photographieren kann. Und in ganz großen, trägen Flocken fällt und fällt der Schnee. Die Nachsuche am nächsten Tag wird schwierig sein, trotz der hervorragenden Schweißhunde der Revierjäger.

Nach der Streckenbesichtigung findet im Gastzimmer des Jagdhauses das gemeinsame Abendessen statt. Förster, Jäger und Jagdgäste sitzen bunt gemischt nebeneinander und erörtern die Ereignisse des abgelaufenen, einmaligen Jagdtages. Für mich war es der Höhepunkt der Jagdsaison, und ich nehme gerne die lange Anreise auf mich, um an einer solch perfekten, weidmännischen und nicht zuletzt erfolgreichen Saujagd, so Gott will, auch in Zukunft teilzunehmen.

Bild umseitig:
Ein Meer von Mohnblumen
Bild links:
Gleich wird es knallen

Fuchspassen bei Mondlicht

Und wieder sitze ich auf einem Hochstand, eingemummt wie ein Paradekutscher, feste, übergroße Pelzstiefel an den Füßen, die Hände im Muff, den ein Handwärmer anheizt, eine in Ungarn gekaufte hohe Pelzmütze auf dem Kopf. Es ist wolkenlos und sternenklar, in einigen Minuten wird der Mond aufgehen, ein Mond, der ab morgen wieder kleiner werden wird. Es ist kalt, wie es in Jännernächten am Berg eben kalt sein kann. Acht Grad, zwölf Grad unter Null, ich weiß es nicht. Die große Wiese, von einer dicken, älteren Schneekruste bedeckt, wirkt jetzt noch tintenblau, im Osten wird der Himmel golden, als befände sich dort eine weit entfernte, hell erleuchtete, vom Horizont verdeckte große Stadt. Dann taucht aus dem fernen dunstigen Meer der Unendlichkeit der unheimliche, riesige mattrote Mond auf, plötzlicher als die Sonne am Morgen, da er völlig ohne Strahlen ist, so als tauchte er eben aus dem Meer, wie ein riesengroßes Wahrzeichen des Ostens, die vielbesungene, ewige „Luna rossa“, der Satellit unserer Erde, müder Abglanz der wärmespendenden Sonne.

Vor mir auf etwa 60 Schritt ist ein Luderplatz. Ich habe ihn vor einigen Tagen wieder mit Nebelkrähen und Elstern aufgefüllt, die ich am Morgen des vergangenen Samstag in Grambach geschossen habe. Der überdachte Hochstand ist auf drei Seiten offen, vorne, rechts und links ein durchgehender spannenhoher Schlitz. Auf der 25 cm breiten Brüstung liegen weiche Decken, darauf, mit dem Lauf auf den Luderplatz deutend, meine 6 mm „Magnum“ mit dem vierfachen Glas, so daß sie vor Gebrauch nur ganz wenig Bewegung und überhaupt keinen Lärm verursacht. Meine alte Springer-Flinte, mit 3,5 mm-Schrot geladen, lehnt rechter Hand im Eck. Das Laufende von weicher Decke abgestützt, der Schaft im weichen Stroh, der den Boden des Standes ausfüllt. Ich sitze auf einem aufgeblasenen Gummipolster unter dem sich ein zweiter Wärmer befindet. Schon um fünf Uhr, etwas vor der Schnepfendämmerung, habe ich mich hier oben eingerichtet. Es ist der 21. Jänner, die Tage werden schon merklich länger, die Ranzzeit der Füchse ist in vollem Gang. Tief im Stroh eingebettet, steht ein lederüberzogener großer Thermos mit heißem Tee, der mich beleben und wachhalten soll. Die Nacht hier oben am Berg ist völlig still, und ich werde wohl einige Stunden ausharren müssen. Doch die Einsamkeit habe ich immer geliebt, besonders, wenn ich in der Natur sein konnte. Etwas anderes ist es, wenn man in einem Wohnblock einsam ist, wenn einen etwa Leute meiden, denen man nur Gutes getan hat, oder wenn die Jugend den alten Onkel vergißt. Die Einsamkeit im Wald, in uriger Berglandschaft, das ist für mich ein Fest. Wenn die Bäume im leisen Wind wissend rauschen, die Sterne knisternd wie Weihnachtskerzen den Himmel erleuchten, wenn der Bach vorbeiplätschert, aber niemals entschwindet, die Nebel langsam über die Schatten gleiten, die Stille aber zu sprechen anfängt und der Mensch mit sich ins reine kommt.

Der Mond ist gelb, dann weiß, fast grünlich geworden, er steht jetzt zwei Spannen über den Tannen, und die offene Fläche vor mir wird von Sekunde zu Sekunde heller. Das Mondlicht spiegelt sich auf den eisigen Flächen, die kleinen Mugel und Kuppen glänzen silbrig, der Schatten ist jetzt blau und der freie Schnee weiß wie bei Tag — eine der wenigen Gelegenheiten, die Nacht zu überlisten. Selten paßt alles so zusammen wie heute. Wolkenloser Himmel, Vollmond und Schnee — wer will mir etwas Schöneres bieten?

Gestern mußte ich mich vor der Glotzkiste noch ärgern, weil man lange Zeit jenen bekannten Blasphemiker geifernd verteidigte, der jene Menschen als Schweine bezeichnete, die heute „noch“ an Gott glauben. Nicht die Existenz besessener Wichtigtuer oder kaltschnäuziger „Opportunisten-Künstler“ erschreckt mich. Mich beunruhigt schon lange die Gleichgültigkeit bürgerlicher und kirchlicher Kreise, wenn agressive Außenseiter das Volk, die Mehrheit, die Religion, Gott selbst offen und über die Medien beleidigen. Da gab es rote Köpfe, klägliches Gestammel, knieweichen Konsens, Beteuerung der Künstlerfreiheit, und niemand, absolut niemand wagte es, die Dinge beim Namen zu nennen. Mich beunruhigt der Umstand, daß diese überhebliche Mißachtung, Verdrängung des Volkswillens zwangsweise dorthin führen kann, wo man schon einmal war. Auch jene fanatischen „Wichtigtuer“ der dreißiger Jahre hat man nicht ernstgenommen, auch ihnen hat man nur Konsens entgegengebracht. Heute toleriert man es ohne die mindeste Gegenwehr, wenn Gottesschänder die Gläubigen Faschisten schimpfen, unser Land beleidigen, weil es ihnen verwehrt, Millionen zu scheffeln, und die unübersehbare, weil nicht vor der Kamera, unsichtbare Menge kommt trotz Freiheit, trotz Demokratie nicht zu Wort. Wie steht es um eine bürgerliche oder meinetwegen kapitalistische „Gesellschaft“, die es nicht wagt, im Interesse der unschuldigen Kinder, der labilen aufwachsenden Jugend solche Ungeheuerlichkeiten einer Mini-Minderheit mit aller Schärfe beim Namen zu nennen? Der „Todestrieb“ des „Kapitalismus“ geht soweit, daß man sich entblödet, Ausstellungen jener „Künstler“ nach Moskau zu schicken, damit sich dort die Kommissare und Politruks ins Fäustchen lachen: „Seht, so verkommen ist der Westen.“

Sie fragen sich vielleicht, warum ich hier darüber schreibe? Weil in unserem Land, Gott sei Dank, noch die freie Meinungsäußerung möglich ist und ich mich mit einer ganz großen Zahl Gleichgesinnter hüben und drüben einig fühle, auch wenn in unseren Kreisen weder viel Wille noch das entsprechende Podium für einen Kampf vorhanden ist. Wenn es um meine Religion, wenn es um den Schöpfer geht, den man lächerlich macht, offen und höhnisch verleugnet, dann darf und kann man nicht schweigen, wenn es auch jene tun, die schon lange und energisch den Mund hätten auftun müssen.

In der erhabenen, knisternden und unfaßbar herrlichen Landschaft des Berges kommen und gehen die Gedanken wie Nebelwolken im Kräuselwind. Am drüberen Rand der Wiese sind Rehe ausgetreten. Dort, an einem kleinen, mit Felsbrocken eingestreuten Hang, gibt es etwas Äsung. Mit dem Glas sehe ich, wie sie mit den Schalen schlagen, wie in der Kälte der Hauch von ihren Äsern dampft. Der mit seinem krummen Rücken irgendwie verloren wirkende Hase hoppelt über das Wieseneck. Für ihn gibt es hier wenig zu holen. Er hoppelt wahrscheinlich zur nahen Rehfütterung mit den verstreuten Burgunderrüben oder zur Brombeerdickung mit den saftigen grünen Blättern oder auch zum nahen Wildacker hinter der aufgelassenen Holzknechthütte. Fuchspassen im Winter. Das letzte Mal war ich heroben, als mein Vetter Hansi, der Jagdherr, noch lebte, aber schon im Spital lag. Da saß ich fünf Stunden, und zu guter Letzt vergrämte ich den anschnürenden Fuchs mit einer etwas lauten Bewegung, die ich mit meinen steif gewordenen Gliedern am Hochstand machte. Seit dem allzufrühen Tod meines Vetters im April des Jahres 1978 hat sich vieles verändert, sowohl im Land als auch in der Welt. Ende des vorigen Jahres ist auch der zweiundneunzigjährige Onkel gestorben, der ältere Bruder meines Vaters, der Chef des Hauses Meran, der frühere

Jagdherr und Majoratsherr. Wie gut verstand ich mich doch mit ihm, wie gern hatten wir uns, wie oft sprachen wir von Csákberény, den herrlichen Saujagden im Jänner, die am 20. Januar anfingen und die ich als Schütze — weil noch zu jung — nie erleben durfte. Dieser aufrechte, korrekte, soldatisch bescheidene und selbstlos tätige Mann war mit der modernen Entwicklung der Geschichte, „Gesellschaft" und Kultur nur wenig einverstanden. Doch was vermag ein einzelner, fragte ich ihn öfter, wenn die Mehrheit uninteressiert, apathisch und stumpf ist, wenn viele der „Unsrigen" — abgesehen von einigen Ausnahmen — Erwerb, Familie und Vergnügen mehr interessieren als der Abwehrkampf gegen die ewig aktiven Kräfte des Bösen (von dem wir im Vaterunser sprechen). „Oh, es gibt solche Menschen", pflegte Onkel Franzi damals zu sagen, und er zählte sie auf, es gibt sie auch hier in der Steiermark. Und der Zweiundneunzigjährige sagte dann das Bemerkenswerte: „Immer sind es die Einzelnen, die ‚Besessenen', die gläubigen Persönlichkeiten, die etwas in Bewegung bringen. Nicht verzagen, nicht rechts und links schauen, nach der eigenen Überzeugung (nicht nach der Mode oder dem Trend) leben und kämpfen, wenn es notwendig ist. Die anderen schreiben, schaffen, reden ja auch nach ihrer Überzeugung. Das sollten auch wir tun." Aber trotz seines angeborenen Optimismus und seines Glaubens an den Ausgleich verstand er die immer mehr rotierende, immer schnellebigere Welt nicht mehr so recht, und obgleich er einen unglaublichen Lebenswillen hatte, fügte er sich zuletzt in sein Schicksal und sehnte den Tod herbei.

Der Mond ist jetzt schon hoch am Himmel. Ich sehe auf die Uhr. Die Bewegung bringt mir in Erinnerung, daß ich ganz schön friere. Da nützen Angoraleibchen und Angoraunterhosen, Steppjacken und Pelze wenig. Es ist neun Uhr, und ich sitze hier schon seit vier Stunden unbeweglich. Immer bereit, immer aufmerksam, niemals vom Schlaf umgaukelt.

Ich warte auf einen Fuchs, der noch immer nicht kommt, die Zeit verrinnt langsam, allzu langsam, dabei würde im Hochsommer jetzt gerade die Sonne untergegangen sein und der alte Gabler würde erst in zwanzig Minuten kommen. Welch unsinnige Einteilung ist doch diese Sommerzeit. Dem Jäger nützt sie wenig, dem Beamten, der eine Stunde früher aufstehen muß, ist sie lästig, man sitzt auf dem Stand bis fast zweiundzwanzig Uhr, bis man beim Auto, dann heimgefahren ist und gegessen hat, vergehen oft zwei Stunden, vor halb eins kommt man nicht zum Schlafen. Und Anfang April, wenn man diese Sommerzeit plötzlich einführt, streicht der Schnepf um zwanzig Uhr und später, man braucht als älterer Mensch Wochen, bis man sich umstellt, und das ganze ist für nichts, die Bauern regen sich auf, die Schüler, die Jäger, wem nützt es eigentlich? Ja, vielleicht dem Frühaufsteher oder den Geschäftsleuten, wenn sie eine Stunde länger das Abendlicht genießen können, aber schon der Fernseher freut sich nicht, wenn das Abendprogramm bei Sonnenlicht anfängt. Ein Programm, das ohnehin keine große Freude verursacht. Die Fußballer sind im Tief, die Skifahrer hinten nach, die „Adler" flügellahm, Sport freut nicht mehr so wie früher. Doch das Fernsehen ist für viele, besonders für alte und einsame Leute, eine Wohltat. In der nicht ungesteuerten Gegensätzlichkeit zwischen Alt und Jung sind die Alten nämlich oft einsam. Die Großfamilie fehlt, in der sie die verehrten Mittelpunkte waren, die Kleinfamilie steckt sie nicht selten ins Heim...

Der dunkelblaue Wald umarmte die helle Wiese so vollständig, als ob er sie schützen und verstecken wollte. Die uralten Bäume drängten sich an ihrem Rande vor, an einem von ihnen lehnte der Hochstand, in dessen zugigem Dunkel ich bis an die Knochen fror. Kein Wunder, daß meine Gedanken immer gereizter, immer intoleranter wurden. Mein Auge ruhte seit Stunden auf dem kaum sichtbaren Punkt vor mir, wo der Luderplatz als Schnittpunkt zahlreicher Spuren mit freiem Auge sichtbar war, hundertmal hat meine Phantasie, meine lebhafte Vorstellungsgabe, ohne die mir das Jagen, vor allem der Ansitz keine Freude machen würde, ein längliches schwarzes Etwas vorgegaukelt, den anschnürenden, immer wieder verhoffenden Fuchs, aber immer war es eine Fata morgana meiner sehnsüchtigen, jetzt schon hoffnungslosen Gedanken, der wachen und brennenden Passion, die mir dieses Frieren, das Leiden, ohne das kein Erfolg möglich ist, erleichterte. Der Mond stand hoch am Zenit und schwamm ruhig und abweisend in der abgrundtief kalten Unendlichkeit des Sternenmeeres. Auf die glitzernde, gefrorene Schneefläche warf er mit voller Hand die länglichen Schattenspiele der sich leise bewegenden Bäume, und an den Rändern der Schatten schien der Schnee heller als woanders. Mein Auge hatte sich so an das andauernde Mondlicht gewöhnt, daß ich die ganze Wiese mit freiem Auge gut übersehen und jede kleinste Bewegung beobachten konnte. Dreimal war eine große Eule über die Wiese gestrichen, so drohend und so leise wie ein schwarzer Gedanke. Wer weiß, was sie dort vermutete oder suchte, umsonst war sie sicher nicht aus dem Dunkel der Baumschatten auf die Wiese gekommen. Jetzt bellte weit unten in einem der nebligen Täler ein liebestoller Fuchs, einmal, zweimal, dann nach einer Pause wieder, mir schien es näher, aber ich konnte mich irren, denn der Wind wurde ein wenig stärker, so daß die Planken des Standes bei der Bewegung der Fichte leise ächtzten, droben rauschte der Schutzwald, es klang wie das abgrundtiefe, verzweifelte Seufzen einer unsichtbaren Menge in einer fernen Arena. Hoch oben am Himmel bewegten sich Sterne wie verlorene Schiffe — es mußten Satelliten sein, vom Osten oder vom Westen programmiert, einsam im Weltraum, ähnlich wie manche Menschen in unserer ach so fortschrittlichen Gesellschaft. Aber die Satelliten hatten eine Aufgabe und ein Ziel, das sie peinlich genau zum Wohle irgendeiner Macht verfolgten, vielleicht auch zum Wohle der Wissenschaft und der Menschheit, programmiert vom Menschen, ansonsten leer. Der programmierte Mensch aber geriete in Konflikt mit sich und seinem Schöpfer, der ihn mit freiem Willen und mit Verantwortung ausgestattet hat.

In diesem Augenblick sah ich den Fuchs. Er stand bereits drei Meter außerhalb des Schattens im hellen Mondlicht. Seine Lunte, buschig und breit wie eine Standarte, bewegte sich hin und her, ganz deutlich konnte ich ihr weißes Ende sehen. Die Entfernung betrug etwa siebzig Meter. Ich konnte mich nicht rühren, denn der Fuchs verhoffte argwöhnisch und hätte jeden Laut sofort bemerkt. Was das nach fünf Stunden bedeutet hätte, das wußte ich nur zu genau. So wartete ich geduldig, aber mit immer stärker pochendem Herzen, daß er sich wieder in Bewegung setzen würde. Die Kälte schien wie weggeblasen, meine Schläfen pulsierten, auch die Kälte aus den Zehen war verschwunden. Welch ein prachtvolles Tier stand da vor mir! Ein starker, gesunder und gut genährter Fuchs, daneben sein Schatten, unbeweglich, wachsam und vorsichtig. Der Adrenalinstoß hatte meinen Körper mehr erwärmt als ein volles Wasserglas Cognac. Fünf Stunden Frieren waren vergessen, mein ganzer Wille darauf konzentriert, den Fuchs zu erlegen. In diesem Augenblick schnürte er weiter, und ich langte langsam, ganz langsam nach meiner Büchse, die auf der gepolsterten

Brüstung in Richtung Luderplatz vorsorglich hergerichtet in richtiger Höhe lag. Ich ging in Anschlag, ohne daß der Fuchs etwas merkte. Aber er verhoffte nicht mehr, er hielt nicht an. Erst über dem Luder hielt er inne, um aber sofort mit den Vorderläufen zu scharren, mit dem Kopf reißende Bewegungen zu vollführen. Ich hörte sogar Knochen krachen. Nun hatte ich ihn im Fernrohr, er war knapp außerhalb der Schrotschußentfernung, das feine Fadenkreuz war herrlich zu sehen, aber er bewegte sich. Da mäuselte ich ganz leise, so leise, daß ich selbst mit meinen alten Ohren es kaum hörte. Der Fuchs aber erstarrte. Ich hatte längst eingestochen, das Fadenkreuz stand mitten am Blatt, und peitschend knallte der Schuß über die Wiese — der Fuchs fiel im Feuer.

Ich saß noch eine halbe Stunde unbeweglich am Hochstand. Den erlegten Fuchs sah ich wie einen breiten Strich über dem Loch des Luderplatzes. Er hatte nicht einmal die Luntenspitze bewegt. Die verläßliche kleine Magnum — mit der man allerdings sehr gut hinhalten muß — hatte wie immer ganze Arbeit geleistet. Der Schuß hatte nicht gestört, am Rande der Wiese scharrten jetzt drei Rehe, offensichtlich andere als vorher, eine Geiß mit zwei Bockkitzen. Über die Höhe des Berges kam jetzt schon im Landeanflug wie ein riesiges Ungetüm das Nachtflugzeug aus dem Westen, die riesige erleuchtete Schnauze, die komischerweise nicht abkippte, von klein scheinenden Flügeln sicher gehalten. Mit einem Mal war die Waldeinsamkeit von dröhnendem Motorengeheul unterbrochen. Das Wild scherte sich nicht um den Lärm, den es längst als harmlos erkannt hatte. Ich aber, der die Stille der Nacht sozusagen als Wegzehrung für viele Wochen in mein Ich aufgesogen hatte, für den Ruhe und Frieden in der Natur der beste Impuls für tiefe Gedanken sind, der ich in das Rauschen der Wälder und das Glucksen der Bäche hineinlausche, um Gottes Stimme zu hören, ich fühlte mich mächtig gestört und stieg mit steifen, langsamen Schritten die lange Leiter hinunter. Lautlos strich die große Eule ab und verschwand im fernen, jetzt aufkommenden Nebel weit oben in der Ferne, irgendwo, wohin mein Auge nicht blicken konnte. Und die wieder eintretende Stille der Waldesnacht blieb zurück, wie ein Freund, den man verlassen hat. Zurück blieb aber auch die Erinnerung an diese erhabene Nacht und reihte sich still zu all den vielen meines Lebens, die für immer unauslöschlich bleiben.

Bild rechts:
Knapp vor dem Luderplatz
Bild umseitig:
Achtung, Wildwechsel!

Ein Jännertag

Der Winter ist die Zeit der jagdlichen Enthaltsamkeit. Die Zeit der Ernte ist vorbei, ein neues Jahr hat begonnen. Auf den Bergen liegt der Schnee metertief, und in den Tälern friert der Nebel fingerdick auf die Äste. In der Stadt tobt der Fasching. Ihn haben die Menschen erfunden, um die „langweilige Zeit" nicht enden wollender Nächte mit Alkohol und Sinnesfreude totzuschlagen. In der Nacht ist Neuschnee gefallen. Obgleich keine Wolken zu sehen sind, ist der Himmel grau, als ich im Revier ankomme. Ich nehme meine alte Sauer-Flinte, den ausgestopften Ural-Kauz und suche unweit der Teiche einen geeigneten Platz, um mich auf Elstern anzusetzen. Voriges Jahr haben die intelligenten Vögel von vierundzwanzig bekannten Entengelegen neunzehn nachweislich zerstört. Vergiftet wird in diesem Revier nichts, und auch in die Nester schieße ich nicht, es könnte ja in ein altes Elsternnest ein Falke eingezogen sein, wie es mitunter vorkommt. Es bleibt also der Winter, um diese vorsichtigen, gescheiten und raffinierten Vögel wenigstens ein wenig zu bejagen. Unter dem Damm, mitten im Schilfgürtel finde ich einen tiefen Graben. Weiß Gott, zu welchem Zweck man ihn gegraben hat. Der große Teich ist abgelassen, die kleinen übriggebliebenen Sümpfe und Lacken sind zugefroren, alles wird von einer zehn Zentimeter dicken Schneedecke eingehüllt, es hat etwa drei Grad unter Null. Ich tarne durch heruntergezogene und abgebrochene Schilfstengel meinen Stand, setze die Eule auf den Eisenstock etwa sechzig Schritte von mir mitten auf die freie Teichfläche und verkrümle mich in meinem Graben. Noch ist es nicht ganz licht, weit in der Fichtenschonung und in den Kugelbüschen höre ich Elstern schäckern. Vor zwei Wochen, am Ende des alten Jahres, als es plötzlich fünfzehn Grad Wärme hatte und die Tümpel auftauten, waren von irgendwoher plötzlich Stockenten zurückgekehrt. Nicht vom Fluß, denn da werden sie von den Nachbarn öfters beunruhigt, vielleicht vom Stausee oder von den warmen Quellen in den Murauen. Aufzutreiben sind sie der Größe des Teiches wegen nur, wenn sie sich, noch außer Schußweite, mitten im Teich nach drei Runden in unerreichbare Höhen hochschrauben und dann wegstreichen. Es bleibt also nur der Abendeinfall. Ich bin mit meinen Fischerstiefeln über den halbwegs begehbaren Schlick zu der ersten erreichbaren Lacke hingewatet, habe mich hinter einem umgefallenen Baumstamm in eine Mulde verkrümelt und auf die Enten gewartet. Ich hatte großes Glück, die Enten kamen in kleinen Schofen, drehten ihre Runden, und ich konnte neun Stück erlegen. Hätte ich mich nicht immer sofort um das Aufklauben gekümmert, was im zähen Schlick wirklich nicht leicht ist, so hätte ich auch das Doppelte schießen können. Den kleinen Hund hatte ich nicht mitgenommen, denn er wäre

Bild umseitig:
Vielversprechende Jugend
Bild links:
Hier fühlt er sich unbeobachtet

im Morast nicht weitergekommen. Auch so war ich völlig durchnäßt, als ich meine neun Enten, darunter sieben Erpel, auf dem „Trockenen" hatte. Jeder Schritt war mit einer Anstrengung verbunden. Die Enten waren wirklich „verdient".

Nun sehe ich bereits einige Elstern auf den Baumwipfeln sitzen. Noch haben sie die Eule nicht identifiziert. Ich versuche es mit der flachen Hand, gebe saugende Töne von mir, was erfahrungsgemäß die Elstern immer reizt, sie antworten sofort und wippen mit den langen Stößen. Nun lasse ich die Hasenquäcke folgen, einmal, zweimal. Noch immer nichts. Pause. Plötzlich kommen die Elstern. Mit offenen Schnäbeln in wippendem Flug, böse schäckernd. Ich hebe die Flinte, eine ist schon ganz nahe, stößt auf die Eule, der Lauf verfängt sich im Schilf, ich bekomme ihn nicht frei, schieße trotzdem übereilt, obgleich die Elstern mich noch nicht gesehen haben, und beidläufig vorbei. Auf die Schüsse erheben sich die Elstern drüben, kommen alle über mich, aber hoch — auf eine schieße ich, und mausetot fällt sie in den Schnee. Als ob sie dadurch noch gereizter wären, kommt nun von hinten eine einzelne Elster, vom wütenden Geschäcker der anderen begleitet, sieht mich, da sie über meinen Graben streicht, weicht kaum ab, und ich schieße sie mit einem gezielten Schuß herunter. Aus dem Schnee ragen jetzt zwei Elsternstöße und bewegen sich leicht im Morgenwind. Die ganze Elsternpartie ist nun gegen Norden ins Nachbarrevier verschwunden. Aus Erfahrung weiß ich, daß sie so bald, vielleicht heuer überhaupt nicht mehr, zu überlisten sind. Ich packe meinen „Uhu", und steige, sobald ich die beiden Elstern aufgeklaubt habe, in mein unweit in einem Stadl verstecktes Auto. Nun versuche ich es einen Kilometer weiter auf Krähen. Mitten im Feld steht eine Art Scheune, in die ich mich mit meinem Wagen einstellen kann. An der Ecke sind zwei Bretter ausgebrochen, dorthin stelle ich einen Strohwürfel zum Sitzen, postiere den Uhu auf 40 Schritt und warte. Meine Flinte lehnt vor mir. Ich habe Patronen Nummer 7 (2,5 mm) geladen. Die große, weite Fläche ist weiß und leer. Hier, wo im Sommer fast drei Meter hohe, undurchdringliche Maisflächen, darunter kahler, stinkender Boden, ohne Unkraut, ohne Grün, standen, sind nach der Maisernte die letzten Deckungen gefallen. Es gibt ja keine Rüben, keine Erdäpfeläcker, keinen Klee und keine Wiesen mehr bei uns. Früher hat man die Maisstoppel länger stehen gelassen, heute ackert man einen Tag nach der Ernte alles um. Die einzige Deckung wäre in den Flußauen, die zwar schmal, aber dicht sind, aber dort wird jetzt vom Wasserbauamt geschlägert, ebenso im nahen Wald, wo der Bauer seine dicksten Bäume umhaut. Asphaltierte Straßen durchschneiden die Felder, Spaziergänger, Fitmarschierer, Skiläufer und Fischer mit ihren Wagen überall. Das Wild wird verrückt — oder es wandert aus. Seit Jahren schon nimmt, vorerst unbemerkt (weil die Abschußzahlen und die Pläne trügen können), nach einem Boom in den siebziger Jahren das Rehwild stetig und laufend ab. So fing es mit den Hasen an, mit dem Rebhuhn. Werden in einigen Jahren die Rehe aus unseren Feldern und Flußniederungen verschwinden?

... „Kraaaah ..." Wie elektrisiert greife ich nach meiner Waffe. Eine einzelne Nebelkrähe stößt auf den Uhu. Nun ist sie im Zuge ihres kreisenden Fluges gerade hinter mir, ich zwänge mich nach links, schiebe den Lauf durch die Bretterspalte, da ist sie ... vorgehalten. Tauch ... und leblos liegt sie im Schnee. Der Schuß hat in der nahen Flußau Krähen und Elstern hochgemacht. Überall kräht und schäckert es. Sie sehen keinen Menschen, und schon nähert sich eine Schar gemischter Krähen von links her. Es sind drei Nebel- und vier

Rabenkrähen, stelle ich durch ein Beobachtungs(ast)loch fest. Sie kommen direkt auf die Eule zu, als hätte sie von ihnen eine „Strafe“ wegen der Schußbeunruhigung zu erwarten. Kraaa, krääh, kro, kraaa... alle sieben kreisen wütend über der Eule. Jetzt muß ich ruhig bleiben. Womöglich eine Doublette schießen. Ich schiebe den Lauf hinaus. Doch sieben Krähen sehen mehr als eine. Schon haben sie etwas gemerkt, ein Warnruf, sie schwingen ab, und es gelingt mir, mit Ach und Krach eine Nebelkrähe zu schießen, bevor sie alle weg sind. Da die Krähen im Schnee fast verschwunden sind, lasse ich sie vorläufig liegen und warte weiter. Wo sind die Zeiten, in denen ich mit Franzi und Fritzi Meran, meinen damals noch kleinen Neffen, beim Messner-Misthaufen in Stainz aus einer zur Uhuhütte adaptierten Fichtendickung an einem Vormittag 32 Nebelkrähen geschossen habe! Und da habe ich sicher 50 Schüsse abgegeben. Wie oft macht man im Herbst bei einer Niederwildjagd schon 50 Schuß?

Es kommt nichts, und da sich eine Gruppe von Spaziergängern nähert, klaube ich schnell die Krähen zusammen, verstaue den Uhu und fahre weiter zur nahen Flußau, wo ich den Wagen sorgfältig tarne, denn er sollte zwar weiß sein, ist aber schmutzig und fleckig. Dann baue ich mir an einer Böschung, deren oberer Teil gleichzeitig der Rand der Deckung ist, einen provisorischen Schirm. Das geschieht folgendermaßen: Etwa in Mannshöhe werden drei waagrechte Äste oder Stangen am Buschwerk befestigt. Dann werden belaubte Äste und langes Riedgras sowie Brennesselkraut als Tarnung darübergehängt. Die Äste sind so angebracht, daß zwischen ihnen etwa eineinhalb Meter im Quadrat freibleiben. Da werde ich sitzen. Dann, sehr wichtig: eine Art Dach zusammengebastelt, damit die immer zuerst in der Höhe kreisenden Krähen einen nicht sehen können, und endlich bin ich fertig, etwas verschwitzt, aber nicht wenig stolz, die „Uhuhütte“ ist gut gelungen. Die Eule stelle ich fünfzig Meter vor meiner „Schießscharte“ auf das offene Feld. Sie ist weithin sichtbar, der Platz ist sowohl für Elstern als auch für Krähen gut gewählt. Da Elstern bekanntlich durch Locken leicht getäuscht werden können, versuche ich es jetzt nach einer kleinen Pause mit der Hasenquäcke, laut und besonders jämmerlich. Weit vorne beim Damm kommt interessierte Antwort. Dort sehe ich auch schon einige Elstern aufgeregt schäckernd aufflattern und wieder einfallen. Ein Zeichen, daß die vorsichtigen Vögel interessiert sind. Wieder und wieder locke ich mit der Quäcke, immer schauriger, immer verzweifelter tönt der Todesschrei des (selten gewordenen) Hasen durch die winterliche Stille. Am Ende erstirbt er in einem weinerlichen Jammern. Ich sitze auf meinem Muff, den ich auf einen Baumstrunk gelegt habe, das Gewehr lehnt mit dem Lauf an einer Astgabel vor mir. War es ein kleines Geräusch, oder haben die Meisen über mir gewarnt, ich weiß es nicht mehr. Ich drehe mich um, und auf fünf Schritt blicke ich in die schreckgeweiteten Seher eines riesigen Fuchses! Eine Sekunde verharrt er, ich greife hastig nach der Flinte, der Fuchs wirft sich herum, daß die Lunte einen Kreis vollführt, ich stehe auf, um mich umdrehen zu können, der Fuchs verschwindet in einem kleinen Graben, ich warte mit angeschlagener Flinte, aber er wird nicht mehr gesehen. Er ist im Graben, völlig verdeckt, aus meinem Schußbereich verschwunden. Fassungslos und wütend starre ich in die unbewegliche, winterliche Waldeinsamkeit. Der Fuchs ist auf die Quäcke gekommen! Da krächzt es plötzlich über mir... schon hat der graue Freibeuter mich erblickt, etwas verdreht und noch dazu nach rechts werfe ich der Nebelkrähe beide Schüsse nach, aber unversehrt und immer noch böse krächzend verläßt sie über den Grenzfluß das ungastliche Revier. Auf die Schüsse wirbelt es die Elstern dort drüben hoch und drei von ihnen kommen, anscheinend getäuscht, auf die Au zu. Lautlos, in schnellem, halbhohem, wippendem Flug. Da sie genau von vorne kommen und ich gut getarnt bin, kann ich sie ganz nahe heranlassen. Gleichzeitig stoßen sie auf die Eule, immer noch lautlos, fast einen Meter über ihr werfen sie sich hinauf, eine schwingt hinaus zu, um einen neuerlichen Angriffskreis zu beginnen, zwei kommen auf die Au zu und sind jetzt unsichtbar über mir. Ich höre sie leise schäckern. Ein wenig bewege ich mich nach links und kann so die aufgebaumten Elstern sehen. Eine schieße ich vom Baum, die andere im Abflug herunter, fast gelingt es mir, auch die dritte zu erwischen, aber ich bin mit dem Nachladen zu langsam, meine Finger sind zu klamm. Eine längere Pause folgt. Ich kann wieder ungestört nachdenken. Ausgerechnet ich muß Jagdbücher schreiben! Über Elstern und Krähen, während andere in Afrika, Alaska und in der Mongolei wunderbare Jagdabenteuer erleben, während Freunde alljährlich nach Spanien auf Rothühner, nach Schottland auf Grouse, nach England auf Schnepfen, nach Belgien auf Fasanen fahren.

Wie leicht wäre es doch, tagebuchartig all die neuen Eindrücke einer Jagdreise, die Erlebnisse und Gedanken zu Papier zu bringen, die internationale Jagdliteratur — ähnlich wie Zsiga Széchényi — zu bereichern.

Horch — was war das? Täusche ich mich, oder höre ich Enten quacken? Es ist ja erst der 14. Jänner, und die Jagd auf Enten ist bei uns noch frei. Ich krame einige „gröbere" Patronen zusammen und schleiche mich auf schneeleisen Sohlen zum Fluß. Ich komme von unten, von „flußabwärts"; erstens, weil ich da eine breite Schotterbank weiß (in deren stiller Bucht meistens die Enten sind) und weil die Enten, wenn der Fluß auch niedrig ist, von hier aus am besten anzupirschen sind. Ich stehe schon am Flußrand, und noch immer sehe ich nichts. Der verstorbene Freund Walter Muhry fällt mir ein; er hat uns bei der Entenjagd in Zwaring immer eingebläut, laut zu „quacken", damit auch die Enten, die etwa unter einer Uferböschung oder unter herabhängenden Ästen unbemerkt liegen, aufstehen. Ich „quacke" also laut und vernehmlich. Und in diesem Augenblick: Flügelschlagen, Geplantsche, Schreck-Gequacke ... und drei Enten, zwei Erpel und eine Ente, stehen unmittelbar vor mir auf, streichen nach Westen, flußaufwärts. Es ist keine große Kunst, die beiden Erpel herunterzuschießen, eine größere aber, beide zu „apportieren". Der eine Erpel verhängt sich gleich im Ufergesträuch, der zweite kommt jenseits der Schotterbank, im „Tiefen" eher schnell heruntergetrieben. Mit einem drei Meter langen Ast, den ich mir schnell auflese, erwische ich ihn. Da ist aber auch schon der zweite freigekommen, dreht sich in einem Strudel, nimmt aber dann die gleiche Route wie sein Rivale. Die einsame Ente wird bald einen oder mehrere neue Freier finden. Ich kenne die Erpel, diese Playboys des Wassers, von Eggenberg her gut. Frohen Mutes stelze ich mit meinen zwei bunten Erpeln zu meiner Uhuhütte zurück. Dort verabschiedet sich gerade, empört protestierend, eine Nebelkrähe, die inzwischen die Eule besucht hat. Bald kommt von jenseits des Flusses eine kleine Schar Saatkrähen. Sie reagieren nicht, streichen auf 200 Schritt vorbei. Dann höre ich es wieder krächzen. Diesmal vorne, dort, wo ich es am liebsten habe.

Die Krähe konzentriert sich ganz auf die Eule, holt mit den Schwingen „tief aus" wie eine balzende Schnepfe, krächzt dabei wütend, voller Haß. Sie nimmt sich keine Zeit zum vorherigen Kreisen. Als sie auf die Eule gestoßen hat, diese fast berührend, und diesseits wieder zum Steigen beginnt, schieße ich sie in die Brust. Sie fällt vor meinem Schirm in den Schnee. Hier ist es nun genug. Ich packe zusammen und marschiere langsam zum Auto. Unterwegs besichtige ich den Graben, in dem der Fuchs verschwunden ist. Ich folge seiner Spur bis zum Fluß. Er hat ihn in seinem Schreck tatsächlich überronnen, ich sehe die Spur auf der anderen Seite. Immer noch wurmt es mich mächtig. Das wäre etwas gewesen. Ich passiere eine alte, nicht benützte Fasanenfütterung. Als ich dort halte, um etwas zu verschnaufen, großes Geflatter, ein Pulk Ringeltauben streicht ab. Auf meinen Doppelschuß kommt eine herunter. Das ist auch einmal etwas Neues. Bei klirrendem Frost Ringeltauben bei uns, das habe ich noch nie erlebt. Sind sie bei der vorhergehenden Tauperiode zurückgekommen, oder sind es „Überwinterer"? Ich weiß es nicht! Nun übersiedle ich auf die andere Seite der Ortschaft am Rande der kleinen Teiche zum großen Wald. Hier kenne ich eine größere Elsternkolonie und hier will ich es noch versuchen. Am Rande des Teiches, beim Ausflußgraben, ist eine geeignete Fichtendickung mit etwa vier Meter hohen Bäumen. Von oben ist man herrlich getarnt, einige Äste muß man allerdings entfernen, um ein Schußloch zu haben. Den „Uhu" postiere ich auch hier auf die verschneite Teichfläche, mindestens 60 Meter weit, damit die Elstern auch wirklich die Deckung des Waldes verlassen, denn geeignete Bäume (zum Aufbaumen) sind nicht vorhanden, sie müssen schon auf die Eule stoßen. Und wieder versuche ich es mit dem Locken, zuerst mit der flachen Hand, dann mit der Quäcke. Kein Ton ist zu hören, nur das ferne Gebrumme der unvermeidlichen Autos. Die verschiedenen Belastungen, die Benzinpreise, die Autoreparaturen sind hoch. Aber es fahren nicht weniger, sondern mehr Leute Auto. Im Vorjahr wurden mehr Autos gekauft als je zuvor.

Autos, Fetische unserer Zeit, die lückenlos die Städte verstellen, die Menschen vergiften, Bäume zum Sterben bringen, die Umwelt verschmutzen und manchmal zum Selbstmord führen können. Wie schön war doch die Welt, als es keine Autos gab! Als Kriege nicht motorisiert geführt wurden, als dabei ganze Landstriche „ausgelassen" wurden, als es keine „Front" und keine Wehrpflicht, keine Bombardierung und keine Geheimpolizei gab. „1984" — du hast angefangen. Bald wird das zwanzigste Jahrhundert zu Ende sein. Man lamentiert immer mehr, wie unterdrückt das Volk früher war, wie es hungerte, wie unmenschlich das Mittelalter und der Zehent waren. Langsam beginne ich zu zweifeln, ob dies alles stimmt. Denn die Zeitgenossen, die es ja wissen mußten, die Chronisten, sie alle haben weniger lamentiert als manche unserer heutigen „Geschichtszurechtstutzer" und Filmemacher.

Noch zwei Elstern schieße ich, dann lege ich Strecke. Der blaue Himmel färbt sich allmählich rötlich, die Schatten werden länger, die Kälte zieht an, Nebel steigen aus den Bächen, von den Halden und aus den Bauernhöfen auf. Die alles zudeckende Nacht hat von der Landschaft Besitz ergriffen. Nur die Schneeflächen leuchten bläulich aus der eisigen Dunkelheit. Da und dort flackern die Lichter einsamer Gehöfte. Der Winter regiert, die Menschen verkriechen sich in ihr warmes Heim. Noch einige Wochen, dann wird es Schneeglöckchen und Primeln geben. Wie der heutige Tag wird auch der Winter vergehen, und diese Gewißheit macht mich froh.

Kapitalböcke

Das ganze Jahr freue ich mich auf diesen Ausflug. Dementsprechend ist mein Schlaf auch kein besonders guter. Als der Wecker um halb sieben Uhr schnarrt, bin ich schon lange auf und richte mein Frühstück, zu dem ich aber noch wenig Appetit verspüre.

Schon gestern habe ich das Auto in die Einfahrt gestellt und gut vollgepackt. Pullover, warme Leibchen, lange Unterhosen dürfen nicht fehlen, obgleich heute, Anfang Mai, warmes Frühlingswetter herrscht. Aber ich spüre bereits die Wetterveränderung, die mit Sicherheit in drei, vier Tagen eintreten wird. Ich habe vor einigen Tagen ein neues, kurzes „Habicht“-Spektiv gekauft, es liegt gut verstaut im Rucksack, zwanzig Hirtenberger 30-06 Patronen, meine treue Mannlicher-Büchse liegen obenauf im Kofferraum. Der hintere Teil ist mit Bananen, Orangen und Kaffee vollgepackt. Das sind Geschenke für meine Freunde, auch für die alte Frau Mici Müller, die Witwe unseres ehemaligen Hegers, der vor drei Jahren verstorben ist. Meine Leser werden es erraten haben. Es geht auf Rehböcke nach Ungarn, in die kleine Ortschaft Visznek, sie liegt einige Kilometer südlich der nordungarischen Stadt Gyöngyös, im Komitat Heves in der großen ungarischen Tiefebene. Der Ort liegt zwar im Alföld, aber doch so nahe am 1100 Meter hohen Mátra-Gebirge, dessen höchster Wipfel Kékes heißt, daß man diesen bewaldeten Ausläufer der Karpaten gut im Hintergrund sehen kann. Ich habe heute vor, die Hauptstadt Budapest in den Mittagsstunden zu durchfahren. Schnell werden die letzten herumliegenden Patronen aus dem Auto entfernt, ebenso die Schreckpistole aus dem Handschuhfach, die Wohnung wird sorgfältig abgesperrt, und der weiße Polo rollt durch den morgendlichen Verkehr der Autobahn zu. Hinter uns liegt ein langer, häßlicher Wahlkampf. Die rot-weiß-roten Plakate rechts und links von meinem Weg verkünden, daß der große Staatsmann Kanzler bleiben müsse. Nun, er wurde es nicht, verlor die Wahl, und die Plakate sind immer noch da. „Müssen“ tut man bei uns überhaupt nichts, nicht einmal wählen muß man. Dafür ist unser System so stabil und stark, daß es sich leisten kann, seinen Bürgern zu erlauben, ganze Waffenarsenale in ihren Wohnungen zu haben. Ich fahre jetzt die Strecke, die ich zur Zeit des Schnepfenstriches täglich zurückgelegt habe. Nur muß ich hinter Heiligenkreuz nicht nach Güssing abbiegen, sondern geradeaus fahren. Der weißhaarige österreichische Zöllner kontrolliert meinen Paß nur flüchtig. Langsam fahre ich in Richtung ungarischer Grenze. Der dicke rot-weiß-grüne Schlagbaum öffnet sich, ein Zöllner winkt meinen Wagen auf die mittlere Schneise. Ich bin der einzige Reisende. Mein Paß und der Jagdschein werden mir abgenommen. Dann kommt ein graugekleideter Uniformträger und fragt mich, was ich mitnehme. Ich zähle ihm Kaffee, Bananen, Orangen und persönliche Geschenke auf. Die Nummer meiner Waffe wird kontrolliert, weitere Fragen werden nicht gestellt. Dann wechsle ich Schillinge in Forint, wobei ich allein vor dem Schalter zehn Minuten warten muß. Als ich zu meinem Wagen zurückkomme, steht bereits ein zweiter Österreicher hinter mir. Ich bekomme sehr bald meinen Paß und kann weiterfahren. Das Wetter ist mild und schön. Langsam fahre ich durch die Grenzdörfer. Hier führt die Straße M8 eine Zeitlang parallel zur Grenze. Irgendwo in einem Wald ist eine Radarfalle. Ich fahre nicht über neunzig. Bald rast mir der österreichische Wagen vor. Nach zwei Kilometern sehe ich ihn wieder. Er zahlt gerade, umgeben von grinsenden Polizisten.

Heuer ist diese Straße an vielen Stellen im Ausbau und in Reparatur. Zeitweise kann ich nur 50 km/h fahren. Bevor ich auf die Umfahrungsstraße nach Stuhlweißenburg einbiege, mache ich noch geschwind einen Abstecher nach Mór, um Frau Mici zu besuchen. Als ich die altgewohnte Straße nach Söréd befahre, sehe ich schon im Hintergrund den völlig unveränderten Zug des Vértesgebirges. Auf der Abzweigung nach Csóka fahre ich langsam, um die bekannte Landschaft in mich aufnehmen zu können. Alles ist ein riesiger „Großgrundbesitz", immense Tafeln, schöne Alleen. Die Ortschaft Csóka ist fast unverändert. Ich fahre über den kleinen Steinweg in unseren ehemaligen Obstgarten, am Fuße der Burgruine. Mit dem Teleobjektiv photographiere ich die alte Burg, die sich in den letzten vierzig Jahren (kein Wunder bei einer Ruine) nicht verändert hat. Und ich ertappe mich dabei, daß ich Landschaften und Dinge suche, die sich nicht verändert haben. Der Kamm des Csókaberges ist völlig unverändert, die kleinen, im Karst verkrüppelten Eichen sind seit 1948 nicht gewachsen.

Die Menschen haben statt der schwarzen Bauernhüte von früher Pullmannmützen auf. Sie sind ja keine Bauern mehr, sondern Landarbeiter. Sie sind Lohnempfänger geworden, haben ihre Selbständigkeit eingebüßt, obgleich sie für diese so viel gekämpft und die ehemaligen Gutsbesitzer enteignet haben. Sie wollten ja endlich eigenes Land besitzen. Jetzt haben sie moderne Geräte (die nicht immer funktionieren), Direktoren mit Vollmacht, Pensionen und ärztliche Betreuung. Was hat sich geändert? Höchstens die Technik. Denn einen herrschaftlichen Arzt hatten sie früher auch und Pensionen ebenso. Ihre eigenen Häuschen wurden von dem gebaut, was sie beim Grafen verdient hatten. Nicht zu leugnen ist, daß auch heute viel gebaut wird, geschmackvolle Häuser, meistens viereckige mit Ziegeldächern. In Csóka sah ich allerdings sowohl Kriegsschäden als auch Strohdächer. Ein Trupp städtischer Touristen kommt mir auf der Hauptstraße von Csóka entgegen. „Fit mach mit", Waldbegeher, wie bei uns. Blue Jeans, wie bei uns, grelle Nylontaschen und Turnschuhe, mehr noch als bei uns. In Mór treffe ich Frau Mici leider nicht an. Sie wird bei ihrer Tochter Magda in Csákberény sein, ihre Enkelin wird in einer Woche heiraten. Traurig muß ich — unter den mißtrauischen Blick der Nachbarn — meine Geschenke wieder einpacken. Unweit vom Hauptplatz führt ein russischer Offizier mit grotesker Tellerkappe seine zwei herzigen Kinder zu einem schwarzen Wolga und fährt mit Chauffeur in Richtung Stuhlweißenburg. Auch ich fahre jetzt weiter, der Russe lange Zeit vor mir. Die kleinen Kinder im Fond winken, nicht ahnend, daß hier ein Burschuj, ein Volksunterdrücker, Rehböcke schießen fährt. In Söréd schwenke ich (wie zufällig) in Richtung Csákberény ein und durchfahre jetzt unser altes Revier in langsamem Tempo. Unterwegs photographiere ich ein wenig die Landschaft. Schließlich bin ich hier geboren. Es gibt kaum mehr Dorndreher und graue Würger, dafür viele Turteltauben, wie eh und je. Dort drüben das Bad von

Bild rechts:
Ich ließ ihn am Leben
Bild umseitig:
Gänsescharen bei Frauenkirchen

Csákberény, hier irgendwo war die Station der Bauxitbahn, man sieht jetzt nur mehr die Reste des Bahndammes. Die Oronder Weingärten gehören zum Großteil Budapester und Fehérvárer Stadtbewohnern, sie sind nun Wochenendgründe. Das Gebäude des Hub-Weingartens steht noch, ebenso die kleine „Festung", die wir „Burg Eltz" genannt haben. Auch der alte Birnbaum und der uralte Nußbaum haben die Zeit überdauert. Csákberény lasse ich links liegen. Ich sehe, daß die Mühle renoviert worden ist, daß man aber die Mauer unseres Obstgartens abgetragen hat. Das Dorf hat sich verändert, die Kirchen wirken klein und schäbig. Ohne Schloß ist alles wie ein Rumpf ohne Kopf. Wie wenig gescheit waren die Leute, die es abgetragen haben.

Dann der unveränderte Öreghegy, die „Csákvárer Hügel" und die Helliburg, dort unten der Öreg-tó, später die Forrás-puszta, der obere Zámolyer Weingarten mit dem Ausgang zur Horogvölgy. Die Kastanien blühen überall, das Getreide steht gut, man sieht keine Maikäfer und nur wenig Schwalben. Überall sitzen fette Bussarde herum, am Rande des Lapos balzt ein Fasan. In Zámoly parke ich meinen Wagen beim Friedhof und besuche die Gräber der alten Lambergs, die, gepflegt wie immer, inmitten riesiger Flieder- und Rosenbüsche stehen. Mein kurzes Gebet gilt auch meinem Vater, dem es nicht vergönnt war, im Familiengrab zu ruhen. Immer wieder fahren russische Militärkolonnen vorbei. Kahlgeschorene Rekruten, fette Offiziere in riesigen, protzigen, goldbetreßten Uniformen mit ausgestopften Schultern. So viele Russen habe ich schon lange nicht mehr gesehen.

Stuhlweißenburg wird durchfahren, aber nur an der nördlichen Peripherie. Die Umfahrung der Stadt ist perfekt gelungen. Ich habe jetzt praktisch Autobahn bis Gyöngyös, Budapest ausgenommen. Ich sehe den Velencze-See mit seinem Schilfgürtel, fahre an Martonvásár vorbei, wo der „regierende" Weltrekord-Rehbock vom Minister Cseterki erlegt wurde. Linker Hand ist ein russischer Panzer zu sehen, mit nach Westen gerichteter Kanone, geschmückt mit roten Fahnen. Er steht auf einem Felsen und ist weithin sichtbar. Malerisch liegt die Ortschaft Budaörs in den Budaer Bergen, die, wie mir scheint, noch immer felsig und kahl wirken. Dann bin ich in der Stadt, wo mich ausgezeichnete Hinweistafeln zur Elisabethbrücke dirigieren. In der Kolonne stehend, photographiere ich die Burg von Ofen, die man zweimal, 1945 und 1956, zerstört und dann wieder aufgebaut hat. Unvergleichlich schön ist die blühende Stadt mit den vielen Kastanienbäumen und Tulpenbeeten, die Donauufer sind sowohl in Buda als auch in Pest einzigartig schön und erzählen nichts von den Regimen, die im Laufe der Jahrhunderte in dieser Stadt regiert haben. Die Türken herrschten rund hundertfünfzig Jahre. Von ihrer Herrschaft zeugen noch heute manche Gebäude, Bäder und Bräuche, aber das typisch ungarische Element hat sich kaum geändert. Großzügigkeit, Aufgeschlossenheit, Individualismus, Freiheitsliebe, Humor und ein wenig Zynismus. Die Hauptstraßen sind bunt von Menschenmassen. Sie

Bild umseitig:
Pusztastimmung
Bild links:
Reine Gewässer sind selten

sind gut gekleidet, schauen zufrieden aus, ein wenig skeptisch ist der Blick, aber keine Traurigkeit, keine Wut ist zu sehen, nicht so wie in den fünfziger Jahren.

In der Kleidung regiert Plastik, und die Farben sind grell, die schlanken, langbeinigen, eleganten Budapesterinnen gibt es kaum mehr, dafür bäuerlich dicke Wadeln unter Miniröcken oder in enganliegenden Jeans. In den Kaffees, die ich sehe, an den Tischen, die vor ehemals berühmten Restaurants im Freien stehen, sieht man die gleichen dicklichen Stadtdamen, nur sind sie älter und weniger geschminkt als früher. Russen sieht man hier keine, Polizei äußerst wenig, dafür viele Taxis, viele ausländische Wagen. Nun bin ich durch die Kossuth-Lajos-utca in die Rákoczy-út eingefahren. Hier, im Zentrum von Budapest, ist mir so vieles bekannt aus der Zeit, als ich noch ein Kind war, oder aus jener späteren Zeit, als ich als mittelloser Hilfsarbeiter Ausflüge in die Donaumetropole machte. Die großen Schäden, die Panzer im Jahre 1956 angerichtet haben, sind zum Großteil behoben, nur an wenigen Gebäuden sieht man noch Granatsplitter-Einschüsse. Die Fassaden sind zumeist grau wie in den fünfziger Jahren bei uns, trotzdem ist diese Stadt jetzt im Frühling so unbeschreiblich schön, daß es einem den Atem verschlägt.

Ich komme an den Ostbahnhof, dessen Gebäude noch das alte ist, und kann jetzt rechts über die Kerepesi-út oder links über die Thököly-út fahren. Letztere ist nach jenem Thököly benannt, der 1683 mit dem Heer Kara Mustafas gegen Wien zog und im Seewinkel manche Kirche und manches Dorf zerstört hat. Ich fahre links und gelange nach längerem Fahren durch eine eher schmucklose Vorstadt auf die neue Autobahn, die mich über Gödöllö und Hatvan nach Gyöngyös führen wird. Bald gelange ich über Weingärten und Schrebergärten in ein waldiges Gebiet, das sich rechts und links der Autobahn erstreckt. Es ist das ehemalige kaiserliche Krongut, das nach dem Ausgleich 1867, zusammen mit Schloß Gödöllö, Kaiser Franz Josef von der ungarischen (Deák-)Regierung zum Geschenk gemacht worden ist. Ich denke auch an die späteren Herrn von Gödöllö, den Reichsverweser Horthy, der in diesen hügeligen Waldungen seine Staatsjagden abgehalten hat. Rechter Hand sehe ich die Ortschaft Gödöllö mit ihrer neuen Universität. Dann tanke ich unmittelbar vor Hatvan, und ein junger Bursche mit Rucksack bittet mich, mitfahren zu dürfen. Ich bin zwar kein Anhänger der Mitnahme fremder Personen, aber der Bursche sieht harmlos aus. Außerdem kenne ich die genaue Route nach Visznek von Gyöngyös aus nicht. Unterwegs kommen wir ins Gespräch. Er ist Student, war im Vorjahr per Anhalter in Westeuropa. Er sagt, daß ihm Österreich und die Bundesrepublik am besten gefallen haben, auch die Beneluxländer, Frankreich weniger und England gar nicht. Er meint, die Franzosen seien egoistische Chauvinisten, die Engländer aber lebten noch im 19. Jahrhundert.

Er ist äußerst kritisch gegenüber seiner Regierung, schätzt aber den Genossen Kádár, der viel Schlimmeres verhindert hat. Der Kommunismus ist in seinen Augen passé, kein Mensch glaubt mehr an ihn, sagt er, vielleicht die Funktionäre der Partei, und auch das ist fraglich. Er berichtet, daß die Besatzer ganze Landesteile für sich und ihre Familien abgesperrt haben, wenn ein Ungar dort eindringt, wird er im besten Fall zurückgeschickt. Er kritisiert das Fernsehen des Westens, weil es aktuelle Probleme des Ostens zum Teil ignoriert, dafür aber laufend in alten Wunden wühlt, Probleme aufgreift, die weder die Jugend noch die vorherige Generation mehr interessieren. Knapp vor Gyöngyös verabschieden wir uns, und ich biege — von meinem neuen Freund genauestens eingewiesen — in Richtung Visznek ab.

Es ist ungefähr drei Uhr, als ich dort ankomme. Ein langgezogenes Dorf mit etwa 2.000 Einwohnern, schöne ordentliche Häuser, sehr viele Blumen, fast vor jedem Haus eine Fichte, ein Wasserturm, volle Gasthäuser, eine mit roten und rot-weiß-grünen Fähnchen geschmückte Hauptstraße (zu Ehren des Ersten Mai). Die Hauptstraße heißt Freiheitsstraße, und im Haus mit der Nummer zweiundvierzig wohnt der Jagdleiter Tóth Lajos, ein lustiger, kräftiger, etwa vierzigjähriger Mann, den ich vom Vorjahr kenne. Er ist der Präsident der Jagdgesellschaft von Visznek, der Parteisekretär des Ortes und wirklich ein äußerst passionierter Jäger, wie man ihn selten findet. Ich sitze dort bei einer Limonade. Tóth berichtet, daß die Böcke auch heuer gut aufhaben und daß man für mich zwei gute, alte Böcke bestätigt hat. Ein großes Handicap ist, daß die Wintergerste bereits so hoch ist, daß ein Bock kaum darin sichtbar ist, und auch die anderen Wintersaaten stehen bereits fünfzig Zentimeter hoch. Er bringt mich zu meinem Quartier ein gutes Stück weiter, unweit des Meierhofes, wo ich bei Horváth József, einem kleinen Junggesellen in meinem Alter, in der „guten Stube“ unterkomme. Man begrüßt mich sehr herzlich, und ich verteile die diversen Höflichkeitsgeschenke.

In der heutigen Zeitung steht einiges über den Abgang Kreiskys. Die Ungarn fragen mich, ob ich darüber nicht traurig bin. Auf der Kommode liegen diverse Anerkennungsschreiben und Diplome vom vor drei Jahren verstorbenen Vater meines Herbergsvaters, der ein tapferer Widerstandskämpfer war. In der Bibliothek finde ich die Geschichte der Räterepublik, ein Buch über Szálasis Volksgerichtsprozeß, eines über die Hinrichtungen beim Nürnberger Prozeß und viele Jagdbücher. Es ist sehr still in der Wohnung, denn Józsi ist Chef des volkseigenen Schankbetriebes, und außer ihm wohnt niemand im Haus. Um fünf Uhr erscheint dann ein alter klappriger Lastwagen, mit eingetepschtem Dach, Vierradantrieb und einer Bank auf der Ladefläche, auf der man rittlings sitzt. Der Fahrer ist der jüngste Berufsjäger der Gesellschaft, Loisi, ein etwa vierundzwanzigjähriger Bursch mit rundem Schädel und kurzgeschnittenem, dunkelblondem Haar. Wir fahren los. Das Revier von Visznek ist langgezogen und relativ schmal, es grenzt an fünf Gemeinden. Im Hintergrund sieht man die Mátra. Visznek liegt, wie gesagt, in der ungarischen Tiefebene. Herrliche schwarze Erde, dunkelgrüne Saaten, der Horizont verschwimmt wie in einem glitzernden See. Die Bäume und Telegraphenstangen wackeln, auch durch das Fernrohr besehen. Fata morgana, „délibáb“, Vision. Die Klee- und Luzerne-Felder sind etwa vierzig Zentimeter hoch, der Mais und die Sonnenblumen bereits aus der Erde geschlüpft. Wir sehen viele Limicolen, Kiebitze, Störche und immer wieder Trappen, die uns in den Saaten bis auf hundert Meter herankommen lassen. Gleiches ist von den zahlreichen, bereits nur mehr in kleineren Sprüngen stehenden Rehen nicht zu sagen. Trotz absoluter Ruhe von Seiten der Jäger in der letzten Zeit, aber wahrscheinlich doch wegen der vielen vorangegangenen Feldarbeiten sind sie in den meisten Fällen sehr roglig. Wir sind froh, daß wir diesen kleinen, relativ hohen Lastwagen haben, vom Boden wären die Rehe absolut nicht zu sehen, noch weniger zu beschießen. Es ist auch aus Sicherheitsgründen ratsamer und von der Jagdbehörde angeordnet, daß man hier von Fahrzeug aus schießen muß, was ich im allgemeinen nicht gern mache. Wenn wir etwas erblicken, klopfen wir auf das Dach der Fahrerkabine, und der Wagen hält sofort. Dann werden die beiden Spektive hervorgenommen, auf das

Kabinendach gestützt, und wir sprechen die Böcke an. Bisher haben wir nichts gesehen, was uns zusagen würde.

Ungeheure Mengen Hasen sind zu sehen, mehr als im nördlichen Burgenland. Hasen werden von den Ungarn kaum geschossen, man fängt sie aber mit Netzen und verkauft sie um teures Geld den Ialienern und Franzosen. Und obgleich der Rebhühnerstand auf diesen riesigen Tafeln in ganz Ungarn seit Einführung der Kolchosen und Genossenschaften um siebzig Prozent zurückgegangen ist, werden auch alljährlich Rebhühner für den Export eingefangen. Überhaupt überschlägt man sich, um zu Devisen zu kommen. So erzählt mir der Kolchosenführer, daß in den Gänsefarmen in ganz Ungarn neu entwickelte elektrische Stopfmaschinen eingeführt wurden, mit deren Hilfe man die lieben, gescheiten und freundlichen Gänse mit speziellem Kraftfutter gewaltsam stopft. Sie werden an sie Stopfschläuche angehängt, so als wären sie aus Kunststoff. Der Ausfall liegt bei zehn Prozent, weil es vorkommt, daß die Futtermengen sich stauen und ein Teil in die Luftröhre des bedauernswerten Tieres kommt, das dann qualvoll erstickt. Aber die herrliche ungarische Gänseleber ist überall begehrt, auch in jenen Ländern, die sich tierfreundlich nennen und rigorose Tierschutzgesetze haben. Unweit eines Wäldchens, wo früher ein Gehöft war (das ist noch an den Fliedersträuchen erkennbar), springt etwa um halb acht Uhr ein Bock aus der Gerste, der mindestens sechsundzwanzig Zentimeter hoch auf hat. Sein dicker Träger gibt dem im Wildbret kapitalen Bock das Aussehen eines Bullen. Er flüchtet ohne anzuhalten etwa vier Kilometer weit über die Grenze, dort tut er sich nieder. Mit dem Swarowski-Fernrohr sieht man sein Haupt mit dem offenen Äser. Schon nach zwanzig Uhr ist es hier so duster, daß man nicht mehr sicher ansprechen kann. Wir fahren noch bei Schußlicht in das Dorf zurück. Mir wird ein üppiges Nachtmahl vorgesetzt, Fleisch, kalte Spiegeleier, herrliches Brot, ungarische Wurst, Traubi-Soda. Ich ziehe mich bald in die „gute Stube" zurück, stelle die schwache Nachttischlampe ganz nahe an das Bett und vertiefe mich in einige interessante Bücher aus der Bibliothek meines Hausherrn. So lese ich an diesem Abend das Buch „Stefan Bethlens geheime Schriften". Wenn man die Kommentare vergißt, sprechen die Schriften dieses großen ungarischen Ministerpräsidenten, der in russischer Haft umgekommen ist, für sich.

Um halb fünf Uhr rasselt der Wecker. Draußen fängt es an zu dämmern, überall krähen die Hähne. Ich mache mir selbst einen Kaffee, esse ein Käsebrot, und um fünf Uhr stehe ich vor der Haustür. Das Dorf schläft noch. Wolkenloses Wetter, etwa acht Grad, leichter Ostwind. Es duftet nach Flieder und Kastanienblüten. Hunde bellen, Krähen rufen. Auf dem Nest unweit der Garage meines Hausherrn klappert ein Storch. Die Haustauben übernachten auf den Akazienbäumen. Als wir aus dem schlafenden Dorf hinausfahren, ist es oben auf der Ladefläche so frisch, daß ich meinen leichten Pelz anziehe. Wie gut, daß ich ihn mitgenommen habe. Lajos Tóth raucht eine Zigarette nach der anderen, er mußte gestern abend eine Rede halten, seine Nacht war lang. Auf dem Maisfeld große Flüge frisch angekommener Turteltauben. Bei der kleinen Remise ist ein emsiger Ringeltaubenstrich, Entenpaare, viele Elstern, massenhaft Greifvögel und wieder Trappen. Diesmal ragen ihre Stingel aus dem Weizenfeld, hoffentlich brüten sie auch hier, denn der Klee wird nächste Woche schon gemäht. Überall Rehe, die dieses Mal besser aushalten. Unser Weg führt weit weg in Richtung des Wärmekraftwerkes, an die nördliche Grenze des Revieres, dorthin, wo wir den gestrigen Bock vermuten. Immer wieder begutachten wir die Rehe, darunter starke, ja kapitale Zukunftsböcke. Die Population hier im Komitat Heves ist nicht sehr alt, die Böcke sind im allgemeinen sehr gut, geperlt und endenfreudig. Da es sowohl in den Baumreihen als auch in den aufgelassenen Gehöften etliche Nußbäume gibt, haben sie durch Fegen gute Gehörnfarben. Hasen und Hasen, wohin man sieht. Zwischen den Kiebitzen sehe ich viele Brachvögel und Uferschnepfen. Manche lassen den Wagen bis auf zehn Meter herankommen. Man kann herrliche Luftkämpfe zwischen Kiebitzeltern und Elstern beobachten. Überall rufen die Kuckucke, man sieht sie von einer Baumreihe zur anderen streichen. Überall Nester. Ich beobachte, daß in Elsternnestern wiederholt Turmfalken brüten, die Jäger wissen das — es darf in keinen Horst blindlings hineingeschossen werden.

Nun nähern wir uns dem alten Meierhof, wo gestern der starke Bock aufgesprungen ist. Er scheint nicht zu Hause zu sein. Wir fahren also wie ausgemacht weiter und kommen bei gutem Wind zu dem Feldrand, wo er sich gestern niedergetan hat. Vorerst sehen wir nur einen jungen Sechser, der, schon fast verfärbt, den Wagen bis auf dreißig Meter heranläßt. Dann flüchtet er in Richtung Grenze. Wir erwarten, daß andere Rehe hochwerden, doch wir sehen nicht einmal ein Haupt. Etwas weiter, auf etwa 300 Meter, ist eine Senke, die wir nicht einsehen können, dort ist auch eine niedrige Akazienreihe. Und gleichzeitig erblicken wir beide zwei Rehe, die im Schatten der Bäume niedergetan sind. Es sind Geißen, die herüberäugen. Schon will Tóth auf das Dach klopfen, um Signal zum Weiterfahren zu geben, als sich aus dem hier etwas niedergewalkten Gerstenfeld das Haupt eines Kapitalbockes erhebt. Er muß neben den Geißen gewesen sein, das Haupt aber nach Art starker Böcke am Boden gehabt haben. Ein dickes, hohes, weit ausgelegtes, bis hinauf geperltes Prachtgehörn, er sieht aus wie ein Hirsch. Entfernung etwa zweihundert Meter. Der Jagdleiter gibt mir mit Kopfnicken ein Zeichen zum Schießen. Ich greife nach meinem inzwischen abgelegten Pelz, entsichere meine Büchse, lege den zusammengeballten Pelz auf das Dach der Führerkabine... da springen die drei Rehe, vorne die Altgeiß, dann eine Schmalgeiß und hinten der Bock, auf und flüchten zügig in der charakteristischen Rehflucht halbschräg in Richtung Grenze. Dabei sehe ich wiederholt und mit dem Glas ganz genau seine unwahrscheinlich starke Krone. Plötzlich verhofft die Leitgeiß, dann auch der Bock.

Ich versuche zusammenzukommen, der Schuß ist draußen, ich repetiere im Anschlag, habe den Schuß drüberpeitschen gesehen, noch einmal saugt sich hastig, aber ruhig das Fadenkreuz unter die Rückenlinie des Bockes, ich ziehe ganz beherrscht ab, doch im Schuß merke ich, daß der Bock sich herumwirft und der Geiß nachflüchtet — daneben. Ich repetiere und bin jetzt mit dem Fernrohr immer beim Bock, in der Hoffnung, daß er noch einmal verhoffen möge. Jetzt ist mir schon alles gleich, der Bock ist schon unweit der Grenze. Da der zweite Schuß (den ersten habe ich doch verwackelt) nach Angabe meiner Begleiter drunter ging, weiß ich, daß ich einiges drüberhalten muß, wenn, ja wenn... Unmittelbar vor der Grenze verhofft diesmal als erster der Bock. Er steht frei auf einem Fleck, den einmal ein Traktor niedergewalkt hat. Ich halte zehn Zentimeter drüber und lasse fliegen. Kugelschlag, Schlag auf meine Schulter, Todesflucht gegen uns! — dann verschwindet der Bock im Meer der Gerste. Ich hasse es, so weit zu schießen, aber bei diesem zweimal gefehlten Bock hat es nichts mehr ausgemacht. Strahlende Gesichter der Jäger, mich erfaßt auch eine warme Welle der Freude. Wir bleiben sitzen und warten eine Viertelstunde. Drüben im Westen hat sich die Sonne zwischen dem Dunst der unendlichen Ebene und einer watteartigen Wolkenformation mattrosa über die Akazien gehoben. Lerchen jubilieren, Wachteln schlagen, Kiebitze rufen. Ich bin in meiner Weidmannsfreude nachdenklich geworden. Ich habe einen Kapitalbock in Ungarn geschossen, ein Ziel, das ich mir schon lange gesteckt habe, ist erreicht, ein Wunsch, von dem ich schon lange geträumt habe, erfüllt, mir, der ich als Bettler das Land verlassen mußte, dem auch später nichts, aber schon gar nichts geschenkt worden ist, dem man Heim, Besitz und Jagd genommen hat, nun kann ich den Lohn für meine Arbeit empfangen, gerade in dem Land, das mich entschädigungslos enteignet hat. Der Traum meines Lebens hat sich erfüllt, ich habe einen wirklich kapitalen Bock geschossen, einen Bock, zu dem ich in Österreich niemals gekommen wäre!

Elastisch springe ich vom Wagen, und in lockerer Streife gehen wir in die Richtung, in der der Bock verschwunden ist. Ich gehe in der Mitte und zähle die Schritte. Ich habe mir sehr gut ein weißes Schirlingkraut gemerkt, oder ist es eine andere Pflanze? Plötzlich sehe ich es rot durchleuchten. Auf dem Einschuß liegt der Bock, das Haupt uns zugewandt. Und was für ein Haupt! Ich vergesse fast, daß ich 273 Schritte gezählt habe, daß dies ein wirklich weiter Schuß war (auf den ich trotzdem nicht stolz bin). Wer kennt die Augenblicke nicht, da man an ein gestrecktes Wild tritt, den ersten Blick auf die Trophäe, auf den Schuß, den ersten Griff ins Gehörn! Eine geschlagene Viertelstunde betrachte ich meine Beute, betaste ich das dicke, geperlte Gehörn, dann nehme ich meine alte Leica in die Hand. Nun, jeder Photograph weiß, wie man durch geschicktes Hantieren aus einem mittleren Bock einen starken photographieren kann. Hier ist dies nicht notwendig. Der Schuß ist ein Herzschuß, tiefblatt, der Ausschuß bei der letzten Rippe. Loisi überreicht mir den Bruch. Es ist ein kleiner Strauß aus Gerstenähren. Und dann fahren wir hochbeglückt in das Dorf zurück. Hier werden wir von einem Großteil der Mitglieder freudig begrüßt. Jeder schätzt, jeder gustiert, alle gratulieren. Beim Abschlagen des Hauptes bin ich nicht mehr anwesend. Nach einem opulenten Frühstück schlafe ich bis spät in den Vormittag. Dann pilgere ich zum Jäger Ignácz, dem das Präparieren des Gehörns obliegt, und wieder eine Freude: das Gehörn hat ausgekocht sogar dazugewonnen, im Wildbret wog dieser Bock ohne Haupt fünfundzwanzig Kilogramm.

Am frühen Nachmittag fahre ich nach Gyöngyös, um das dortige Mátra-Museum zu besichtigen. Die Jagdabteilung ist zum Teil ein Geschenk meines alten Freundes Dr. Erwin Varga aus Debrecen. Direktor war bis vor kurzem der unersetzliche Dr. Gyula Nagy, der vor einiger Zeit im 69. Lebensjahr gestorben ist. Ohne allzuviel Material wurde hier mit Liebe ein schönes Museum geschaffen, das Palais Orczy gibt einen würdigen Rahmen. Ich photographiere viel in der Stadt. Häßliche Hochhäuser, viele Fahnen, eine als Möbeldepot benützte Synagoge. Eine anschließende Fahrt auf die Mátra bietet einmalige, unvergeßliche Aussicht. Um halb fünf Uhr bin ich wieder vor dem Haustor. Es geht auf den zweiten Bock, einen alten geheimnisvollen Kapitalen, den Tóth vor zwei Wochen auf zehn Schritt angesprochen hat. Auch er haust in einer hohen Wintergerste, die noch höher zu sein scheint als die von heute morgen. Auch dieser Bock ist ein Grenzbock.

Und abermals rumpelt unser originelles Gefährt auf das Feld hinaus. In einem Sonnenblumenfeld liegen nebeneinander vier Rehe. Darunter ein Kapitaler. Doch Tóth kennt ihn, er ist erst für das nächste Jahr für den Abschuß vorgesehen. Dunkle, dicke Stangen, auch geperlt, sehr hoch. Als ob er wüßte, daß ihm nichts geschieht, bleibt er niedergetan. Eine durchscheinende Wolkenschicht hat den Himmel überzogen, der Wind hat auf West gedreht und wirbelt in den Mais- und Sonnenblumenfeldern Staubwolken auf. Das Wetter schlägt um, wie vorausgefühlt. Wir sind zwar etwa fünfhundert Kilometer östlich von Graz, doch welch kleine Entfernung ist dies auf einer Wetterkarte! Übrigens, heute im Zeitalter der Computerkarten, Satellitenbilder und anderer Hilfsmittel, scheint die Voraussage sehr schwer zu sein. Im Krieg haben die Wetterfrösche der Luftwaffe, so scheint mir, ohne solchen Behelf besser prophezeit, obgleich die halbe Welt „Feindesland" war und keine Meldungen lieferte. Als wir zum besagten Gerstenfeld kommen, ist es gerade halb sechs Uhr. Wir sind vom Osten angefahren und halten in der Nähe eines Strohhaufens. Der Weg vor uns ist die nördliche Grenze des Revieres und der Rand des Feldes. Hier hat der Bock seinen Einstand. Allerdings wurde er schon zwei Wochen lang nicht gesehen, sehr leicht könnte er über die Grenze gewechselt sein, wo im ehemaligen „Olga-major", einem aufgelassenen Meierhof sehr viel Deckung ist. Aber Ruhe ist dort weniger. In einem großen Geländewagen sitzen vier Italiener und fahren langsam die Feldwege ab, gerade sind wir ihnen begegnet. Auch sie scheinen den großen Bock zu suchen.

Wir warten und warten. Der Wind ist weiterhin gut. Aber nichts rührt sich in der Gerste. Störche fallen ganz nahe ein, suchen die saure Wiese gravitätisch ab. Auch sie werden von den tapferen Kiebitzen attackiert. Im Westen zieht eine dunkle Wolkenfront auf. Nicht plötzlich, ganz allmählich, wie zufällig und fast unbemerkt hat sich der Himmel überzogen. Das Laub auf den wenigen Bäumen am linken Rand des Gerstenfeldes rührt sich nicht. Totale Windstille herrscht jetzt. Sollen wir unsere Zeit weiterhin mit Warten vertrödeln oder den Bock sein lassen und weiterfahren? Nach weiteren zwanzig Minuten entschließt Tóth sich zum Weiterfahren. Langsam hat sich der Wagen in Bewegung gesetzt. Wir fahren entlang der Grenze, am rechten Rand des Gerstenfeldes in Richtung Westen. Schon haben wir die Hälfte des Weges am Rande des Feldes zurückgelegt, als Loisi von selbst stehenbleibt. Und schon sehen wir es auch: auf etwa hundert Schritt, dort, wo das Gerstenfeld schmäler wird und der Weg, wie es scheint, breiter, dort, wo eine salzige Wiese beginnt, am Rande des Feldes, von den Halmen fast ganz verdeckt, steht ein Reh. Es äst. Das Haupt ist unsichtbar. Da es gerade vor uns ist, in Richtung des Kühlers, und ich mich, gedeckt vom Fahrerhäuschen, ungesehen bewegen kann, lege ich meinen Mantel auf das Dach vor mir und meine Büchse darauf. Man kann ja nicht wissen. Unsere Gläser sind in Bereitschaft, wir warten auf ein Aufwerfen des Stückes. Der Motor ist abgestellt, das Reh hat noch nichts von uns bemerkt. Da, endlich sehen wir das Haupt. Ein guter, aber junger Bock, vielleicht dreijährig oder ein Jahr älter, mit regelmäßigem, nicht sehr dickem, gut vereckten Sechsergehörn. Enttäuscht lasse ich das Glas sinken. Schnell noch ein Blick über das Gerstenfeld, hinüber zu den Bäumen, aber auch dort ist nichts zu sehen. Der junge Bock ist jetzt ganz auf die Wiese hinausgetreten, immer noch von den Randhalmen der Gerste verdeckt, und verhofft jetzt nach hinten. Und in diesem Augenblick erscheint etwa zehn Längen hinter ihm ein unwahrscheinlich riesiges, hohes Rehgehörn. „Das ist er, der Alte!" zischt Tóth. Das Gehörn zieht ganz langsam, wie im Zeitlupentempo in Richtung des jungen Bockes. Ich gehe in Anschlag, steche. Plötzlich sehe ich, wie der Bock die Lauscher kampflustig senkt. Ich will warten, bis beide auf die Wiese treten. Aber, durchzuckt es mich, der Alte wird den Jungen sofort über die Grenze stampern und uns dort wahrnehmen, nicht mehr zurückkommen. Ich muß also sofort schießen, bevor die wilde Jagd beginnt. Noch einen Meter zieht er dem jungen Bock entgegen, ich weiß also, daß er breit vor uns in der Gerste steht, aber ich sehe nur das Haupt und den oberen Teil des Trägers. Der junge Bock steht noch immer wie angewurzelt da. All dies hat sich in einer Viertelminute ereignet. Das Fadenkreuz geht ruhig die Trägerlinie herab und in die Gerste, dann zwanzig Zentimeter nach hinten. Ich drücke ab... Kugelschlag, Rumpeln, der junge Bock flieht über die Grenze, weit unten passiert ein weiterer schwacher Bock unseren Weg, Tóth ist unsicher, ich aber habe ein gutes Gefühl. Der Bock muß in die Gerste zurückgeflüchtet sein. Über die Grenze ist er nicht. Nun warten wir in großer Aufregung volle zwanzig Minuten. Wir hätten noch länger gewartet, aber auf einmal fängt es leicht zu regnen an. So steigen wir ab und begeben uns zum Anschuß. Schon von zwanzig Metern sehe ich mit großer Freude: Lungenschweiß! Die Fluchtfährte in der meterhohen Gerste ist leicht zu halten. Dreißig, vierzig Schritt, dann sehe ich schon den „Kessel", in dem er liegt. Langsam gehe ich vor. Und was da vor mir liegt, was ich da sehe, verschlägt mir im wahrsten Sinne den Atem, läßt mich verstummen. Vor mir liegt ein wahrer Urbock — kapital, dick, hoch, geperlt, ein Bock, wie ich ihn noch nie (außer in Ausstellungen) gesehen, wie ich ihn noch nie geschossen habe. Ein ungerader Sechser ist es, ein Hirsch von einem Bock, ein östlicher Riese, ein ganz Kapitaler, mein Lebensbock!

Ein bißchen viel zum Verdauen, ein bißchen viel für einen Tag. Aber dafür bin ich ja Photograph, dafür bin ich ja Schriftsteller. Im leichten Sprühregen verknipse ich mit Hilfe der vor Freude trunkenen Jagdgenossen fast einen ganzen Film von Farbaufnahmen. Dabei geht mir das Erlebte immer wieder durch den Kopf. Welches Glück hatte ich doch heute, welch ungewohntes, unsagbares Glück!

Heute Abend versammelt sich bei unserer Einfahrt ins Dorf ein beträchtlicher Teil der Jäger, um den Bock zu begutachten. Man gratuliert mir herzlich, man schätzt das Gewicht, das Volumen, das Alter, die Höhe. Schon im Wagen habe ich die Höhe der Krone gemessen. Sie beträgt auf beiden Seiten über achtundzwanzig Zentimeter. Der Bock ist sicher acht Jahre alt, wenn nicht älter. Die Perlen sind groß wie Fingerkuppen.

Da ich den ganzen kommenden Tag noch hier verbringen werde, bleibe ich heute länger auf. Ich schaue das Eishockey-Finale UdSSR-Canada an, schalte aber um, als es 4:1 für die UdSSR steht. Ein Rate-Quiz von hohem Niveau fesselt mich, noch mehr die Bildung und das Wissen der anwesenden, offenbar einfachen ungarischen Dorfbewohner. Aber das weiß ich ja schon seit langer Zeit. Der Ungar ist weit belesener, weit wissensdurstiger und auch im Durchschnitt gebildeter als mancher Westeuropäer. Ich möchte die Relation, die ich annehme, gar nicht verraten. Der anschließende Krimi ist im Gegensatz zu einigen west-

Bild rechts:
Vorsicht, da kommt wer...!

Bild umseitig:
Familien-Idylle

lichen frei von gesellschaftspolitischer Tendenz. Kein Wunder, er stammt ja noch aus dem Jahre 1960, und damals dachten weder Autoren noch Regisseure, am wenigsten aber Fernsehverantwortliche daran, das Volk im politischen Sinn zu beeinflussen. Hier in Ungarn, wo die Linksdoktrin die Staatsideologie ist, vermeidet man es, der Bevölkerung noch in seiner spärlichen Freizeit in der Unterhaltung Linksideen zu unterjubeln, es zu reizen. Bei uns vergeht kaum ein Tag, an dem man dies nicht tut. Wohin das einmal führen wird, kann man sich ausrechnen.

Noch am späten Abend gehe ich zum Berufsjäger hinüber, der schon vor drei Stunden das Haupt ausgekocht hat. Der Bock ist auch ausgekocht atemberaubend und überragt den von heute morgen um einiges.

Selig schlafe ich ein und erscheine erst um zehn Uhr zum Frühstück. Am Vormittag besuche ich die Städte Gyöngyös und Hatvan. Ich kaufe Bücher ein, vor allem die ungarischen Klassiker, dann Zigeunermusik-Platten und auch Halbschuhe. Außer dem Benzin ist alles noch immer, auch mit dem offiziellen Kurs, sehr billig. Ein Sturm tobt seit heute früh, und es hat stark geregnet. Auch ist es merklich kühler.

Wir hatten also auch mit dem Wetter Glück. Bei diesem Sturm wäre am Feld wenig zu machen. Dann mache ich meine Abschiedsbesuche beim Chef der Jagdgesellschaft Tóth und beim neu ernannten Jägermeister, der eine Pulle Krimsekt spendiert — „damit wir im nächsten Jahr auch Weidmannsheil haben." Józsi besuche ich in seiner Kneipe und habe Gelegenheit, festzustellen, daß sich sehr viele Zecher dort befinden. Aber keine ordinären Ausfälle, keine Zeichen von Volltrunkenheit. Dafür alte Frauen mit Kopftüchern, die ein Weinglas nach dem anderen kippen. Sehr viele trinken das schwache und durstlöschende Bier von Kőbánya. Aber auch Schnapstrinker sind da. Man hat das Gefühl, in einem ländlichen französischem Weinlokal zu sein, lauter Pullmannmützen, blaue Arbeitsoveralls, Blue-Jeans.

Die letzte Nacht schlafe ich gut, ich habe bereits alles eingepackt und lese die traurige Geschichte vom Leben des Kommunistenführers Korwin-Klein. Punkt sieben Uhr früh treffen wir uns in der Kneipe, wo die Böcke gewogen werden. Die Waage ist einwandfrei. Das Gehörn des ersten Bockes wiegt 570, das des zweiten 635 Gramm. Dieser zweite hat mehr gezeigt, ist für sein Aussehen relativ leicht. Liebevoll werden die Gehörne in Tücher eingepackt und nach einer herzlichen Verabschiedung geht es wieder in Richtung Budapest.

Inzwischen ist die Sonne aus den Wolken gekrochen, und es ist warm. Ganz Budapest ist ein Kastanienblütenmeer. Ich fahre auf die Burg hinauf, wo ich einige Aufnahmen vom linken Donauufer, von der Mathiaskirche, die ich auch besuche, und von der Fischerbastei mache.

Mit Hilfe eines Taxilotsen fahre ich hinaus auf die Balaton-Autobahn, die mich nach

Bild umseitig:
Für heute ist er vergrämt
Bild links:
Das ewig mißtrauische Leittier

Stuhlweißenburg bringen wird, von wo ich einen kurzen Abstecher nach Mór machen will, um Frau Mici meine Geschenke zu geben. Mittags bin ich in Mór und kann Frau Mici alle meine Geschenke überreichen. Dafür werde ich von ihr zu einem guten Essen eingeladen. Suppe, Eiernockerln und Salat. Sie überreicht mir ein Buch über die Geschichte von Csákberény, das 1982 ein Fremder verfaßt hat. Einer, der in der alten Zeit weder gelebt hat noch das Dorf und seine Bewohner gekannt hat. Es ist klar, daß das Buch voller Fehler und Unterlassungssünden ist.

Nun, zur Lektüre komme ich erst später, wenn ich zu Hause bin. Nach einem schlechten polnischen Kaffee (der von mir spendierte ist noch ungemahlen) verabschiede ich mich um vierzehn Uhr und fahre nach Stuhlweißenburg, wo ich auf die M8, in Richtung Veszprém—Körmend—Grenze, einbiege. Das Wetter ist schön geworden. Das Fahren ist ein Genuß. Je näher ich der Grenze komme, desto schwächer wird der Verkehr. Ich verbrauche mein letztes ungarisches Geld an einer Tankstelle bei Körmend, wo mich ein plötzliches, aber heftiges Gewitter überrascht. Bei strömendem Regen fahre ich in Rábafüzes bei der ungarischen Grenzkontrollstelle ein. Die Formalitäten sind angenehm kurz, weniger bei den Österreichern, wo ich etwas aufgehalten werde. Dann fahre ich den Umweg über Kirchberg, um die beiden frisch aus Ungarn kommenden Kapitalböcke meinem sachkundigen Freund Hubertus Rothermann zu zeigen. Seine Freude ist echt, sie verdoppelt meine eigene, und ich kehre euphorisch mit dem besten Bock meines Lebens in mein geliebtes Graz zurück.

Der Sündenbock

Im heißesten Sommer des Jahrhunderts war die Rehbrunft anfangs nicht besonders. Nach drei Wochen tropischer Hitze, die interessanterweise den Beginn der Brunft eher hinauszögerte als beschleunigte, konnte erst ein kräftiger Wettersturz mit zwanzig Grad Temperaturfall die Böcke zum Springen anregen. Nach einem Jagdaufenthalt in Güssing, Rechnitz und der ersten Phase von Dobersberg kam ich, wie alle Jahre, am 7. August bei meinem Freund Hans Hoyos in Horn an. Am ersten Tag erlegte ich am Zaingruber Feld einen uralten Gabler mit überdimensionalen Rosen. Er war mir über offenes Feld am Rande eines langen Maisackers ideal gesprungen, und ich erwartete, daß er noch näher springen würde.

Plötzlich, völlig unvorhergesehen, wechselt eine Geiß aus dem Mais, der Bock hält inne, windet, geht einige Schritte der Geiß nach, dann dreht er plötzlich um und ist durch mein Fiepen nicht zu beeindrucken, ohne auch nur einmal zu verhoffen, verschwindet er im Sagerbacher Wald. Ich bin eher enttäuscht, denn ich hätte ja auf den Stich auf etwa zweihundert Schritt schießen können, auch wenn ich solche Schüsse nicht mag. Wir blatten noch im Sagerbacher Wald, es springt ein guter junger Sechser, den ich fünfmal photographiere, dann ein Jahrlingsgabler, schließlich ein schwacher Knöpfler, den ich — obgleich eine Menge Äste und Laub in seiner Richtung sind — mit der verläßlichen 3006 im Feuer erlege. Dann versuchen wir es wieder ohne viel Hoffnung am Feld, und aus dem Wald springt wie am Schnürchen der alte Gabler und wird beim ersten Verhoffen auf etwa 150 Gänge im Stich von mir beschossen. Schönes Zeichen, Kugelschlag, aber absolut kein Schweiß, vielmehr ein einziger zehngroschengroßer Patzen Wildbret auf dem Stoppelacker. Auch im Mais kein Tropfen Schweiß, doch auf dreißig Gänge liegt mit tadellosem Schuß mein Bock. Eine Mahnung, daß Fehlen von Schweiß und „böse“ Funde am Anschuß nichts zu bedeuten haben. Man soll sich immer auf das eigene Gewehr, das Abkommen verlassen und sich nicht beirren lassen, auch wenn der Begleiter skeptisch schaut, auch wenn kein Schweiß vorhanden ist. Am nächsten Tag lehne ich die Frühpirsch ab, und um neun Uhr vormittags beginnen wir mit dem Blatten im Sagerbacher Wald. Oberförster Th. hat vor einer Dickung, die noch im Vorjahr eingefriedet war, eine Leiter aufgestellt. Hier soll ein sagenhafter Einstangler seinen Einstand haben.

Ich blatte zwei-, dreimal, nichts rührt sich. Die Sonne brennt ganz schön auf den Schlag, ich freue mich, einige Perlmut- und Zitronenfalter im Halbschatten gaukeln zu sehen. Auch Libellen sind in Mengen vorhanden, dafür von den Plagegeistern nur einige bösartige Bremsen, aber keine Gelsen. Ich lege eine Pause ein, denn hier wollen wir uns etwas Zeit lassen. Immer nütze ich die Pausen, um nachzudenken. Der langersehnte Österreichbesuch des Heiligen Vaters wird emsig vorbereitet. Meine ungarischen Landsleute im Westen wollten zu diesem Anlaß am Grabe des großen Kardinals Mindszenty, das im Dom von Mariazell liegt, eine Ehrenwache aufstellen, dies wurde aber verboten. Unverständlich. Aber es kommt noch ärger. Die sozialistische Jugend plant ein Anti-Papst-Festival am Tage des Besuches in Wien. Ein Regierungsmitglied sagt vorerst zu, bei dieser Ungeheuerlichkeit die Festrede zu halten. Religionsstörung? Gesetzlich verboten?

Österreich ist doch ein zu fünfundneunzig Prozent katholisches Land! All das schert diese Leute aber nicht. Leibchen mit „Hau ab, Papst“, unsagbar bösartige und dumme Parolen werden ungestraft vorbereitet. Kaum ein Verantwortlicher hat die Zivilcourage, im Namen des Volkes gegen diese Aktionen offen und vernehmlich zu protestieren, weit haben wir es gebracht, übel wird einem, wenn man denkt, daß dieses Land einst die Verteidigung des katholischen Glaubens an seine Fahnen geschrieben hat. Wie jeder halbwegs normale katholische Christ bin ich empört über diese in der ganzen Welt einzig dastehende, skandalöse Unverschämtheit. Aber gerade auf diesen Papst, der die Glaubensgemeinschaft aktiviert und die Christenheit begeistert wie noch kein anderer vor ihm, hat man ja auch ein Attentat verübt.

Ich blase wieder ganz zaghaft, leise, aber länger, ohne Pause in meinen Buttolo-Ruf. Es dauert einige Sekunden, dann erscheint vor mir auf etwa 120 Schritt ein semmelgelber Bock, der in rasendem Tempo auf uns zuspringt. Ich brauche Th's. Aufforderung gar nicht, denn ich sehe, es ist der Bock mit der einen hohen Stange. Doch er will nicht verhoffen. Unter dem Hochstand springt er durch, wird kurz etwas langsamer, das Fernrohr ist von semmelgelber Farbe erfüllt... im Feuer wirft es ihn (nach einem eher glücklichen Trägerschuß) ins hohe Riedgras. Ein alter, recht guter, abnormer Bock, der mich sehr freut, ebenso meinen freundlichen Begleiter. Am frühen Nachmittag tobt ein fürchterliches Gewitter stundenlang über das Horner Feld. Bösartige Blitze zucken, der Himmel ist schwarzblau über den gelben Feldern, dann und wann hagelt es auch ein wenig. Wenn dieser Himmelszauber vorbei ist, dürften die Rehe auf den Feldern austreten, eine gute Gelegenheit, sich unweit des langen Grabens anzusetzen, solange es noch regnet, um an Ort und Stelle zu sein, wenn die Rehe austreten. Th. weiß einen alten Gabler, der seinen Einstand in einem Feldgraben hat, der von zwei breiten Rainen begrenzt wird, auf denen Dornen, Disteln und Hollunderbüsche stehen. Der Bock ist ungemein heimlich, sein Einstand ist von zwei Maisfeldern umgeben, und in der Brunft wurde er nur ein einziges Mal gesehen. Man nennt ihn den „Grabenbock“. Auf ihn gehen wir also. Es ist fünf Uhr, als die Donnerstöße leiser, der Regen etwas milder wird. Schon sitzen wir im Wagen und fahren zum Zaingruber Feld. Offensichtlich fahren wir aber mit dem Gewitter, denn je südlicher wir kommen, desto stärker reget es. „Maria drei Eichen“, eingerahmt von grünen Wäldern und bleigrauen Wolken, ein weithin sichtbares Symbol unseres Glaubens. Rechts beim Gruberholz aber das Symbol der neuen Zeit. Quer durch das romantische Saafatal, durch das stille Revier meines Freundes, unweit des idyllischen Parkes wird mit großem Aufwand die Umfahrung von Horn gebaut. Stahlbetonbrücken, Trassen, gigantische Maschinen, Kräne. Böte sich nicht gerade hier, wo weniger Menschen als Maschinen eingesetzt werden, eine Möglichkeit zum Sparen „in Zeiten wie diesen“? Überhaupt schaut es düster aus mit der Sparsamkeit. Ausgenommen sind leider nur die weltbekannten Museen herkömmlicher Art.

Wir passieren Mold. Hier hat vor einigen Jahren ein Gastarbeiter vier auf den Autobus wartende Schulkinder mit einem Auto angefahren und getötet. Vier Holzkreuze und brennende Kerzen erinnern an dieses Unglück. Durch den kleinen Ort Zaingrub erreichen wir den Graben. Das Auto wird hinter einem Strohhaufen geparkt, wir beide erklimmen diesen, setzen uns bequem mit Blick auf den Graben und lassen uns anregnen. Immer weiter zieht indes das Gewitter, es dürfte jetzt über Ravelsbach stehen. Dann hört der Regen ganz auf. Im Westen ist die Gewitterfront abgeschnitten wie der Rand eines grauen Leintuches, das im rotvioletten Feuer schwebt. Schwalben umgaukeln uns, Ringeltauben fallen am nahen Stoppelfeld ein, Hasen kommen hervor. Die Erde dampft, denn die Sonne ist noch hoch. Und auf einmal ist auch „unser" Bock ausgetreten. Auf etwa 150 Gänge steht er, verhoffend, seine Decke ist braun und struppig vom Regen. Er schüttelt sich, und die Wassertropfen um ihn bilden für Sekunden einen Regenbogen. „Er ist es, der alte Gabler", flüstert Th. „Blatten Sie, vielleicht kommt er näher!" Gleich auf den ersten Fieper setzt er sich trollend in Bewegung. 100 Schritt, 80, 60... Dann höre ich auf. Prompt wendet der Bock, um langsam wegzuziehen. Wieder ein leises „Piä, piä..." Wie angewurzelt verhofft er. Und im Schuß verschwindet er im hohen Unkraut, rührt keinen Lauf mehr. Mein vierter Bock in zwei Tagen, ohne Frühpirsch, wahrlich ein Weidmannsheil. Nun ist aber der Abschuß erfüllt, und nach dem obligaten Photoaufnahmen fahren wir gemütlich nach Hause.

Die Fassade des großen Horner Schlosses wird rundum renoviert. Was so eine Adaptierung kostet, braucht man mir gar nicht zu sagen. Nach Drosendorf jetzt Horn, alles bezahlt von meinem bescheidenen, selbstlosen Freund Hans, der im persönlichen Leben sparsam, fast knauserig ist. In dieser Gesinnung wurde die Generation der Väter und Großväter, aber auch unsere erzogen. Alles für die Gemeinschaft, für den Betrieb, nichts für die eigene Person. Die „Herrschaft" fuhr zweite Klasse, aß bescheidener, oft auch schlechter als die Hausangestellten, verzichtete auf jeden Luxus, wenn die Einkünfte für Waisenhäuser und Altersheime verwendet werden konnten. Wie weit, wie meilenweit von jener „reaktionären" Gesinnung ist unsere heutige verlogene Welt, wie penetrant der Luxus mancher Neureicher, aber auch jener aus der „alten Garde", die sich dem Geld und der modisch-materialistischen Gesinnung verschrieben haben.

Und seltsam: über die Selbstlosen, Fleißigen, Sparsamen, Spendenfreudigen, Bescheidenen wird kein Wort geschrieben. Die Ehebrecher, Einheirater, Fünffachgeschiedenen, Versoffenen, Nichtstuer — eine verschwindende Minderheit (keine Elite) — aber füllen allzuoft die Kolumnen.

Obgleich mein Abschuß in Horn erfüllt ist, überläßt mir der großzügige Jagdherr für morgen einen weiteren Bock! Es ist halb zehn Uhr am Vormittag, als wir uns bei Oferförster Th. treffen. Der fleißige Beamte muß um elf Uhr beim Forstmeister sein. Wir wollen im dichten „Urwald" von Horn zwischen Gruberholz und Schlucht blatten. Hier habe ich vor Jahren im dichtesten Unterwuchs einen uralten zurückgesetzten Spießer geschossen. Die heimlichen Böcke dieses Revierteiles sind nur beim Blatten zu kriegen, wenn man gerade den Tag und die Stunde errät, wenn sie springen (wollen). — Wir biegen in Richtung Rosenburger Straße. Vor uns ein großer, neuer Mercedes. Gerade als Th. den Winker herausgibt, sehen wir, daß auch der Mercedes in die Waldstraße einbiegt. Ja, er erhöht sogar das Tempo, glaubt, uns abschütteln zu können. Th. bekommt einen roten Kopf. „Sie weiß noch nicht, daß dieser Weg eine Sackstraße ist." (In diesem Mercedes sitzt nämlich eine Frau. Mitte Vierzig, resolut aussehend, Marke „Geschäftsfrau, Chefin".) Plötzlich hält der Mercedes und wir hinter ihm. „Was suchen Sie da?" fragt der Beamte. „Dieser Weg ist für PKWs gesperrt, ist Privatbesitz." Verständnisloses Schauen, leichtes Erröten. Knatternd nähert sich ein Moped, darauf ein etwa fünfundzwanzigjähriger aufgedunsener Monteur-

Typ im blauen Overall. Noch einer also — dabei steht schon der Mercedes an, denn vor seinem Kühler ist ein Zaun.

Ich denke mir nichts dabei, aber Th. ist sofort im Bilde. „Also, Sie können schon fahren, und Sie auch", sagt er, und knurrend, brummend und knatternd entfernen sich die beiden Fahrzeuge. „Ein Rendezvous im Walde", schmunzelt der Oberförster. Auf das wäre ich nicht gekommen. Auch wir wenden und fahren den Weg zurück, dort bei den großen Eichen will Th. es versuchen. Doch was ist denn das? Hier am Seitenweg parkt schon wieder der Mercedes, dort lehnt das Moped. Der blaue Bier-Heini sitzt schon neben der — etwas derangierten — Matrone. „Brunftzeit", flüstert Th. und steigt aus. Ich möchte ihn zurückhalten, aber er waltet seines Amtes. Was er ihnen sagt, höre ich nicht, will ich gar nicht hören, beide protestieren, dann setzen sie sich in und auf ihre Fahrzeuge, und wir eskortieren sie bis an die Reviergrenze. Wütend steigt die Frau aufs Gas, der Freier kann mit dem Moped kaum folgen. Die „Sünde" im Wald ist verhindert, eine Viertelstunde der wertvollen Blattzeit vertan worden. Und wir schreiten schon auf leisen Sohlen den Seitenweg entlang, zurück zu den großen Eichen, wo der Unterwuchs zwar noch immer dicht, trotzdem aber Aussicht auf etwa zwanzig Schritt möglich ist. Ich lasse mir fünf Minuten Zeit, bevor ich zu blatten beginne. Hier muß ich sehr leise und mit Pausen blatten, weil ich ja nicht will, daß uns der Bock allzu nahekommt. Den Rücken an eine Eiche gelehnt, meine Büchse am Bergstock angestrichen, so blatte ich zwei, drei „Arien". Plötzlich ein einziger abgrundtiefer Schrecker vor uns, wie aus einem Brunnen, so tief. Aus alter Erfahrung weiß ich, daß, wenn geschreckt wird, man unbeirrt von derselben Stelle weiterblatten soll, dann ist der Bock nicht ganz im Bilde. Instinktiv habe ich mich dorthin zurechtgestellt, von wo der tiefe Ton kam. Und wieder „böou, böou...", gar nicht weit. Plötzlich, mitten in meinem Blatten, kommt ein starker junger Bock den Weg entlang, bleibt unschlüssig stehen, wendet dann und schreckt ebenfalls, dann ist er verschwunden. Jetzt liefern sich die beiden Böcke ein Schreckduell. Der mit dem tiefen Baß noch an der selben Stelle, der junge sich etwas entfernend. Ich gebe Th. den Ruf, bitte ihn, unentwegt weiterzublatten, und beschließe, den alten mit der tiefen Stimme anzugehen. Am Anfang geht es leicht, weil ich am Weg bleibe, dann gehe ich über einen alten Winterwechsel vorsichtig weiter. Da sehe ich es schon rot leuchten, und unmittelbar darauf höre ich das tiefe Schrecken. Ich gehe in Anschlag, schaue durch mein sechsfaches „Diavari". Eine Geiß ist es ganz eindeutig, eine Schmalgeiß, die nach hinten verhofft, wo geschreckt wird. Und ich stehe fünf, ich stehe zehn Minuten, während der brave Th. unentwegt weiterblattet. Jetzt sehe ich den Bock für eine Sekunde, dann verschwindet er wieder. Er zieht der Geiß nach. Nun weiß ich, wo ich ihn zu erwarten habe, warte zielend auf den freien Fleck, wo früher die Geiß gestanden ist. Noch einmal schreckt der Bock — der andere antwortet ihm schon von ganz weit —, dann erscheint seine Silhouette fast ganz verdeckt. Ich sehe ein schwarzes, niedriges, knuffiges Gehörn, dann einen Teil des Rumpfes — da muß das Blatt sein — und lasse fliegen. Noch im Schuß habe ich gewohnheitsmäßig repetiert — und ich tat gut daran, denn der Bock hat sich nicht gerührt. Nochmals zusammengeschaut. Tauch... Ich sehe Bewegung, der Bock ist abgesprungen. Aufatmend erwarte ich Th. Er sieht bekümmert aus. Zwei Schüsse so flink hintereinander, das bedeutet wahrscheinlich gefehlt, denkt er, weil in der Flucht nachgeschossen... Ich habe aber ein gutes Gefühl. Ich bin gut abgekommen, allerdings auch das erste Mal. Und heuer habe ich noch keinen Bock gefehlt. Wir gehen langsam hin. Schon von weitem sehe ich einen Schuß in einem über armdicken Stamm, etwa auf halben Weg. Wahrscheinlich der erste Schuß. Dann aber leuchtet es rot herüber, Lungen- und Leberschweiß, sogar ein Stück Leber liegt hier. Th's. Gesicht hat sich gewandelt. Schon eilt er weg, um einen Bruch zu holen, läßt mir den Vortritt zu meinem Bock. Und dieser liegt zehn Schritte weiter, verendet, mit gutem Blattschuß. Und das Gehörn. Selten habe ich mich so über einen Bock gefreut. Überdimensionale Dachrosen, ein nach hinten gebogenes, dickes, niedriges Gablergehörn, schwarz in der Farbe, ein Griff in den Äser belehrt mich: ein uralter Bock! Und der Träger? Dieser ist dünn, das Gesicht ist bunt, ein weißer, etwas länglicher Muffelfleck! Ein Bock, der sich durchgeschwindelt hat, weil man ihn — eingedenk der althergebrachten, aber inzwischen schon längst überholten und als unsicher bezeichneten Altersmerkmale — durch viele Jahre für zu jung gehalten hat. Manche Leute lassen sich ja nicht eines Besseren belehren. Der größte derzeit lebende Rehfachmann, Herzog Albrecht von Bayern, hat in seinem Werk „Über Rehe" eindeutig bewiesen, daß ein dünner oder starker Träger, das weiße oder bunte Gesicht, die schlanke oder gedrungene Gestalt, ja nicht einmal das Gebiß sichere Auskunft über das Alter geben können. Unbeirrt werden aber solche Merkmale von den „Bewertungspäpsten" als unumstößlich herangezogen, auch wenn sie sich vor den Kennern mit ihren roten Punkten lächerlich machen. Diese roten Punkte gehören sowieso abgeschafft. Der gute Jäger, der sich einmal trotz seiner Anstrengungen, seiner Bemühungen und seiner Selbstbeherrschung irren kann, kränkt sich tief, der Aas-, Trophäen- und Kühltruhenjäger kümmert sich absolut nicht darum, welchen Punkt er bekommen hat. Wozu also diese Schikane im Zeitalter der Eigenverantwortung? Viel wird über biologisch richtigen Abschuß geschrieben. Neue und alte Theorien werden beschworen, aber gut werden die Böcke meist nur dort, wo sie das richtige, geweihaufbauende Futter zu sich nehmen.

Eine Auslese, ein Altwerdenlassen ist natürlich unbedingt notwendig, auch wenn des Herzogs jahrelange Forschungen ergeben haben, daß die meisten Böcke im vierten oder fünften Lebensjahr „kulminieren".

Diesem selbstlosen Forscher, der für die österreichische Jagd so viel geleistet hat, sei an dieser Stelle innigst gedankt.

Während Th. den Bock aufbricht, denke ich schon über einen Namen für ihn nach. Ich glaube, der „Sündenbock" wäre am geeignetsten.

Bild rechts:
Getriebene Stockenten

Bild umseitig:
Damschaufler in der Au

Ein „Abschußhirsch“

Über die Grenze nach Ungarn zu fahren, ist für den alten Emigranten immer ein großes Erlebnis. Das herrliche Land jenseits des Stacheldrahtes, das der Jüngling vor 35 Jahren verlassen mußte, hat schon seit Jahrhunderten eine große Anziehungskraft ausgeübt. Der es einmal kennenlernte, kehrt mit Sicherheit dorthin zurück, der dort geboren wurde, wird es für immer als sein Vaterland betrachten. Innerhalb einer einzigen Generation sind dieses Land und seine Menschen fähig, die Einwohner zu assimilieren, zu Ungarn zu machen, sogar dann, wenn in ihren Adern kein Tropfen ungarischen Blutes fließt. Sie übernehmen die Bräuche, Sitten, Gewohnheiten und die Mentalität des Gastlandes, kleiden sich wie Ungarn, essen wie Ungarn, reden ungarisch, denken ungarisch. Von ursprünglich mongolischen Siedlern, den kleinen, krummbeinigen, sehnigen, schwarzen Eroberern, sind nur ganz wenige Typen übriggeblieben. Germanen, Kroaten und Türken sind die Urväter vieler heutiger Bewohner, aber sie alle, ob blauäugig, blond oder dunkel, ob alpin oder dinarisch, östlich oder westlich, sie alle sind Ungarn, Kinder dieses vielgeliebten, immer wieder erniedrigten, überzeugt abendländisch denkenden europäischen Landes, das nie so konnte, wie es wollte, sich immer dem Stärkeren beugen mußte, von seinem Stolz und all seinen nationalen Eigenschaften aber bis heute nichts eingebüßt hat. Und wie viele gute Eigenschaften hat der Ungar! Er ist gastfreundlich, zutraulich, großzügig und neidlos, nicht materialistisch, tapfer, selbstlos, leidenschaftlich, liebt die Familie und ist unfähig zum Klassenkampf, weil er selbst stolz und gleichzeitig tolerant ist.

Zu den westlichen Touristen, Jägern und Reisenden ist der Ungar freundlich und aufgeschlossen, die Österreicher liebt er seit 1956. Die Belesenheit und Bildung des Ungarn ist, im Durchschnitt gesehen, weit, weit höher als hier in Österreich, wo man Bücher oft nur zum Verschenken kauft. Schon in meiner Kindheit konnte ich feststellen, daß die Kutscher unter dem „Bock“ die ungarischen Klassiker verwahrten, um sich mit Petőfy, Arany, Vörösmarty und Jókai die Zeit des Wartens zu verkürzen. Seit der neuen Ära ist die Wißbegierde, eingedenk der immer gleichen Propaganda, noch größer geworden. Man liest Unpolitisches, wenn möglich Westliches, hat gelernt, zwischen den Zeilen zu lesen. Ganz Westungarn verschlingt gleichsam das österreichische Fernsehen. Dieser Tatsache müssen sich unsere Medienverantwortlichen täglich bewußt sein, denn das Fernsehen ist neben dem Rundfunk die einzige Möglichkeit für den Oststaatenbewohner, ungefilterte Nachrichten zu hören, da westliche Presse ja verboten ist. Halb Westungarn kann FS I des ORF gut empfangen, FS II aber kaum. Und gerade der Papstbesuch 1983 wurde unerklärlicherweise auf FS II gesendet.

Bild umseitig:
Morgenstimmung im Park von Schloß Eggenberg
Bild links:
Man muß in Ruhe ansprechen können

Es ist mit einem Wort ein Ereignis, wenn man als Emigrant die ungarische Grenze überschreitet. Und so empfinde ich es auch, als ich durch das Niemandsland zum ungarischen Grenzschranken fahre. Es ist Freitagvormittag, und ich muß ein wenig warten, bis sich der Schranken öffnet. Vor mir österreichische Wagen mit Booten am Dach, Deutsche, Schweizer, Italiener. Heiligenkreuz-Rábafüzes, die Straße zum Plattensee, in den dreißiger Jahren gebaut, ursprünglich aus Beton, heute aus Asphalt. Ich fahre nach Vasvár (Eisenburg) zur Hirschbrunft — auf einen Abschußhirsch.

Durch meine zahllosen Verbindungen zur ungarischen Jägerschaft ist dies möglich geworden, außerdem befinden sich seit einigen Tagen gute Freunde von mir dort, Hubertus von Rothermann, der in einem der Vasvárer Reviere vor zwei Jahren einen Kapitalhirsch erlegt hat, und Wolff Hartig, mein langjähriger Schnepfenkollege.

Als ich um vierzehn Uhr in meinem Quartier ankomme, sitzen die beiden Herren, die ebenfalls dort wohnen, gerade beim schwarzen Kaffee. Es gibt ein großes Hallo und eine freudige Begrüßung. Keiner der beiden Freunde hat noch etwas erlegt. Seit fünf Tagen ist die Brunft aber in vollem Gang, Hubi hat heute früh vier Hirsche gesehen. Leider weht ein starker Wind, seit jeher der Feind des Hirschjägers. Ansonsten ist es aber warm und sonnig. Mein Zimmer ist im ersten Stock eines modernen Reihenhauses unweit der Vasvárer Kirche, die hoch oben am Hügel steht. Vasvár ist eine kleine, 6.000 Seelen zählende Ortschaft, früher Bezirkshauptstadt, heute gibt es nicht einmal einen Polizeiposten hier. Eine schön gelegene Kleinstadt mit Geschäften, einem Kaufhaus und einer Bankfiliale. Unser Quartiergeber Tibor ist Leiter des Kaufhauses, seine Frau Magdi ist Leiterin der Bank. Überall Blumen und Zierbäume, fast vor jedem Haus Fichten. Nicht weit einige Weingärten, massenhaft Nußbäume, die sich heuer unter ihrer Frucht biegen. In meinem Zimmer befindet sich ein breites französisches Bett, ein kleines Klavier und ein erstklassiger Radioapparat der Stuhlweißenburger Firma Videoton. Ich beschaffe mir eine gute Leselampe, denn die zahlreichen Bücher in den Regalen von Tibor interessieren mich sehr. Kaum habe ich mich wohnlich eingerichtet, erscheint Dr. Rásó, der Präsident der Jagdgesellschaft, mein Gastgeber. Wir besprechen so manches, und nur wenig hat nicht mit Hirschen zu tun. Um fünf Uhr treffen wir uns im Speisezimmer zu einem Tee. Bald erscheint Kovács János, mein künftiger Pirschführer, der Geschäftsführer der Vasvárer Jäger, von Beruf Dentist, ein hagerer, großer Mann in meinem Alter. Da ich ein „besonderer" Gast zu sein scheine, wird er persönlich mein Betreuer sein. Um halb sechs Uhr allgemeiner Aufbruch. Hubi im Geländefahrzeug der Gesellschaft, Wolffi und ich in den eigenen Wagen. Kovács führt mich über ein grün angewachsenes Stoppelfeld zu einem Hochstand. Unweit führt eine Asphaltstraße vorbei. In einer U-form um das Stoppelfeld ein dichter, junger Akazienwald. Schon beim Hingehen sehe ich massenhaft Hochwildfährten, darunter schier unglaubliche Hirschfährten. Ich messe die eine mit einem Holzstück, eine spätere Vermessung ergibt zehn Zentimeter Breite! Oben am Hochstand, der nicht ideal aus Schnittholz und Prügeln verblendet ist, spürt man den Wind ganz schön. Er scheint beständig gegen die Straße zu wehen. Unweit von hier, dort bei der einsamen Eiche, hat vor einigen Jahren die Gattin eines deutschen Jagdgastes vom Hochstand aus einen 12.5 Kilo-Hirsch auf der ersten Pirsch geschossen. Sie war eine TV-Ansagerin, und es ist überflüssig zu sagen, daß dies ihr erstes Stück Schalenwild war. Da gab es und gibt es berühmte Jäger, deren Leben das Weidwerk ist, die vierzig und fünfzig Jahre den Hirschen nachgestellt haben, die keine Mühe, kein Geld, keine Zeit gescheut und mit ihrem ganzen Einsatz und ihrer Passion auf Hirsche gejagt haben und deren bester Hirsch acht Kilo hatte. Karpatenjäger haben fünf Wochen und länger erfolglos gepirscht, und diese Dame schießt — es sei ihr durchaus vergönnt — auf der ersten Pirsch einen Superkapitalhirsch. Aber so geht es zu in der Jagd, und das ist einer ihrer Reize. Hubi hat voriges Jahr in diesem Revier einen Monat lang tagtäglich in der Früh und am Abend gepirscht und nichts geschossen. Das ist etwas, das mich reizt, das ist unverfälschtes Weidwerk.

Links ist ein Alttier ausgetreten, verhofft, dahinter ein Kalb. Ohne Grund wendet es plötzlich und verschwindet. Wir hören im Akazienbestand das Krachen von Geweihen, dann und wann ein Knören, Anstreifen von Stangen, es kommt immer näher, dann verstummt es plötzlich. Anscheinend kesselt der Wind am Waldrand doch. Ganz im Finstern und in völliger Windstille verlassen wir den Hochstand und gehen zum Auto. Zu Hause warten wir auf die Freunde, auch sie haben nichts geschossen. Das Nachtmahl besteht aus Paprikahendl und Schweinsbraten, danach Apfelkuchen. Um zehn Uhr verlasse ich die Freundesrunde und lege mich schlafen. Morgen müssen wir früh aufstehen.

In der Morgenfinsternis treffen wir uns um halb fünf vor dem Haus, für meinen Geschmack zu früh, denn noch zählt die „neue Uhrzeit“, und vor halb sechs wird es kein Schußlicht geben.

Da stehen die Berufsjäger des Revieres: Der alte Laci-bácsi, der junge Jancsi und der kleine Pali. Wir fahren mit Kovács zur Reviergrenze im Osten, die von der Bahn Vasvár-Zalaegerszeg gebildet wird. Schon beim Abstellen des Wagens hören wir zahlreiche Hirsche melden. Leider melden aber fast alle jenseits der Bahn, im Nachbarrevier Oszkó, in einem unübersichtlichen Kukuruz. Unsere Hoffnung ist, daß die Rudel, über die Bahn kommend, beim Einziehen einen kleinen Waldweg kreuzen werden, auf dem wir jetzt vorsichtig vorwärtspirschen. Wenn dieser Waldweg überquert ist, empfängt die Hirsche ein etwa 600 Meter breiter Akazienjungwald, dann wieder ein Weg und anschließend eine Fichtenjugend unübersehbaren Ausmaßes. Aber die Hirsche sollen laut Kovács tagsüber im Akazienwald stecken. Wir hoffen also, einen von ihnen abzupassen. Links meldet dann und wann ein Hirsch mit guter, tiefer Stimme. Er dürfte nicht weiter als 200 Schritt im Kukuruz stehen, kommt immer näher. Doch Wind ist aufgekommen, Westwind zwar, aber der Hirsch verstummt, wir pirschen weiter und versuchen es mit dem zweiten. Dieser hat eine ganz unverkennbare Stimme. Er sagt nur ganz selten „ööüühh...“ Ein Morgenzug passiert den Brunftplatz, die Hirsche verstummen nicht. Dann kommt ein zweiter, der Personenzug von Kanizsa, fast leer (es ist ja Samstag), wir nützen den Lärm des ratternden Zuges und postieren uns am Damm neben einer Telegraphenstange. Doch diesmal verstummt der Hirsch, meldet sich später weit im Kukuruz, wird also nicht in den Wald wechseln. Im Westen wird es langsam grau, dann grünlich-golden und schließlich orangerot. Keine Wolkenbank liegt über dem östlichen Horizont, aber weiße Nebelschleier huschen schlampig über das riesige Maisfeld. Und als ich mit dem Glas dieses Feld ableuchte, sehe ich plötzlich eine Sechserkrone sich wippend von uns entfernen. Der mit der „faden“ Stimme ist also ein Kapitalhirsch. Was er links hat, weiß ich nicht ganz genau, aber sicher vier Enden in der Krone. Rechts die Achtzehnerkrone, sonst sieht man wenig. Er entfernt sich, ist schon auf 500 Meter, ein unvergeßlicher, fabelhafter Anblick! Als es licht wird, haben sämtliche Hirsche zu melden aufgehört, wir schreiten langsam zu unserem Wagen zurück. Überall liegen Äpfel und Birnen, zertretene Nüsse, überreife Zwetschken. Westungarn, Ostösterreich — ein Land, eine Gegend. Vasvárs Umgebung gleicht der Oststeiermark bei Fürstenfeld oder dem südlichen Burgenland. Im Gegensatz zu Österreich gibt es aber hier keinerlei Streusiedlungen. Zwischen den einzelnen Ortschaften ist es absolut menschenleer. Das ist auch der Grund, warum in diesem coupierten Gelände so viel Hochwild steht. Nach dem Frühstück mit den Weidgenossen, die viel gesehen, aber nichts geschossen haben, fahre ich nach Szombathely (Steinamanger), um mich bei der Polizei anzumelden. Breitschultrige Gestalten mit Gummiknüppeln und Pistolen, russische Schulterstücke, wie sie Polizisten in Oststaaten haben. Sie sind sehr höflich, ich muß aber lange warten, weil es Samstag ist und nur ein Journaldienst die Anmeldungen erledigt.

Nach kurzem Schlaf treffen wir uns wieder im Speisesaal. Der Wind hat wieder angefangen, wird am Nachmittag zum Sturm. Wir fahren mit Kovács einige Kilometer von Vasvár weg, biegen über einen Feldweg zu einem Wald und parken dort auf einer etwas sumpfigen Wiese. Eine lange, schmale Wiese ist in einen seichten Graben zwischen einem Bach (der am Rande eines Hochwaldes von Schilf umzäunt wird) und einem Streifen Akazienwald eingebettet. Hinter dem Akazienstreifen liegt ein unübersichtlicher riesiger Maisdschungel, der von Hochwildfährten aufgeackert und mit Wildschäden übersät ist. Der starke Wind ist nur hier beim Auto gut, je weiter südlich wir gehen, desto schlechter wird er. Es gibt hier weder einen Hochstand noch einen Pirschsteig, wir zwängen uns hinter die Akazien am Rande des Maisfeldes durch. Langsam und mühsam bahnen wir unseren Weg zwischen Maisstengeln und dornigen Ästen, umkreist von bissigen Schnaken. Endlich kommen wir an eine Biegung des Wiesentales und setzen uns hier in der Nähe des Sumpfes an, damit wir das ganze Gelände übersehen können. Ich sitze auf meinem Wettermantel, Kovács auf einem kleinen Sessel.

Der Wind ist nur gegen Süden hin gut, aber da erwartet er das Durchwechseln des Rudels. Hin und wieder hören wir einen Hirsch mit tiefer Stimme trenzen, weiter oben meldet sich bald ein zweiter. Der Wind ist weiterhin stark. Bald verschweigen die Hirsche. Wir sehen einige Rehe, einen Fuchs und zwei Katzen. Bevor das Schußlicht schwindet, überquert ein Spießerhirsch das Tal, 200 Meter weiter ein Tier und ein Kalb. Das erwartete Rudel mit dem alten Hirsch, den Kovács kennt, bleibt unsichtbar. Als wir die drei Kilometer zum Auto zurückgehen, fangen die Hirsche wieder zu melden an. Beim Starten bleibe ich hängen, die Wiese ist abschüssig, ich kann nicht hinauf zum Feldweg.

Ich fahre zuerst rückwärts bergab, gebe Vollgas und komme dann, ganz einschlagend, mit Schwung hinauf zum Feldweg. Wir sind gerettet. Der Wind hat aufgehört, es ist sehr warm geworden, ein Wettersturz steht vor der Tür. Die beiden Freunde sind ebenfalls ohne Weidmannsheil heimgekommen.

Am nächsten Tag gehen wir noch im Finstern etwa zwei Kilometer durch einen Hochwald über einen ganz verwachsenen Waldweg. Dann kommen wir auf die Felder und beziehen am Rand einen Hochstand. Die riesige Maistafel vor uns ist abgemäht. Als wir unbemerkt den Hochstand erklimmen, ist das Schußlicht noch weit. Unten, dort wo der Mais noch steht, röhren zwei Hirsche, doch verstummen sie ganz, als es licht wird. Auf dem

Maisstoppel tummeln sich lediglich acht Rehe, darunter ein alter Bock mit hohen Stangen. Kein Stück Hochwild läßt sich sehen. Wenn Kovács gehofft hat, daß die Rudel vom Mais in den Wald ziehen würden, so hat er sich auch heute getäuscht. Um halb acht Uhr baumen wir ab und begeben uns zu unserem Wagen. Im Wald gestochen frische Fährten eines wahrhaft urigen Hirsches. Die Länge der Trittsiegel beträgt 12.6 Zentimeter. Diese Fährte haben wir beim Schein der Taschenlampe in der Früh noch nicht gesehen. Ein äußerst schwieriges Revier, kein Wunder, daß Wolffi heute auf seiner zwanzigsten Pirsch nichts geschossen hat. Aber gerade das ist so reizvoll, denn daß die starken Hirsche da sind, verraten ja ihre Fährten. — Mittags Eintrübung, Gewitter und Sturm. Die Gewitter kommen und gehen, umkreisen uns, nußgroße Hagelkörner fallen, aber ganz spärlich, es wird kühl. Vielleicht heute nachmittag! Der Sonntagsgottesdienst gibt mir ein Stück meiner Kindheit zurück. „Vater unser", Glaubensbekenntnis unverändert, das Gebet zum heiligen Michael nicht abgeschafft, es ist die Rede von der Auferstehung des Fleisches und von der Hölle. Es gibt das „Herz-Jesu" und das ewige Licht, keine Entbarockisierung. Die Wallfahrtskirche von Vasvár ist pumpvoll, alle singen, falsch und einstimmig zwar, aber schön und andächtig.

Ich lese am Nachmittag ein Buch von Fekete István über Kittenberger, eines, das ich auch beim Jäger Jóska in Ödenburg gesehen habe. Dann versuche ich mich am alten Klavier (der Firma Petrof). Ich habe seit 1948, als ich mir das Spielen selber beigebracht habe, kaum mehr gespielt. Die Kinder Tündi und Tibi bewundern mein klägliches Spiel. Dann wieder lange Gespräche mit den Hausleuten über Gott und die Welt. Hier fühle ich mich gut und zufrieden. Ich besuche das Haus, in dem 1664 nach der gewonnenen Schlacht von St. Gotthard-Mogersdorf der Friede von Vasvár geschlossen worden ist. Ein achtzigjähriger Doktor führt uns. Mascherlkrawatte, altösterreichische Manieren, kleine Rente. Die Augen sagen alles, der Mund schweigt.

Noch bei Gewitter fahren wir mit Kovács nach Petőmihályfa, wo wir am Rande eines Weizenfeldes parken. Noch tobt das Gewitter, wir wissen nicht recht, sollen wir im Auto bleiben oder schon aufbaumen. Endlich siegt die Passion, und wir gehen mit Wettermantel, Spektiv, Gummipolster, Plastikhose und Gewehr im Futteral zum Hochstand. Rund um diesen das Feld. Vorne ein Graben, rechts ein Hügel, weite Aussicht. Vor uns am Rande des Feldes ein Hochwald mit Unterwuchs, knapp davor ein Bach, der von Weiden und Pappeln flankiert wird. Drinnen im Wald melden drei Hirsche schon um sechs Uhr. Also vielleicht heute! Das Gewitter hat sich verzogen, der Wind ist gut. Der eine Hirsch scheint näherzukommen, die anderen zwei entfernen sich auf die andere Seite des Waldes, wo ein Maisfeld steht. Halbrechts vor mir in der Senke ist hohes Gras mit Buschwerk, das sich den Rain entlang fast bis zum Hochstand zieht. Rechts hinauf sieht man etwa hundert Meter, dann ist ein Riegel, dahinter geht das Feld weiter. Wir sitzen und warten. Halbrechts nähert sich das Röhren des Hirsches langsam, aber ständig. Wir nehmen an, daß er bei einem Rudel ist. Nun hört man ihn schon überriegelt in der Senke. Oder bereits am Feld? Plötzlich erscheint rechts gegen den Himmel die Silhouette eines Hirsches. Eng gestellt, hoch, rechts Sechser mit langem Spieß, links Achter, nur einen Moment bleibt er, dann verschwindet er, wie er gekommen ist. Der etwa sechs Kilo schwere Hirsch scheint ein Beihirsch zu sein, als Abschußhirsch würde er gut passen. Unmittelbar hinter ihm erschallt nun das Röhren „unseres" Hirsches. Er ist also nicht vor uns, sondern rechts überriegelt ausgetreten. Dann ist längere Zeit Pause. Links sind fünf Rehe ausgetreten, teilweise schon ganz verfärbt, aber kein Hase, kein Fasan ist zu sehen. Es wird düster, ist schon zwanzig nach sieben, als plötzlich genau dort, wo früher der Achter stand, sich zwei mächtige Kronen über den Horizont schieben, dann das ganze Geweih, der ganze Hirsch. Er legt das mächtige, lange Geweih nach hinten und schreit uns an, keine hundert Schritt vom Hochstand entfernt. Ein ganz starker Hirsch, doch nach der Gestalt noch nicht reif genug. Nun tut er sich nieder, wälzt sich hin und her, bleibt kurze Zeit unbeweglich, dann wird er hoch und kommt immer näher. Mit meinem lichtstarken Glas kann ich ihn gut ansprechen. Mindestens Sechzehnender, die Stangen lang und dick, ein zehn-Kilo-Hirsch — und er steht auf 60 Schritt vor uns am freien Feld.

Plötzlich, ohne jeden ersichtlichen Grund, wirft er auf, macht einige Schritte, unschlüssig, fast wie im Stechschritt, wird flüchtig, verhofft noch einmal am Horizont, und dann verschlingt ihn die Dunkelheit. Irgend etwas ist ihm unheimlich geworden, aber uns kann er nicht bemerkt haben, denn wir haben uns nicht gerührt, und der Wind ist gut. Zu Hause empfängt uns die Freudensnachricht, daß Freund Wolffi endlich seinen Hirsch geschossen hat. Unweit der Stelle, wo wir gestern früh neben der Bahn erfolglos gepirscht und wo so viele Hirsche geröhrt haben, hat er sich nach dem Regen auf einem im Wald eingebetteten Stoppelfeld angesetzt, hoffend, daß die Hirsche austreten oder darüberwechseln würden. Und nach einer Stunde des Wartens ist ein Schmaltier erschienen, bald dahinter ein starker Hirsch. Noch bevor sich Jäger und Schütze einig geworden sind, ist mit großem Getöse ein Schnellzug vorbeigefahren. Das Tier ist flüchtig geworden (es war ja heller Tag und die Entfernung bis zur Bahn sechzig Meter), der Hirsch hat im Stich verhofft, das Kommando zum Schießen ist erteilt worden und im Feuer (auf den Stich geschossen) hat es den Hirsch niedergeworfen. Der erfahrene Jäger hat repetiert, eingestochen und auf den Hirsch gezielt, so wie man es bei im Feuer fallenden Stücken immer tun soll. Und tatsächlich ist wieder Leben in den Hirsch gekommen, er hat geschlegelt, das Haupt im nassen Erdreich hin- und hergeworfen, ist plötzlich hochgeworden und auf unsicheren Läufen gestanden. Da hat schon der Schuß geknallt, worauf der Hirsch auf Blattschuß gezeichnet hat und über freies Feld etwa achtzig Schritt geflüchtet ist, so als wäre er vorher nie gelegen. Dann — unweit der Bahn — ist er zusammengebrochen. Der erste Schuß war ein Trägerschuß, der zweite ein Blattschuß. Der Trägerschuß hat nur einen Halswirbel gestreift, weder Luftröhre, noch Schlagader getroffen, aber die Speiseröhre durchschlagen. Der Hirsch wäre weiß Gott wohin geflüchtet, um mit Sicherheit irgendwann zu verludern. So ist aber alles gut ausgegangen, und die Jäger, Weidkameraden und Jagdherren freuen sich über das Weidmannsheil. Nach dem Abendessen wird der Hirsch geliefert, und wir bewundern ihn. Morgen wird er photographiert werden. Wie sich später herausstellt, wiegt er frisch 7.9 Kilo, ist ein gerader Sechzehnender und neunjährig. Lange wird er noch totgetrunken, dann gehen wir zufrieden schlafen. Wolffi wird morgen abreisen, er ist seit zwölf Tagen hier. — In der Nacht starke Abkühlung und Regen. In der Früh weht ein beständiger Westwind, wenn er nicht wäre, hätten wir sicher Nebel.

Wegen der Wetterlage beschließen wir, uns auf einem geschlossenen Hochstand auf der Kreuzung einer Allee anzusetzen. Bei völliger Finsternis sind wir oben und frieren wegen des Windes erbärmlich. Man hört kaum Röhren. Ich sehe einen Schnepf, sieben

Eulen, einen Fuchs, drei Überläufer, einen Rehbock und ein Schmaltier. Unverrichteter Dinge steigen wir vom Hochstand und fährten dann den Revierteil ab. Das Hochwild ist aber nicht über die Allee in den Wald gekommen. Es steckt entweder im Akazienwald oder im Kukuruz. Beim Frühstück sind wir noch alle beisammen, dann verladen wir Wolffis Hirsch. Er wird zum sogenannten Römerwall gebracht, wo er unter einer alten Eiche von groß und klein photographiert wird. Hubi bleibt zu Hause, Wolffi verabschiedet sich. Hubi hatte wie immer großes Pech. Da mit gutem Wind im Akazienwald vor ihnen ein Hirsch mit tiefer Stimme unablässig meldete, beschlossen sie, ihn mit Jancsi anzugehen. Jancsi röhrte und schlug mit dem Stock auf die Äste, der Hirsch antwortete, sie kamen auf zwanzig Schritt an ihn heran, sahen mächtige Stangen, lange Enden, doch Hubi konnte nicht schießen. Als sie zurückgingen, verschwand eben ein kapitaler Hirsch, fünfzig Schritt vom Hochstand entfernt, mit seinem Rudel im Wald. Er hatte, während Hubi und Gefolge auf den anderen Hirsch gegangen waren, das ganze Feld überquert und wäre vom Hochstand leicht zu schießen gewesen. Die Jäger schätzten ihn auf zehneinhalb Kilo.

Heute mache ich einen kleinen Bummel durch die Ortschaft. Jeder kennt mich schon, viele reden mich an, sie wissen, daß ich ungarisch kann und ehemaliger Gutsbesitzer bin. Umso freundlicher sind sie. Jeder nennt mich „Gróf úr", was mir gar nicht recht ist, was ich aber nicht ändern kann. Die Kinder zeigen mir ihre Plastikpistolen und fragen mich, wie man mit einer Pistole schießt. Mein Polo-Classic wird fachmännisch bestaunt. Der Kolchosenführer besitzt einen Wolga, alle anderen Freunde fahren Trabant oder Wartburg — die Volkswagen des Ostens. Überall sieht man diese unbequemen Blue-jeans, Plakate, die „aerobic" anpreisen, trommelnde Kastratenmusik. Alles das dürfen sie aus dem Westen übernehmen, nur die westliche Freiheit ist ihnen untersagt. Ein völlig fremder Malergeselle, der die Fassade eines Hauses streicht, erzählt mir, daß die Russen aus ihren abgeschirmten Kasernen (das sind moderne Häuser, in denen die Offiziere mit den Familien wohnen und die meist in Wäldern versteckt sind), nicht herausdürfen. Schon das Wachestehen am Tor des Areals ist begehrt, da sieht man wenigstens etwas vom Leben. Freiwillige Abgeschirmtheit mit Rücksicht auf die nationale Seele der Ungarn? Ich komme ins Gespräch mit einem Verkehrspolizisten, der mir ohne jede Hemmung Antwort gibt und überhaupt nicht erstaunt ist, daß ich fließend ungarisch spreche. Er sagt, daß es in letzter Zeit viel Ärger mit österreichischen Verkehrsteilnehmern gibt. Viele halten die Geschwindigkeitsbeschränkungen nicht ein, einige sind alkoholisiert und undiszipliniert. Mit den Westdeutschen geht es viel besser. Sie halten sich an die Anordnungen.

Ich kaufe im Kaufhaus meines Herbergsvaters ein. Eine erstklassige Sonnenbrille 90 Ft., ein paar Luxus-Halbschuhe 430 Ft. (etwa 200 S), Bücher 30 bis 70 Ft., Schallplatten (wieder Aerobic) 40 bis 80 Ft. Das Kaufhaus ist mit Waren überfüllt, aber nicht immer mit Waren, die man braucht. Im Lebensmittelgeschäft nebenan riesige Zitronen, sonst nur Obst aus dem Lande. Herrliche Würste, Schokolade beschränkt, viel Gemüse, genügend Fleisch. Modern sind weiße Halbschuhe und weiche Strandhüte.

Am Abend begeben wir uns wieder dorthin, wo wir gestern gewesen sind. Das Wetter ist gut, der Wind paßt. Ganz spät beginnen zwei Hirsche vor uns im Bestand zu röhren, kommen aber nicht näher. Noch bei gutem Schußlicht treten links auf etwa hundertachtzig

Meter ein junger Sechser und vier Tiere aus. Der Hirsch kümmert sich nicht um die Tiere, die dort äsen, neun Rehe sind ausgetreten, das Hochwild stört sie nicht.

Beim Abendessen sind Hubi und ich allein, er ist voller Hoffnung zu „seinen" zwei starken Hirschen von heute früh hinausgegangen, hat aber außer einem Tier nichts gesehen. So ist das Vasvárer Revier — wie seinerzeit in Csákberény. Nur in seltenen Fällen kann man hier einen Hirsch wirklich bestätigen, zu unruhig sind die Rudel, sie wechseln ständig ihre Einstände.

13. September, Dienstag. In der Früh sind wir bei herrlichem Wetter in das weit entfernte Revier Gersekarát gefahren. Es ist der Revierteil, in dem Hubi vor zwei Jahren seinen Kapitalhirsch geschossen hat. Bei völliger Dunkelheit steigen wir aus dem Auto und pirschen vorsichtig einen Weg entlang zu einem Hochstand. Links röhren drei, rechts zwei Hirsche. Der eine ist gar nicht weit. Wir passieren eine Lichtung, dann ein schmales Feld und sind endlich an der Ecke eines Waldes beim Hochstand angelangt. Vor uns halbrechts vorne und links ein Stoppelfeld, in dessen Mitte eine Strohtriste steht. Wir erklimmen den Hochstand. Vorne röhrt ganz nahe ein Hirsch. Plötzlich erscheint er hinter der Triste und steht (noch ganz im Dunkeln) frei auf dem Feld. Mit den guten Gläsern können wir ihn erkennen. Es ist ein Hirsch mit langem Geweih und guter Krone. Mehr sehen wir nicht. Ich halte ihn eher für einen Beihirsch. Er meldet ununterbrochen, während im Bestand dann und wann eine griesgrämige Stimme ganz kurz antwortet. Noch bevor das Licht so gut ist, daß wir ihn ansprechen können, zieht er langsam an uns vorbei in den Bestand. Es war sehr aufregend. Ich glaube schon, daß ich ihn trotz der Dunkelheit getroffen hätte.

Nun wird es langsam lichter, und wir übersehen die linke Seite bis weit hinüber. Es ist ein herrlicher Morgen, kühl und windstill. Die Hirsche röhren wie verrückt. Eine ganz alte, tiefe Stimme auf etwa 500 Meter interessiert uns. Dort ist zunächst ein tiefer Wassergraben, dann eine Erlenkulisse, weiter ein Feld auf der Anhöhe und dahinter ein ganz kleiner Graben mit dichtem, dschungelartigem Bewuchs. Es sind Erlen, Pappeln, Akazien, völlig durch Schlehdorn und Jungakazien sowie Hollunder verfilzt. Kurz erblicken wir zwei starke Hirsche, die miteinander kämpfen, dann sind sie überriegelt. Drei Tiere äsen ungerührt daneben. Da sehe ich plötzlich einen starken Hirsch mit einem Tier röhrend in den kleinen Graben hineinwechseln. Das ganze spielt vielleicht auf 700 Meter Luftlinie. Bevor wir aber einen Plan fassen können, erscheinen mit lautem Gebell zwei Dorfköter und untersuchen vor uns die Fährte des in der Früh gesehenen Hirsches. Als weiter unten ein Hirsch zu melden beginnt, legen sie den Kopf schief und horchen wie gebannt hinüber, dann packen sie zusammen und laufen in Richtung des meldenden Hirsches. Kovács schäumt vor Wut. Leider können wir die Hunde nicht erlegen, weil sonst das ganze Gebiet verschreckt wird, sagt er. Ich bin nicht ganz dieser Meinung, denn ein Schuß — ohne Zusammenhang mit dem

Bilder rechts:
Oben und unten: Einfallende Enten in Darvashalom
Bild umseitig:
Graugänse im Seewinkel

Menschen — stört nicht, die jagenden Hunde jedoch sehr. Die Hirsche verstummen einer nach dem anderen, und uns bleibt nichts anderes übrig, als vom Hochstand zu steigen und zum Auto zurückzuschlendern. Auf dem ersten kleinen Feld (es gehört einem Privatbauern) steht ein Fuchs und äugt uns an. Er hat eine Lunte, wie ich sie noch nie gesehen habe, buschig, am Ende rund und ohne weiße Spitze. Er hält aus, ich könnte ihn dreimal schießen. Dann setzt er eine Brante vor die andere, und mit hoch erhobenem Kopf und erhobener Lunte entschwindet er langsam in der Morgensonne. Guter Dinge fahren wir nach Hause. Hubi Rothermann hat wieder kein Weidmannsheil gehabt.

Am Nachmittag sind wir schon um 17 Uhr auf einem Hochstand postiert, von wo wir den kleinen Erlengraben übersehen können, wohin der anscheinend alte, starke Hirsch eingewechselt ist. Vor uns ein Stoppelfeld, langgezogen, abschüssig, es mündet weit unten in eine große Wiese, die wiederum an einen Auwald grenzt. Weiter hinten große, zusammenhängende Eichenwälder mit Unterwuchs. Hinter uns ein schmaler Föhrenwald, links der erwähnte schmale Erlengraben, dessen uns zugewandte Seite an seiner nähesten Stelle auf etwa hundert Meter ist, die drübere auf etwa 200 Meter, südlicher und nördlicher aber weiter. Kaum haben wir uns hier oben im hellen Sonnenlicht eingerichtet, als unten im Graben Geweihschlagen und ein kurzes Knören zu hören sind. Er ist also da, trotz der Hunde von heute früh. Hier würde er uns, falls er überhaupt ausziehen sollte, kaum auskommen. Aber wer weiß es? Drüben im Hochwald röhrt ein Hirsch mit tiefer, böser Stimme, und er bekommt sofort eine kurze, ungnädige Antwort vom Graben her. Nach einer Stunde, in der der Hirsch selten, aber immer wieder meldet, erscheint auf der einzigen kleinen Lichtung des Grabens ein Spießer und zieht südlich weiter. Der Hirsch scheint jetzt weiter nördlich im Graben zu sein, wenn er so weitermacht, ist er für uns verloren, denn dort droben wird der Graben breiter, grenzt an den Föhrenwald. Er könnte hier ungesehen auf den Kukuruzstoppel ziehen, wo ganze Stritzel liegen, was sicher ein Anziehungspunkt für die Tiere ist. Es tritt eine Pause ein, doch als der Hirsch wieder einmal knört, ist es wieder weiter südlich und näher zu uns. Unten antwortet die tiefe Stimme, im ganzen Umkreis beginnen fünf Hirsche zu melden. Da und dort sehen wir auf den Feldrändern Tiere, auch schwache Hirsche, aber meistens sehr weit entfernt. Inzwischen ist es sieben Uhr geworden, und unter uns im Graben tut sich entschieden etwas. Prasselndes Geweihschlagen, Sprengruf, Knören, Anstreichen von Stangen und Mahnen eines Tieres. Doch der Hirsch denkt nicht daran auszutreten, obgleich weit unten auf der drüberen Seite jetzt zwei Tiere und der Spießer ausgetreten sind. Plötzlich steht mitten auf der Lichtung ein Schmaltier und äugt zurück. Lange tut sich nichts, nur brechende Äste und leises Knören. Dann röhrt der Hirsch einmal laut, und im selben Augenblick ist mir, als ob ich die Bewegung des Hauptes gesehen hätte, wie der Hirsch es beim Röhren zurück-

Bild umseitig:
Gegen den Wind fallen sie ein

Bild links:
Der König der Lüfte

wirft. Kovács hat das Tier gesehen, aber nicht die Bewegung. Dann schiebt sich ein riesengroßer gelblicher Hirsch mit stierartigem Träger und einem langen, endenarmen Geweih über die Lichtung, diese fast ganz ausfüllend. Bevor wir ihn ganz ansprechen können, ist er bereits spitz von hinten, und als ich die dicken Stangen und die mächtige Gabel registriere, kommt auch schon der Befehl zum Schießen. Aber spitz von hinten schieße ich nicht, auch wenn es ein leichter, tödlicher Schuß wäre, ist der Hirsch ja im Wildbret riesengroß und das ganze spielt sich auf knappe 150 Schritte ab. Dann ist die Vision vorbei, und jetzt röhrt der Hirsch auf der drüberen Seite des Grabens am offenen Feld, allerdings für uns durch die Kronen der Randbäume völlig verdeckt. Wir sagen kein Wort, aber etwas enttäuscht sind wir doch. Auf jeden Fall ist der Hirsch jetzt bestätigt. Falls wir ihn doch sehen, noch bevor das Schußlicht schwindet, gilt die Devise „Feuer frei!“ — Es wird aber dunkler und dunkler. Die Scheibe des Mondes leuchtet am blaugrünen Sternenhimmel, auf dem Stoppelfeld könnten wir den Hirsch aber noch gut sehen. Da ist es uns, als ob sich der untere Hirsch, der mit der bösen, tiefen Stimme, näher gemeldet hätte, bereits auf der sauren Wiese außerhalb des Auwaldes. Und wahrhaftig, dort steht er ja, mit freiem Auge ein dunkler Strich, mit dem Glas ein starker Hirsch, der im Stich gerade auf uns zuwechselt. Jetzt ist er auf 300, gleich darauf auf 200 Schritt. Wütende Antwort aus dem Graben wird ihm zuteil, nun verhofft der Ankömmling auf 150 Schritt, und wir können ihn gut ansprechen. Sechzehn- oder Achtzehnender, mittelstarker Träger, hocherhobenes, jugendliches Haupt, aber stark, ja kapital. Ich kann mich kaum von diesem Anblick trennen, und ähnlich ergeht es meinem Pirschführer. Da blicke ich wie zufällig nach links zum Graben und... Heiliger Hubertus, da steht ja unser Hirsch brettelbreit am Rand und schreit dem Störenfried seinen Zorn entgegen. Jetzt ziehen die beiden Hirsche langsam und wütend schreiend aufeinander zu. „Bitte schießen“, flüstert Kovács mit halb erstickter Stimme. Ich hebe die Büchse, lege meinen Filzhut auf die Brüstung des Hochstandes, suche im Fernrohr den Hirsch, sehe aber nichts. Es ist dreiviertel acht, der 13. September, der Mond blendet mich auf der Okularlinse. Näher mit dem Kopf, ja, da steht er ja auf 100 Schritt, so groß wie ein Stier, und röhrt. Langsam fahre ich von unten ins Blatt und ziehe ab. „Klick...“ Gesichert! Mächtig sind die Stangen und lang, der Hirsch hat nichts vernommen, zieht weiter auf den Rivalen zu. Nicht schnell, mit halb gesenktem Haupt und stetig, ein unheimlicher Anblick. Schon bin ich wieder in Anschlag, jetzt verhofft er kurz, der andere Hirsch ist auf zehn Schritt herangekommen und abermals ziele ich, kaum meiner Sinne mächtig, aber mich zur Ruhe zwingend, langsam von unten ins Blatt.

Im Feuerstrahl des Schusses sehe ich nichts, höre aber den Kugelschlag deutlich, ebenso Kovács. Er glaubt, daß der Hirsch abgesprungen ist, ich glaube, daß er im Feuer gestürzt ist. Mit dem Glas sehe ich ihn dann liegen, den Rücken zu uns, das mächtige Geweih ragt hoch hinauf. Doch was ist das? Das Geweih bewegt sich, er bewegt sein Haupt. Schnell bin ich wieder in Anschlag und setze ihm eine Kugel von hinten auf den Halsansatz, worauf er regungslos liegenbleibt.

Meine Hände zittern, mein Puls flattert, mein Atem pfeift. Jetzt schüttelt mich nachträglich das Hirschfieber, aber wie! Dann nehme ich meine Taschenlampe und steige hinunter, gehe dann die 117 Schritt bis zum Hirsch. Da liegt jetzt der uralte Kämpe. Der erste Schuß sitzt tadellos am Blatt, vielleicht ein wenig hoch. Die Stangen sind lang (112 cm), die Augenenden mächtig (46, 48), die Rosen kapital (28, 29), der Umfang der Stangen bis hinauf unglaublich (17 und 18 cm). Ein Hirsch nach meinem Geschmack, ein Abschußhirsch zwar, denn rechts zeigt er nur acht, links ein ganz hochgerücktes Mittelende und eine ganz kurze Krone, aber ein Kapitaler, mein bester Hirsch bisher, mein Lebenshirsch! Er hat 190.70 Nadlerpunkte erzielt und damit die alte ungarische Silbermedaille, ist somit ein Hirsch, wie ihn Großpapa in fünfzig Jahren und mein Vater in fünfundzwanzig Jahren nie geschossen hat. Er wird auf etwa 14 bis 16 Jahre geschätzt, seine Grandln sind nur noch „Nadeln", sein Wildbretgewicht beträgt ohne Haupt 203 Kilo.

Was soll ich noch viel erzählen? Der nächste Tag vergeht mit Photographieren, Vermessen, Auskochen, wobei ich darauf achte, daß die Geweihstangen nicht vom rötlichen „Fege-Bast" gesäubert werden. Die Waage ergibt mit kleiner Hirnschale ein Gewicht von 9.40 Kilogramm. Mit der großen hat er knapp 10 Kilo. Ein Abschußhirsch, wie er im Buche steht, wie man ihn auf Trophäenschauen kaum noch sieht, wie ihn jeder wahre Jäger erträumt, ein Hirsch, der mehr Freude bereitet als ein mittelalter Sechzehnender.

Am Abend schieße ich noch einen Überläuferkeiler am Ansitz, sehe mit meinen Wirtsleuten das österreichische Fernsehen, und am nächsten Tag verabschiede ich mich von diesem ungarischen Revier, von den gastlichen Freunden und all den guten, mir ans Herz gewachsenen ungarischen Menschen. Am Nachmittag bin ich zu Hause und kann nun lange Zeit träumen — von einem einmaligen, noch nie erlebten herrlichen Brunfterlebnis.

Entenstrich zu dritt

Für heute nachmittag ist ein Entenstrich am Teich von Schloß Hainfeld geplant. Die Jagdherrin, Cleo Hammer-Purgstall, hat nur drei Schützen dazu eingeladen, meinen Bruder Maxi, seinen ältesten Sohn Philipp und mich.

Einen Monat lang ist der Hainfelder Teich ungestört geblieben. Seit der ersten Entenjagd am fünften September herrscht paradiesische Ruhe, höchstens gelegentlich gestört durch Amateur-Vogelbeobachter, die ungetarnt an den Teichrand herangehen und die Enten hochmachen. Die grausliche Blechschlange zwischen Fehring und Feldbach, die ihresgleichen sucht, stört hingegen die anpassungsfähigen Enten überhaupt nicht. Es sind inzwischen schon einige Zugvögel eingetroffen, so die Bekassinen, die Krick-, Moor- und Tafelenten sowie ein Dutzend Kormorane, die sich zusammen mit zahlreichen geschützten Reihern seit Wochen an den Fischen delektieren und überhaupt keine Scheu zeigen.

Den Naturfreund freut es, wenn in der heutigen Zeit manche Vogelarten zunehmen.

Entenjagd! Wie hat uns dieses Wort in meiner frühesten Jugend elektrisiert. Es war verbunden mit Ikrény, wohin wir alle Jahre im Spätsommer gefahren sind, um mit Vater die Enten zu bejagen. Die Erinnerung haftet unauslöschlich im Gedächtnis, erstens durch Bilder, die man niemals vergessen kann, und zweitens durch die Gerüche, die sich so haltbar einprägen, daß durch sie wiederum neue Bilder der Vergangenheit abgespult werden können. Der Geruch des sommerlichen Getreidefeldes, des grünen Schilfgürtels, des moorigen Wassers, der im Wind silbrig vibrierenden Pappeln. Der Geruch blühender Maisfelder und des immer hochwirbelnden Staubes altungarischer Landstraßen.

Doch Hainfeld, dieses Märchenschloß in der Nähe von Feldbach, mit seinem einzigartigen großen Teich nahe der Straße und südlich der Raab, birgt bereits viele herrliche jagdliche Erinnerungen in sich, allein der Anblick des Schlosses und des Teiches erwecken sie immer wieder. Da haben wir ein Jahr nach „Gründung" des Teiches, als er noch seicht und seine ganze Oberfläche durch wuchernden Knöterich bedeckt war, am Abendstrich zusammen mit Arnold Ecker weit über hundert Enten erlegt. Einen solch einzigartigen Einfall habe ich hier in Österreich noch nie vorher und niemals nachher erlebt, denn er hat sich bei Licht und Dämmerung, nicht bei Finsternis abgespielt, und zwar innerhalb von anderthalb Stunden.

Als ich beim Tor einfahre, ist Maxi bereits anwesend, sein Sohn kommt später aus Graz, wo er derzeit studiert. Nach der Begrüßung beziehen wir bald unsere Stände. Von den hochwerdenden Enten schießen wir sieben herunter, die kreisenden sind aber schon sehr vorsichtig, und es gelingt nur, drei von ihnen zu schießen. Dann legen wir Lockenten aus. In der nun folgenden Pause habe ich Zeit zum Nachdenken.

In meiner Jugend — wie lang ist's schon her — gab es in und um die Jagd andere Bräuche als heute. Damals galt der ältere Jäger weit mehr als der jüngere, der gute Schütze mehr als der schlechte. Das wirkte sich so aus, daß bei Treibjagden automatisch die älteren Herren die besseren Stände bekamen, die jungen sich mit Flanken- und Rückwechselständen begnügen mußten. Ausnahmen waren allerdings bei Super-Niederjagden die Meister unter den Jungschützen. Sie wurden eingeladen, weil man seinerzeit bei den großen Jagden ganz einfach erstklassige Schützen brauchte! Heute ist das ganz anders geworden. Junge Jagdherren laden nur in seltenen Fällen ältere Herren ein, es gibt Jagden, wo der älteste Schütze fünfundzwanzig Jahre zählt. Jagdherren mit erstklassigen Jagden sind heute an guten Schützen nur in wenigen Fällen interessiert. Man will Leute einladen, die sich revanchieren können, auch ist man bestrebt, öfter im Jahr zu jagen (was in der Vergangenheit verpönt war), und hat daher an allzu giftig schießenden Meisterschützen nur bedingt Interesse, damit man die gleichen Revierteile nochmals bejagen kann und genügend Wild hiezu übrigbleibt. Mein heute fünfundachtzigjähriger Freund Carl-Hugo Seilern allerdings ist naturgemäß noch von der alten Schule. Heute früh rief er mich an und sagte etwa folgendes: „Ich hätte eine sehr große Bitte, für die ich mich vorher entschuldigen möchte. Unser Freund Fritz hat mir im letzten Moment für die Waldstreife am Grasberg abgesagt, ich brauche an seiner Stelle einen erstklassigen Schützen, und ich wäre dir besonders dankbar, wenn du kommen könntest. Wir erwarten dich am Vortag, am 9. November, in Wasserburg." Natürlich sagte ich zu, denn heutzutage kommt es im Gegensatz zu früher schon vor, daß man mitten in der Treibjagd-Saison noch ein freies Wochenende hat. Und dieses Wochenende war frei. Es wird einem warm ums Herz, wenn man solche Freunde hat. Doch viele, allzuviele sind schon gestorben. So der liebe und gescheite Heini Woracziczky, der großzügige Jagdherr Vicci Lucchesy-Pally, Walter Muhry, Michl Trauttmansdorff, Gerhard Mautner, Nando Arco, Bruno Friessnigg, Friedl Seilern, Hansi Meran, Hans Springschitz, Hans Kottulinsky und viele, viele andere. Früher, als ich noch kein Auto hatte, wurde zur Einladung auch noch die Hin- und Rückfahrt organisiert, oft auch bezahlt, wie bei Jagden im Ausland. Tempi passati!

Es hat sich vieles geändert, und das sind keine Redensarten eines älteren Jägers, das ist die volle Wahrheit!

Zwei Stockenten kreisen hoch über dem Teich. Ich locke, sie werden niedriger, dann sehen sie meine in der hellen Sonne leuchtenden Plastikenten und kommen in unnachahmlich graziösem Sturzflug mit hängenden Schwingen direkt auf mich zu. Die rechte fassen die Schrote, sofort schieße ich auf die zweite, noch bevor sie ihr Höhenmanöver vollführt, und gleichzeitig sieht man zwei Enten in der Luft maustot zu Wasser fallen. Ich bin etwa 60 Schritt vor der Insel im äußersten Zipfel des Schilfgürtels postiert, so daß ich tadellose Deckung habe. Vor mir auf 80 Meter die Lockenten. Sofort eile ich hinaus, um die langsam nach Westen treibenden Enten aufzuklauben. Das geht nur mit hohen Watstiefeln, denn das Wasser ist beim Stand sechzig Zentimeter tief, weiter draußen tiefer. Die beim Anmarsch geschossenen Enten hat Falco apportiert, jetzt haben sich die beiden Hundeführer, die Jagdherrin und Jäger Kofler zurückgezogen, um die einfallenden Enten nicht zu stören. Wieder kommen zwei Enten und wieder fast in der gleichen Flugschneise. Die erste fassen die Schrote voll, leblos fällt sie, ich will die zweite schießen, „klick"... nur einen Lauf geladen! Jetzt kracht es bei Maxi, und eine schwer angeschossene Ente mit hängenden Rudern kommt auf mich zu. Ich erlöse sie, so daß sie vor mir ins Wasser fällt, als ich durch den tiefen Schlick hinauswate (das Wasser reicht bis ober die Knie, ich muß die Stiefel mit der Hand hinaufziehen), kommen, als wäre ich gar nicht vorhanden, zwei Krickenten in schöner Schrotschußdistanz von hinten auf mich zu. Ich will wenden, der linke Stiefel faßt Wasser, ich fehle die eine, und auf die zweite, die sofort turmhoch steigt, komme ich mit dem

Lauf, im Schlick stehend, kaum nach, fehle sie (sicher vier Meter daneben!), also beidläufig. Ärgerlich, aber nicht zu ändern. Um die Sache zu komplettieren — ich bin noch nicht am Stand angelangt — in einer Hand die Ente, in der anderen das Gewehr, streicht turmhoch über mir eine Bekassine, die ebenfalls von mir vermurkst wird. Aber ich kenne das auf diesem Stand schon, wenn das Flugwild von der „falschen" Richtung kommt, hat es durchaus die Chance, zu entkommen.

Nun bin ich wieder am Stand und setze mich in Deckung nieder. Das Wetter ist schön. Einem schönen Frühling folgte der „Sommer des Jahrhunderts", und wir haben schon seit Tagen ein wolkenloses Wetter mit Temperaturen bis zu zwanzig Grad gehabt. Der Hochdruck ist in der Steiermark meistens so um Ende September bis Mitte Oktober konstant. Oh, du herrlicher, spinnwebumwobener, rotapfeliger, nach Birnen, Most und faulen Weintrauben duftender, unvergleichlicher steirischer Herbst. Du bist wohl das Schönste, Erhabenste, Vollendetste, was wir im Jahresablauf erleben dürfen. Auch im Leben des Menschen kann der Herbst die schönste Jahreszeit sein. Die Natur zeigt uns, daß in der Reife, der Ernte, der Vollendung des Herbstes die schönsten Farben, die herrlichsten Düfte, die allerbesten Geschmäcker vorhanden sind. Das ganze Jahr arbeitet hin auf diesen Herbst, denn in ihm sind die Früchte des Jahres endlich zu ernten. Ohne Herbst gäbe es kein Leben, ohne Ernte wäre all das Pflanzen und Säen sinnlos. Er ist der Höhepunkt des Jahres, nicht nur für den Weidmann. Und beim Menschen verhält es sich ähnlich. Was er durch Arbeit, Bildung, Entbehrung, Verzicht und Selbstlosigkeit, Dienst an anderen, Einsatz von Persönlichkeit und Fleiß im Laufe seines Lebens geschaffen hat, dessen Früchte kann er nun „ernten". Er ist am Höhepunkt angelangt, und das Gefühl, etwas gegeben und geleistet zu haben, gibt ihm die echteste Freude und Genugtuung, die ein Mensch auf Erden erleben kann. Wenn ich etwas zu sagen hätte, ich würde das Symbol des Herbstes für ein Festival der reifen, der erfahrenen, der selbstlosen und ruhigen Menschen, der sogenannten „Alten", auswählen. Als Symbol des Altbewährten, des Gleichmäßigen, des Toleranten und Verständnisvollen, weniger für die sogenannte Avantgarde, die eher im Frühling Platz hätte, wo das Experiment, die Unreife, die Heftigkeit, das Suchen, das „Einpendeln" auf das Leben, das immer wieder Neue und trotzdem schon Dagewesene neue Gefühle und Phantasien erwecken. Aber die Symbole sind vielleicht nicht so wesentlich, wie es äußerlich scheint.

Jetzt hat Maxi Anflug. Es ist interessant, daß die Enten seit jeher die gleichen Einflugschneisen benützen, die gleichen Kurven drehen und dabei an den gleichen Ständen vorbeistreichen. Wie herrlich ist eine Jagd auf einfallende Enten, wenn daran nur ganz wenige teilnehmen. Es ist bekannt, daß, wenn die Enten im Einfallen sind, wenn sie einen Jäger anfliegen wollen und ein anderer schießt, sie sofort ihr Landemanöver aufgeben und das Weite suchen. Das ist natürlich hier und jetzt nicht möglich. Der ganze Norddamm ist unbesetzt, und die Enten kommen zielstrebig zu den Inseln, zum schützenden Schilfgürtel. Maxi schießt eine Ente, die abstreichende wird von Philipp erlegt. Schön, die junge Meran-Generation so gut schießen zu sehen. Jetzt fallen mit großem Rauschen etwa vierzig Stockenten gleichzeitig — wie aus dem Himmel kommend und ohne zu kreisen — um uns herum ein. Dreißig bei mir, zehn bei Max. Wir doublieren beide, und vier Enten liegen, beim Abdrehen schieße ich noch eine, beim aus-dem-Teich-Fliegen erlegt Philipp eine. Das war ein herrliches Bild! Wie vom Entenmatador Dudás Nagy gezeichnet. Alle einfallenden Enten hatten die gleiche Silhouette gegen den rötlichen Himmel, tief und steil hinunterhängende Schwingen, zur Landung „herausgefahrene", leicht gespreizte Ruder. Welche soll der Schütze jetzt als erste beschießen? Keine leichte Frage, sie wird aber vom geübten Schützen instinktiv und daher schnell entschieden. Den ersten Schuß gibt er nun auf die „gefälligst" und am leichtesten zu Schuß stehende Ente, den zweiten Schuß gibt man gezielt und nicht „geworfen", ohne Hudeln auf die nächstbeste ab, ohne Rücksicht darauf, ob sie nahe oder etwas weiter ist. Denn man soll zwar auf keinen Fall hudeln, aber insgesamt darf man auch nicht langsam sein. Jetzt kommt die Hausfrau zu Maxi, und Kofler kommt zur Nachsuche. In allerkürzester Zeit wird alles aufgeklaubt. Dann tritt eine Pause von etwa einer Stunde ein, bis zum Sonnenuntergang. Jetzt sind die Enten wahrscheinlich irgendwo auf einem Kukuruzstoppelfeld und schlagen sich die Kröpfe voll, dann werden sie durstig und werden, so erhoffe ich es mir, gerade zur Strichzeit einfallen. Ich gehe zu meinem Wagen und hole mir einen warmen Pullover, dabei transportiere ich die aufgeklaubten Enten hinaus, was nicht leicht ist, ich hole mir auch meine starke Taschenlampe für später. Kaum bin ich auf meinem Stand angekommen, sind von rechts, also vom Schloß her, fünf Enten im Anflug. Zur selben Sekunde sehe ich aber eine einzelne Ringeltaube vom Pappelhain her auf mich zukommen. Ich ziele auf die Taube, sie fällt, aber die Enten haben sich blitzschnell weggeschraubt, so daß mir die beabsichtigte „bunte" Doublette nicht gelingt. Wieder kommen Enten, und wieder erlege ich eine im Einfallen. Sie fällt fast auf mich. Eine einzelne will zwischen den Lockenten einfallen, sie fällt auch, aber schon tot zwischen sie. Wieder eine kleine Pause.

Wenn ich mich nun abermals an jenen einmaligen Strich mit Arnold Ecker erinnere, so fällt mir ein, daß uns beiden damals beim Anflug von fast tausend Enten die Patronen ausgingen, was seither niemals wieder vorgekommen ist. Aber es sind hier auch seither nie so viele Enten gekommen. Wie heißt es doch bei Eugen Roth: „Des Menschen Kinn ist seither glatt, doch findet kein Besuch mehr statt." Übersetzt ins Jägerische: „Die Patronentasche ist seither immer voll, doch kommen nie mehr so viele Enten, daß sie leer wird." Auch ging die Delikatesse der Stockente, der über die Wasserfläche wachsende Knöterich, in Hainfeld bald aus. Und was für Enten waren das damals! Keine angefütterten, halbzahmen oder gar aufgezogenen, aus dem Kastl gelassenen, wie das in einigen Oststaaten üblich ist! Diese Enten sollen dort sozusagen „auf Wunsch" kommen, fast schon auf Abruf, wie die Wurftauben, das ist leicht zu machen, weil es ja zahme Enten sind. Man steht auf einem feudal eingerichteten Hochstand und pulvert auf diese armen Tiere, daß die Läufe glühen. Man kann über eine solche Art zu schießen geteilter Meinung sein, vom „Jagen" kann man hier ja wohl nicht mehr reden. Mir steht kein Urteil darüber zu, doch kann ich nur betonen, daß unsere Hainfelder Wildenten alles eher als zahm sind, beim ersten Schuß

Bild rechts:
In der Brunft ist die Abkühlung eine Wohltat
Bild umseitig:
Schloß und Kirche von Stainz im Abendlicht

schrauben sie sich schon in unerreichbare Höhen und flüchten kilometerweit. Um bei uns gute Strecken zu erzielen, bedarf es der Ruhe, mindestens drei Wochen lang darf am Teich kein Schuß fallen, man muß sich damit abfinden, im Jahr höchstens drei Entenjagden abhalten zu können. Dann aber dürfen nur wenig Schützen daran teilnehmen, und diese sollen erstklassig schießen. Beides ist in manchen Kreisen unbeliebt. Man rümpft die Nase, wenn hohe Einzelstrecken erzielt werden, gute oder als meisterlich bekannte Schützen werden oft „Schießer" genannt, nicht selten von eben denselben, die in den Oststaaten nicht einmal die Kastenenten immer treffen. Und die Wahrheit ist gerade umgekehrt. Der gute Schütze ist letzten Endes weidgerechter, weil er das Wild totschießt, jener weniger weidgerecht, der viel anschießt. Gutes Schießen ist eine jagdliche Tugend, kein Grund zum Neid. Große Strecken aber erzielt man nur dort, wo man dem Wild die längste Zeit Ruhe gönnt, um dann das eine oder andere Mal, wenn man zum Jagen kommt, wirklich ernten zu können. Große Tagesstrecken sind also auf jeden Fall weidgerechter als viele kleine, die ein Revier wildleer machen können. Die Altvorderen prägten den im 19. Jahrhundert aufgekommenen Begriff des Sonntagsjägers. — Hier wird nicht jener arbeitende Mensch karikiert, der nur am Sonntag zum Jagen Zeit hat, sondern jener, der die ganze Saison hindurch jeden Sonntag jagt. Je mehr Jäger in einer Gesellschaft vorhanden sind oder an einer Massenjagd teilnehmen, desto weniger Chance hat das Wild, es wäre daher logischer und angebrachter, jährlich nur ganz wenige Jagden abzuhalten. Dazwischen aber sollte Ruhe herrschen. Leider kommt diese notwendige Maßnahme nur in wenigen Jagden, nur in einzelnen Revieren vor. Dagegen berichten die Presse und der Rundfunk gerne von „Großjagden" mit zwei-, dreihundert Teilnehmern, die dann etwa in Dreierreihen um einen Teich herumstehen und gleichzeitig auf die aufsteigenden Entenschwärme ballern. Die Schützen hat irgendein Geschäftsmann eingeladen, ebenso die Medien. Hörnerklang, Hubertussegen und Fackelstrecke machen eine solche Veranstaltung noch lange nicht zur Jagd, nicht nur in unseren Augen, auch in jenen der Leser und „Seher", und man wundert sich dann mit frommem Augenaufschlag, wenn die Jagd kritisiert wird.

Es ist nicht die Art zu jagen, die wir bevorzugen. Allerdings kann ich die Leute verstehen, die eine solche Einladung annehmen, für viele ist sie die einzige des Jahres, der Gastgeber somit indirekt ein Wohltäter. Ich mag es nur nicht, wenn die Jagden mit großen Strecken, die wenige gute Schützen erzielen, als Massenmord oder Schießertum kritisiert werden. Denn vor einer erfolgreichen Ernte steht langer Verzicht und viel Disziplin, Schonung, Ruhe, Sicherheit für das Wild, sehr viel Weidgerechtigkeit und Hege! Das Gegenteil also von dem, was manche Neider sagen.

Auch soll ehrlich zugegeben werden, daß das Schießen und Treffen auf der Niederjagd

Bilder umseitig:
Oben: Mutterliebe
Unten: Ein ganz Heimlicher

Bild links:
Der Wind ist gut

Freude bereitet, daß man seinen durchaus legitimen Ehrgeiz befriedigt, wenn man gut, wenn man besser als andere schießt — als Folge des schwer erworbenen Könnens oder auch nur eines guten Tages. Selig sind die hohen Herren des Ostens, die sich noch viele exklusive Jagden mit vielen Treibern und wenigen Schützen leisten können. Sie praktizieren auf Grund ihres Ranges (in der klassenlosen Gesellschaft), was wir hierzulande nur sehr selten praktizieren, aber sehr schätzen können: Das Jagen mit ganz wenigen Schützen — auch auf Niederwild. Wir haben hier Freiheit und effektive Gleichberechtigung, doch in der Praxis will fast jeder das haben, was der andere hat, das dürfen, was der andere darf, das genießen, was der andere genießt. Die vielen Autos in den Städten, die Müllhalden, die unzufriedenen Gesichter sprechen Bände. Wenn für die Jagd vielleicht das östliche Prinzip teilweise besser scheint, so lobe ich mir trotzdem unseres, denn wahre Freiheit ist mit nichts aufzuwiegen.

Ein Schof von sieben Enten ist im Anflug, ein Kreis nach links, ein Kreis nach rechts, ich ducke mich hinter meinem Schirm, denn die Enten sind schlaue Vögel, sie wollen alles von oben begutachten. Als sie weit weg sind, locke ich langsam und gefühlvoll, wie eine Entenmutter: „Paaak, paaak ...“ Und sie „hängen“ schon, kommen direkt von vorne. Beim Zielen denke ich, daß sie womöglich vor mir auf das offene Wasser fallen sollen, und schon habe ich den Moment verpaßt, der erste Schuß geht vorbei, sie wenden, indem sie sich nach rechts und links seitlich hochschrauben, doch ich lasse mir Zeit, und einen schönen Erpel treffe ich noch, er fällt klatschend auf das stille Wasser. Der Himmel ist dunkelrot, keine Wolke ist zu sehen, das rote Licht spiegelt sich auf dem Wasserspiegel. Über dem Horizont ist es dunkelrot, dann zuckerlrosa, später wird es orange, dann gelb, dann grüngolden, schließlich blau bis tiefblau. Ununterbrochen rotiert eine nicht abreißende Autoschlange über die Straße von Feldbach. Manche Autos bleiben stehen, sie wollen zuschauen, denn sie sehen die Enten und hören die Schüsse. Wenn wir auch wenige Jäger, also „en famille“ sind — exklusiv ist unsere Jagd leider nicht.

Jetzt kommt ein Pulk von etwa dreißig Enten von hinten, von Gleichenberg her. Umdrehen kann ich mich im Schlick nicht. Ich warte, bis sie mich passieren und schieße nach, ein schneller Doppelschuß, zwei fallen aufs offene Wasser. Es knallt auch bei Maxi und Philipp, dann wird es so dunkel, daß wir aufhören, obgleich noch lange Schußlicht wäre. Nichts nehmen Stockenten so übel wie die — erfolgreiche — Bejagung in der Finsternis, in der Zeit ihres wahren Schutzes. Überall quackt es und planscht es, es fallen viele Enten ein. Wir aber, schwerbeladen mit Patronen, Taschenlampe, Lockenten, Sitzstock, Gewehr und Strecke, gehen auf den vorsorglich ausgemähten Steigen langsam und gebeugt zum Auto.

Im Schloßhof wird dann Strecke gelegt. Es liegen fünfunddreißig Stockenten, eine Moorente und eine Taube. Für drei Schützen an einem Strich eine schöne Strecke. Während ein heißer Tee und ein kräftiges Mahl uns zu längerem jagdlichem Gespräch anregen, danken wir in Worten und Gedanken unserer Jagdherrin für einen wunderschönen Jagdtag, der unvergessen bleiben wird.

Ein unvergeßlicher Gänsetag

Im Schlafzimmer rasselt der neue Telefonapparat. Seine Stimme ist gleichmäßig penetrant. Ist es der hartnäckige Irre, der immer wieder anonym anruft, ist es die ältere Dame, die sich einsam fühlt, vielleicht ist es die alte Freundin aus dem Ausland, die zu dieser Zeit besonders munter ist. Oder — mein Herz macht einen Sprung — vielleicht die Dame meines Herzens, die Unberechenbare, die Herrliche aus der großen Stadt? Aber nein, sie ruft mich ja nie an, auch jetzt wird sie es nicht sein, und die freudige Hoffnung verraucht so jäh, wie sie begonnen hat. Erwartungsvoll und mißtrauisch hebe ich den Hörer... „Philipp, bist du es? Seit Stunden versuche ich dich anzurufen. Es sind massenhaft Ganserln da, du mußt sofort kommen. Treffpunkt morgen früh um halb sechs Uhr am Paulhof. Bist du da, wird es mich freuen, wenn nicht, müssen wir ohne dich jagen. Du weißt, ich jage nur dreimal im Jahr, jeden Monat einmal. Also, was ist?"

Während mein Freund Karl Ratzenböck spricht, überdenke ich alles. Es dürfte gehen. Schnell ein Anruf, der den Urlaub regelt, die Springerflinte und 150 Patronen eingepackt... aber ich muß ja antworten: „Ja, Karl, ich komme!" — „Also gut, du brauchst nicht zu frühstücken, kriegst alles hier. Weidmannsheil!" Es knackt in der Leitung. Es ist fünf Uhr nachmittag, der 7. November 1982. In einer halben Stunde bin ich fertig und fahre in Richtung Seewinkel ab. Wie oft habe ich diese Strecke schon zurückgelegt. Graz—Frauenkirchen, bei guter Straße in dreieinhalb Stunden zu machen. In Hartberg stoppt mich die Gendarmerie. Der Beamte salutiert. Radarkontrolle. Sie sind 72 Stundenkilometer gefahren, 60 sind erlaubt. Ich bleibe ruhig und freundlich. Mit 100 Schillling Strafe komme ich davon. Wie gut kenne ich diese Strecke: St. Johann in der Heide, Markt Alhau, die alte Grenze nach Ungarn, Oberwart, wo ich 1945 auf der Flucht auf dem Friedhof übernachtet habe, Bernstein mit seinem Geisterschloß, Piringsdorf, Oberpullendorf, Stoob, Neutal, Markt St. Martin, Weppersdorf, Tschurndorf, Kalkgruben, Sieggraben. Hier wechsle ich auf eine Autobahn, die mich bis Eisenstadt bringt. Ich fahre vorbei an der Ausfahrt Forchtenstein, wo der Jäger der Rosalia, Josef Strodl, wohnt. Vorbei an Marz, wo der erste Weingarten auftaucht, an Pöttelsdorf, von wo der Kanzler Bismarck seinen Rotwein bezogen hat. Vorbei an Wulkaprodersdorf, wo der beste Trapschütze Österreichs, Josef Meixner, wohnt, unweit von Siegendorf, wo heuer wieder viele Rebhühner waren, wo das herrliche Schnepfenrevier aber im nächsten Jahr den Pächter wechseln wird. Dann kommt die Strecke nördlich des Neusiedlersees, Donnerskirchen, Breitenbrunn, Purbach und so weiter. Hier haben 1683 die Mongolen und Janitscharen Kara Mustafas und die schrecklichen Thököly-Söldner furchtbar gehaust, bevor sie gegen Wien gezogen sind. Rechts und links Weingärten, Maulbeerbäume am Straßenrand, schöne Kirchen... Bevor ich nach Neusiedl einbiege, tanke ich wie immer oben am Hügel. Hier geht es gerade weiter zu den Superjagden Zurndorf und Nickelsdorf, lange die besten Hasenreviere der Welt. Doch ich fahre nach rechts in den Seewinkel hinein. Hier beginnt das Paradies der Wasservögel, der Limicolen und Reiher. Hier ist unverfälschte Steppe, hier gibt es Hunderte Lacken und Sümpfe, ein Dorado der Naturfreunde und Jäger. In Mönchhof biege ich wieder nach rechts, und um neun Uhr fünf halte ich vor dem alten Hotel Weisz in

Frauenkirchen, unweit des Bahnhofes. Diese gemütliche Herberge der Witwe Greger hat mir noch seinerzeit Heinrich Saurma empfohlen, der immer hier wohnte. Nun ist auch er schon tot. Beim Nachtmahl treffe ich Oberst Körner, ehemals Luftwaffenchef von Wien und bekannter Skeetmeister der sechziger Jahre, und seine charmante Gattin. Mit dem Versprechen, uns gegenseitig um fünf Uhr wecken zu wollen, verabschieden wir uns um zehn Uhr voneinander.

Mein Schlaf ist tief, und als ich aufwache, zeigt mein Wecker dreiviertel fünf Uhr. Auf leisen Sohlen begebe ich mich alsbald zu meinem Jagdfreund, in dessen Zimmer aber schon Licht brennt. Er ist gerade dabei, sein Frühstücksmüsli zu konsumieren. Der Mann, der Hunderte von Kilometern zu diesem einen Gänsetag angereist ist, hat vor lauter Vorfreude und Aufregung kaum schlafen können. Wie sympathisch macht es ihn in meinen Augen! Welche Passion muß ihn beflügeln! In zwei Wagen fahren wir die fünfzehn Minuten zum Paulhof, wo uns der Jagdherr bereits in voller Adjustierung empfängt. Wir frühstücken in der Küche. Als dritter Gast ist der vielmalige Staatsmeister der BRD im Trapschießen, Heinz Leibinger, anwesend. Er ist von Zurndorf herübergekommen.

Dann fahren wir im VW-Bus des Hausherrn ins Revier. Es weht ein orkanartiger Sturm, sonst ist es wolkenlos. Blaugrau zieht die zaghafte Dämmerung über das östliche Firmament. Der kleingewordene Mond schwimmt wachsam und unbeirrt über dem im Westen liegenden, sturmgepeitschten Neusiedlersee.

Am Rande eines langgezogenen, schmalen Maisfeldes halten wir. Schnell werden die Lockgänse aufgestellt, Futterale, Patronen und Sitzstöcke im Kukuruz verstaut, dann stellen wir uns in einer Linie auf. Rechts Körner, dann ich, dann der Jagdherr, links Leibinger. Und schon kommen die Gänse in breiter Front vom See und von der Langen Lacke herüber.

Die Lockgänse wackeln im Sturm, die Gänsescharen überstreichen uns schnell. Niedrig zwar, aber in einem Tempo, daß man mit der Flinte kaum nachkommt. Wir schießen nicht besonders gut. Wenn vier oder fünf Gänse fallen könnten, fallen meistens nur eine oder zwei. Ich bemerke, daß die Lockgänse wenig Anziehungskraft besitzen. Die Gänse fallen kaum ein, aber infolge des Orkans müssen sie meist niedrig streichen. Der Sturm kommt von halblinks. Sieht man die Gänse oder die einzelne Gans von weitem kommen, hat man kaum Zeit, in Anschlag zu gehen, schon sind sie über und hinter einem. Wenn man sie vorne trifft und sie mausetot fällt, liegt sie dann auf mindestens achtzig Meter hinter dem Maisfeld. Bald merken wir, daß der Hauptstrich etwa hundert Meter links von uns durchgeht. Wir wechseln aber nicht den Platz, denn es kommen auch hier genug. Im raschelnden, hohen Maisfeld, das sich im Sturm hin- und herbewegt, ist es keine Leichtigkeit, auf die mit dem Wind kommenden Gänse zu schießen. Langsam vergeht die Zeit. Aus den fernen Akazien- und Ulmenalleen, aus Weingärten und wogenden Maisfeldern, aus dem Wellen schlagenden Schilfmeer erhebt sich riesengroß und matt die blutrote Sonne. Die Kälte ist im Sturm fast unerträglich, wie gut habe ich es mit meinem Handwärmer im Muff. Die ganze unruhige Luft ist erfüllt vom wehmütig-melancholischen Rufen der Wildgänse. Melancholisch sind aber auch die Landschaft und der Herbst. Unweit von hier, im nahen St. Andrä, habe ich vor zwanzig Jahren meine große, bisher von keinem Schützen erreichte Gänsestrecke erzielt. Mein damaliger Gastgeber, Fabian Ambrosch, hat die Jagd bald darauf leider verloren. Um acht Uhr ebbt der Durchzug der Gänse etwas ab. Wir bemerken, daß sie heute infolge des Sturmes nicht nach Ungarn streichen, sondern hier in der Umgebung einfallen. Bei Ratzenböck tun sie das umso lieber, weil er zwischen den einzelnen Jagdtagen große Pausen einlegt und die Gänse es auf seiner Jagd am ruhigsten haben. Diese gescheiten Vögel bemerken sehr bald, wo es ihnen gutgeht.

Ich bin zwar kein Fachmann für den hiesigen Gänsestrich, aber ich habe den Eindruck, daß die wackelnden und gelegentlich umfallenden Lockgänse die Scharen eher abschrecken als anlocken. Um halb neun, in einer „Gefechtspause“, werden die geschossenen Gänse, es sind genau dreißig Stück, aufgeklaubt. Ob durch unsere weithin sichtbare Tätigkeit oder aus anderen Gründen, der Strich flaut ab, und der Jagdherr stellt uns die Frage, ob wir weitermachen oder die Jagd beschließen sollen. Leibinger muß nach Zurndorf zur großen Hasenjagd, Oberst Körner gibt auf, und der Jagdherr hat zu tun. „Wenn du willst, Philipp, kannst du bis Mittag bleiben. So ein Dutzend Ganserln wirst du sicher noch schießen!“ Und weg sind sie. In aufkeimender, unbeschreiblicher Vorfreude richte ich mich ein. Als erstes räume ich die wackelnden Lockgänse allesamt in das Maisfeld hinein. Von nun an werden meine geschossenen Gänse solcherart gegen den Wind aufgestellt, daß die Schwingen schön anliegen und der Kopf auf dem Rücken liegt. Kaum habe ich sechs oder sieben schön nebeneinander gesetzt, merke ich, daß die Scharen aufmerksam werden und einige Gänse einfallen wollen. Von nun an wird es immer besser. Die Gänse drehen immer mehr ein und wollen bei den aufgestellten, aber nicht wackelnden Attrappen einfallen. Dabei kommen sie wunderbar in Schußnähe. Ich schieße eine Doublette nach der anderen herunter. Dann renne ich hinaus, klaube die schweren Gänse auf und postiere sie zu den anderen dazu. Und schon kommen neue Scharen. Einmal will eine riesige Bläßgänseschar von sicher hundert Stück mit ohrenbetäubendem Geschrei direkt vor mir einfallen. Ich schieße, lade, schieße — und fünf Gänse liegen.

Das ist schon ein Erlebnis, wie man es nicht alle Tage hat. Wenn eine der Gänse nicht sofort tot ist, gebe ich ihr den Fangschuß und erlöse sie, bevor sie in dem nahen Schilf verschwindet. Dazwischen aufklauben, aufstellen, zurückrennen, und schon kommen wieder welche. Die Sonne scheint, der Himmel ist wolkenlos, der Sturm läßt nicht nach. Ein zum Großteil günstiges Gänsewetter.

Aber an diesem Tag sind sie wie verhext, immer wieder drehen die Scharen ein und wollen einfallen, laut rufend, mit offenem Schnabel, aber von da unten kommt keine Antwort. Wenn die Gänse von vorne mit dem Wind kommen, fallen sie getroffen weit nach hinten. Der Kukuruzstreifen ist voller Unkraut und hartnäckiger, kleiner Kletten. Es sind kleine Unkrautähren, die so fest haften bleiben, daß man sie nicht bald loskriegt. Mein armer Muff sieht schon aus wie ein Gebilde beim Erntedankfest.

In den ganz wenigen Pausen, in denen ich auf meinem Dreibein sitze und auf anstreichende Gänse warte, habe ich kaum Zeit, viel nachzudenken. Ich photographiere auch relativ wenig. Dabei könnte man herrliche Bilder von den im Sturm ganz nahe vorbeistreichenden Scharen machen. Ich schichte die Patronen um, lege das Reservegewehr griffbereit und schön aufgestützt neben mich, doch die brave Springer läßt mich nicht im Stich. Nun kommen die Gänse mehr von rechts, um gegen den Wind einzufallen. Oft kreuzen sich einige Scharen in verschiedenen Höhen. Durch den an sich milden Winter, der sich schon im Vogelzug ankündigt und von dessen wirklicher Milde ich noch nichts ahne, sind noch viele Graugänse da. Etwa fünfzig Prozent Graugänse, dreißig Prozent Saatgänse, zwanzig Prozent Bläßgänse. Letztere sind meine Lieblinge. Manche alte Exemplare haben einen ganz schwarzen Bauch. Auch ihr klingender Ruf fasziniert mich, während der Ruf der Graugänse an alte ungarische Dörfer erinnert, wo jeder Bauer mehrere Gänsefamilien besaß und jedes Dorf vor lauter Hausgänsen weiß war. Hin und wieder kommen auch in großer Höhe Enten vorbei, doch nur der Zufall würde sie über mich lenken, auch sie lieben den starken Wind nicht besonders. Mein Schießen wird immer besser, gegen elf Uhr gelingen mir einige Tripletten. Schon ist das Saatfeld vor mir von einer Menge geschossener und gegen den Wind gelegter Gänse „voll“. Wenn ich wieder einmal weiter weg bin und eine durch den Sturm weit gefallene Gans aufklaube, sieht diese „Ansammlung“ wirklich täuschend lebenden Gänsen ähnlich. Ich beobachte auch von der Ferne einfallen wollende Gänse, die sich „hängend“ den toten nähern. Aber nur ein einziges Mal probieren sie es. Bald merken sie die Leblosigkeit ihrer Artgenossen, und nach einigen Warnschreien sind sie davon. Keine einzige Gans würde sich zwischen die leblosen „setzen“. Solches habe ich aber bei Enten schon öfters gesehen. Es ist daher angebracht, sobald die Gänse in Schußnähe sind, zu schießen. Denn auch ohne Schuß würden sie bald verschwinden.

Wenn man sich im Schatten unbeweglich verhält, sehen sie einen nicht. Wenn man noch so still in der Sonne steht, drehen sie ab. Das Gesicht darf man nie zeigen. Man muß mit gesenktem Kopf zur rufenden Gans hinschielen, abwarten, bis alle Gänse in Schußnähe sind, und dann womöglich langsam und unsichtbar auffahren und schießen.

Der Jagdherr sprach von „einem Dutzend“ Gänsen. Was wird er wohl sagen, wenn er sieht, was ich wirklich geschossen habe. Und Oberst Körner? Wird es ihm leid tun, daß er so früh aufgehört hat?

Etwa um elf Uhr dreißig ist in der Ferne der VW-Bus zu sehen. Langsam nähert er sich. Denn noch immer kommen Gänse, gegen alle Regel zur Mittagszeit. Als ich gerade drei Gänse aufklaube, kommt der Jagdherr, steigt aus und staunt: „Du hast ja sehr viele Gänse geschossen“, sagt er anerkennend. „Unglaublich, gratuliere, das hätte ich nie gedacht!“ Und wir beginnen, die schweren Gänse auf den Wagen zu laden. Der Laderaum ist so voll, daß wir den Rest auf die Sitze und zwischen diese legen. Dann werden noch drei geflügelte Gänse mit dem Hund zustandegebracht, und um halb ein Uhr bin ich am Paulhof, wo Strecke gelegt wird. Ich kann vor lauter erlebter Weidmannsfreuden kaum sprechen. Mein Kopf, den ganzen Vormittag dem Sturm ausgesetzt, glüht nun wie eine 300-Wattbirne. Obgleich ich seit sechs Uhr kaum einen Bissen zu mir genommen habe, kann ich nur wenig essen. Zu viele Eindrücke sind auf einmal auch mich eingestürmt, zu groß war die Anstrengung, und trotzdem kann ich mich an jede einzelne erlegte Gans genau erinnern.

Als ich noch einmal vor meiner Abfahrt die Strecke photographiere, klingt von der nahen Paulhof-Lacke das Geschrei von Hunderten Gänsen zu mir. Der Abschied nach solch einem Tag fällt natürlich schwer. Der Dank an den Freund ist ehrlich, herzlich, aber doch stümperhaft. Ein Tag, wie man ihn nur ganz selten im Leben genießen darf, geht seinem Ende entgegen. In meiner Erinnerung aber wird ein neues unauslöschliches Kapitel für alle Zeiten verankert.

Um Haaresbreite

Gut ausgeschlafen und elastisch sprang Roland aus dem Bett. Draußen schien die Sonne, ein herrlicher Tag begann. Roland war wie immer gut gelaunt und zum Singen aufgelegt, als er ins Badezimmer ging, doch beherrschte er sich, um die noch schlafende Frau nicht aufzuwecken. Hungrig verschlang er in der Küche zwei Butterbrote und drei Spiegeleier, trank einen starken heißen Nescafé und war bald angezogen. Heute war der dritte August, und Roland wollte den ganzen Vormittag blatten. Er freute sich schon lange auf diesen Samstag und hatte in diesem Jahr alle seine freien Böcke für die Blattzeit aufgespart. Weder er noch seine Jäger hatten heuer den Rehruf betätigt, eine Voraussetzung für den Erfolg. Roland war ein Erfolgsmensch. Als Vizepräsident einer renommierten Bank verdiente er viel und verstand es, sein Leben zu genießen. Er war jener Managertyp, der genau wußte, wo seine physischen Grenzen waren, und der auf seine Gesundheit ebenso achtete wie auf die ihm anvertraute Banksektion. Er wußte genau, was er mit seinem Geld machen konnte, und er leistete sich Urlaube auf den Seychellen ebenso wie Jagdreisen in ferne und nahe Länder. Seine mittelgroße Jagd im Bergland hatte er schon seit vierzehn Jahren gepachtet. Es waren viele gute Rehböcke in ihr, denn er und seine Jäger sparten weder mit dem Futter, noch unterließen sie eine fachkundige Selektion. Junge, vielversprechende Böcke wurden auch dann am Leben gelassen, wenn sie kapital waren und ihren Einstand an der Grenze oder neben einer Fernstraße hatten. Die Knöpfler und Geißen wurden nur dann abgeschossen, wenn sie im Wildbret schwach oder krank waren. Mit einem Wort — Roland war ein zurückhaltender, weidgerechter Jäger und hatte als solcher auch einen ausgezeichneten Ruf im Lande.

Aus dem versperrbaren Waffenschrank nahm er seine teure Ferlacher Kipplaufbüchse, Kal 6.5 × 57 R, verstaute sie im Jaguar an der Rücksitzhalterung, legte sein Leichtmetall-Zeiss neben sich auf den Beifahrersitz, den Bergstock zwischen die Sitze und seinen Wettermantel in den Kofferraum. Es war sieben Uhr dreißig, als er im Rückwärtsgang aus der Garage rollte. Lautlos glitt die teure Limousine über die verschlafenen Straßen des Villenviertels. Einige Leute waren zum nahen Kaufhaus unterwegs, drei, vier Pensionisten spazierten zum Aussichtsturm, bevor die große Sommerhitze einsetzte.

In bester Stimmung pfiff Roland vor sich hin. In seinem ganzen Leben hatte er eigentlich immer Glück gehabt, fast immer. Als der zweite Weltkrieg ausgebrochen war, war er noch ein Kind gewesen, hatte also nicht einrücken müssen. Als dann das Bundesheer aufgestellt wurde, war er wieder zu alt gewesen, um eingezogen zu werden. Er hatte seinen Diplomingenieur und anschließend seinen Doktor schnell gemacht, zielbewußt und fast mit Auszeichnung, anschließend hatte er durch Protektion eines gleichgesinnten Machthabers eine Stelle in der Bank bekommen, wo er schon mit neunundzwanzig Jahren Abteilungsleiter geworden war. Seine Frau hatte ihm einen Sohn geschenkt, der jetzt beim Bundesheer war. Der Gedanke an den Sohn trübte ein wenig Rolands Laune. Als Kind war Paul reizend und anhänglich gewesen. Noch mit dreizehn Jahren hatte er seinen Vater regelmäßig auf die Pirsch begleitet. Roland hatte sich trotz besten Willens nur wenig um seinen Sohn kümmern können. Als sein Sprößling in die Pubertätsjahre gekommen war, hatte sich dessen Verhalten schlagartig geändert. Er war aggressiv, mißtrauisch und verschlossen geworden, später in schlechte Gesellschaft gekommen. Schon als er fünfzehn war, hatten die Eltern Haschisch bei ihm gefunden, was eine schreckliche Sorge hervorgerufen hatte, später hatte sich Paul an Demonstrationen gegen die USA beteiligt, Arm in Arm mit Maoisten. In seinem Zimmer hing ein Poster des kubanischen Terroristen El Che Guevara, von dem man wußte, daß er Castros Geheimpolizei aufgebaut hatte. Er faselte von Lenin und Lumumba, verachtete die Kapitalisten, hatte eine farbige Freundin. Das Geld, das ihm der Vater großzügig gab, schenkte er einer Sekte, den Golf-Kabrio, den er zu seinem achtzehnten Geburtstag bekommen hatte, bepflasterte er mit marxistischen Parolen. Ja, dieser Sohn war eine echte Sorge, aber die Eltern trösteten sich mit dem Gedanken, daß auch die Pubertätsjahre einmal vorübergehen würden, wenn sie auch bei Paul und seinen Altersgenossen länger anhielten als in früheren Generationen. Es war ihnen gelungen, Paul auf die Universität zu bringen und das Bundesheer zwei Jahre hinauszuschieben. Eine echte Freude war es für die Eltern gewesen, als Paul, ohne zu murren, Soldat geworden war. Sie hatten befürchtet, daß er den Dienst mit der Waffe verweigern würde. Vielleicht würde sich nun alles bessern und Paul langsam normal werden. Roland durchfuhr das kleine Dorf, überquerte die Kreuzung und bog in die schmale Landstraße ein. Beim langen Holzstoß war der Eingang in den Wald, hier begann sein Revier. Er fuhr über staubige Forstwege bis zum geschlossenen Hochstand, parkte seinen Wagen unter der großen Fichte und stieg aus. Seine Jäger wußten, daß Roland heute allein jagen wollte, sie waren in andere Revierteile gegangen. Dieser Blattag, an dem er auch zwei, drei Böcke erlegen wollte, wenn sie paßten, war der Höhepunkt für Roland. Auf Hirsche, die es im Revier nur als Wechselwild und dann in der Schonzeit gab, jagte er alljährlich in Ungarn, Sauen und Füchse schossen seine Jäger, und Niederwildjagden belegte er jedes Jahr in England. In seinem Bergrevier interessierten ihn nur die Böcke, und heute war der Tag der Ernte. Der Bach plätscherte murmelnd und gleichmäßig unter den üppigen, großblättrigen Uferkräutern, es roch nach Schwämmen und Moder, und reich behangene Himbeerstauden verhießen eine gute Ernte. Hoffentlich verderben die Beerensucher nicht den Jagdtag, schoß es Roland durch den Kopf. Aber die unentwegten, professionellen Beeren- und Schwämmesucher waren um diese Zeit schon zu Hause, sie begannen ihr Werk in der Morgendämmerung. Die Touristen, Urlauber und Zweithausbesitzer würden wohl später kommen, sagte er sich und betrat federnden Schrittes den gut ausgeputzten Pirschsteig, der zur Kanzel am neuen Schlag führte. Noch war es kühl im Schatten der alten Buchen und Eschen, grüne Heidelbeerkulturen wucherten an den wenigen sonnigen Flecken, langes Riedgras umsäumte den Steig, über dem weiter oben eine frische Fluchtfährte ihm nahes Brunftgeschehen kündete. Sein alter Lehrmeister,

Bild rechts:
Im Morgentau

Bilder umseitig:
Oben: Stockenten in der Au
Unten: Zwei gleichwertige Rivalen

der Jagerlois, hatte ihm seinerzeit eingebläut, daß man immer im Wald und nie am Schlag blatten sollte. Den Bock soll man ins Dunkle, in den Schatten locken, dahin würde er eher zu bewegen sein, als auf den sonnigen Schlag, auf dem ohnehin überhoher Unterwuchs, meterhohe Gräser einen sicheren Erfolg ausschlossen.

Roland ging sehr leise auf seinen Gummisohlen, denn er wußte, daß Bock und Geiß zwischen dem Treiben gerne im Hochwald in einem Gräserschopf zu ruhen pflegen, und nach einer hellen Nacht ist ihr Schlaf zwar tief, in der Brunft aber nie tief genug, daß die Geiß nicht mit besonderer Wachsamkeit ihren liebestollen Gefährten „beschützt".

An einer dicken, graublauen Buche setzte er sich auf seinen Wetterfleck. Zwischen zwei Wurzeläste zwängte er seinen Mantel so, daß er etwas höher saß und sich leicht nach rechts und links bewegen konnte. Den Rücken lehnte er an den breiten Stamm, so konnte er gut die Ellbogen auf seine Knie aufstützen und benötigte den Bergstock zum Schießen gar nicht.

Er wartete fünf Minuten, ohne sich zu bewegen. Falls Rehe in der Nähe niedergetan waren und ihn eventuell gehört hatten, sollten sie Zeit haben, sich wieder zu beruhigen. Vor ihm war eine kleine Dickung mit christbaumhohen Tannen, umgeben von üppigem Farn und Goldrute, weiter hinten am Rande des neuen Schlages war eine breite Fichtenkultur. Überall war frisch geplätzt. Hier mußte irgendwo ein Bock seinen Einstand haben. Roland nahm den alten Buttolo in die Hand, setzte ihn an die Lippen und begann laut und ohne Unterbrechung zu blatten. Er war ein Anhänger der Überrumpelungstaktik, wußte aus Erfahrung, daß mehr Erfolg zu erwarten ist, wenn man keine Pausen einlegt, wie es die alten Jäger empfohlen hatten, die aber im Gegensatz zu ihm auf jedem Platz eine halbe Stunde und auch mehr ausharrten. Und kaum hatte er fünfmal gefiept, rumpelte es rechts von ihm, und mitten am Steig, nicht weiter als zwanzig Schritt, stand wie aus dem Nichts ein Bock. Ein junger Bock, das sah er sofort, aber einer mit einem abnormen Gehörn. Ein Spieß ragte ähnlich einer Gamskrucke, nur nicht so stark gebogen, nach hinten, auf der anderen Seite hing dunkel und knorrig ein Pendelgehörn, das das linke Licht des Bockes verdeckte. Aus diesem Grund hatte der Bock Roland noch nicht eräugt. Die Büchse hob sich langsam aus dem Halbanschlag in den vollen Anschlag. Als das Fadenkreuz mitten im Bock war, völlig rot ausgefüllt, berührte er den gestochenen Abzug. Der Bock ruckte zusammen. Roland sah das rote Einschußloch, einige Fluchten und nach zehn Schritt lag er auch schon. Tief atmend saß Roland und zündete sich mit zitternden Fingern eine Zigarette an. Das war gut gelungen, ein guter Anfang, wie er sein soll. Ihm war, als ob er in weiter Ferne Stimmen hörte, aber vielleicht hatte er sich getäuscht. Langsam ging er zum Bock und als er in die Krone griff, erfüllte ihn heiße Weidmannsfreude. Das linke Licht war völlig durch die Pendelstange verdeckt, außerdem war es ausgeronnen. Der Bock wies neue, aber oberflächliche Forkelschrammen auf. Gekonnt brach er ihn auf, band die beiden Vorderläufe

Bild umseitig:
Im tief verschneiten Wald
Bild links:
Ein „Menschen-Wechsel" ist nie gefahrlos

zusammen und hängte ihn zum Ausschweißen an einen zwei Meter hohen Ast. Dann lud er nach, suchte seine Sachen zusammen und ging langsam weiter. Hier beim Schlag wollte er nicht, wie ursprünglich vorgesehen, blatten — das war zu nah. Er hatte den dahinterliegenden Hochwald mit dem üppigen Unterwuchs zum Ziel, dort allerdings mußte man stehend blatten, sonst sah man nichts. Wieder war es ihm, als ob er fernes Sprechen gehört hätte, aber als er anhielt, um zu horchen, war es still. Es roch nach faulem Laub und frischem Grün, so ähnlich etwa wie bei den früheren Frohnleichnamstagen, wenn die Gläubigen mit viel Liebe ihre aus belaubten Ästen bestehenden Altarzelte angefertigt hatten. Irgendwo gurrte ein Ringeltauber, über den Baumwipfeln schwamm mit gellendem Ruf ein Bussard, drüben im Buchenwald antwortete es ungeduldig und heiser, da mußten die Jungvögel sitzen.

Roland schritt leise und langsam den Steig entlang. Da und dort erblickte er Käfer, eine Blindschleiche verkrümelte sich, und der Ameisenhaufen schien doppelt so groß wie im Vorjahr. In einem kleinen Tümpel schwammen im Wurzelast einer Buche zwei halbwüchsige Unken, darüber eilten geschäftig Borkenkäfer und Baumameisen auf und ab. Vor einer dicken Fichte stellte er sich so auf, daß er die Fichtenjugend im Auge hatte. Der Hochwald war voller Unterwuchs, dickstengelige Pflanzen mit gelben Blüten verdeckten einen großen Teil der Sicht. Er nahm den leichten Bergstock in die linke Hand, mit welcher er gleichzeitig den Vorderschaft seiner Büchse umklammerte, und stand gespannt im Halbanschlag da. Irgendwo raschelte es, und ein eigenartiges Brummen oder Husten war zu hören. Roland dachte an ein Reh mit Rachenbremsen. Nach fünf Minuten fing er zu blatten an, den Ruf hielt er zwischen den Lippen, die rechte Hand am Kolbenhals seiner Waffe. In völliger Spannung, hochaufgerichtet, beobachtete er die Dickung und die wenigen freien Stellen vor sich im Hochwald. Er blattete besonders leise, da der Einstand ganz nahe war, und er nicht wollte, daß ihm der etwa springende Bock zu nahe kam. Zart und weich ertönte der Ruf der brunftigen Schmalgeiß. Da raschelte es vor ihm. Er ging in Anschlag. Ein starker Bock, brennrot gefärbt und mit hohen, knuffigen, ganz schwarzen Kronen sprang aus dem Dickicht, machte eine Wendung und verschwand wieder, wobei er merklich langsamer wurde. Roland hatte mit freiem Auge den kapitalen Erntebock erkannt, sein Herz pochte, und er blieb weiter im Anschlag, neben dem Lauf mit beiden Augen die Dickung beobachtend.

Der Bock hatte ihn offensichtlich nicht bemerkt, er mußte vor irgend etwas anderem erschrocken sein. Sicher würde er sich zeigen, wenn Roland wieder leise blattete. Wie eine geschlossene, düstere Umzäunung verdeckten die Randfichten den Einstand, der von Lichtungen durchsetzt und so den Rehen ein ideales Zuhause war. Wieder fiepte Roland, und im nächsten Augenblick sah er es rot durch die Äste leuchten. Der Bock war ja angesprochen, er mußte es einfach sein, ein solcher Kapitalbock duldet keinen Nebenbuhler in seiner Nähe. Roland kniff das linke Auge zu, zielte schnell, stach ein...

... im selben Augenblick, eine Hundertstelsekunde vor dem beabsichtigten Schuß, erhob sich eine Gestalt, eine alte Frau mit rotem Kopftuch, sie murmelte etwas und bückte sich wieder. Es war die alte Resi, eine Einsiedlerin, die sich von Beeren- und Schwammerlsuchen ernährte und im nahen Schutzwald in einer alten Köhlerhütte wohnte.

Roland brach der kalte Schweiß aus, er wurde kreidebleich, sackte in sich zusammen und verlor fast das Bewußtsein. Sein kalter Managerverstand sagte ihm: Um Haaresbreite hättest du die Frau erschossen und dein Leben, deine Karriere wären vernichtet gewesen. Die alte Frau hatte ihn gar nicht bemerkt, schlürfte murmelnd und hustend weiter, und es dauerte lange, bis Roland sich einigermaßen erfangen hatte. Dann überkamen ihn ein Glücksgefühl und eine Dankbarkeit, wie er sie vor vielen Jahren zu Weihnachten empfunden hatte.

„Grüß Gott, Frau Resi", rief er hinüber und wunderte sich, wie unnatürlich seine Stimme klang. Erst nach dem dritten Ruf hörte ihn die Alte, und ihre blaugrauen Greisenaugen sahen ihn wohlwollend an: „Grüß Gott, Herr Doktor, haben 'S was g'schossen?" Und nach einer kleinen Pause: „Hätten S' nicht eine Leber für mich, dafür gäb' ich Ihnen schöne Eierschwammerl, Ihren Schuß hab ich ja vorhin gehört!" Roland ging zur Alten hin, und was er nun tat, erschien ihm später wie in Trance erlebt. Er küßte die faltigen, ledernen Wangen der alten Resi, faßte sie zart beim Oberarm, nahm ihr den prallen Schwammerlsack aus der Hand und begleitete sie zu ihrer Behausung. Unterwegs entnahm er seinem Bock die Leber, und dann saß er lange, sehr lange bei der alten Frau und ließ sich von der erstaunten und glücklichen Greisin manche Geschichte erzählen.

Später, als das Jahr seinem Ende zuging, wunderten sich die Leute über das Glück der alten Keuschlerin. An Stelle der alten Köhlerhütte wurde von emsigen Zimmerleuten ein funkelnagelneues Holzhaus errichtet, elektrisches Licht eingeführt, Bauernmöbel und eine neue Küche installiert, und sooft Roland, der Doktor, wie ihn die Leute nannten, ins Revier kam, übernachtete er im Gästezimmer der alten Frau und aß die Schwammerlgerichte, die sie ihm liebevoll zubereitete, trank den starken Beerenschnaps, den sie braute.

Und Paul, sein Sohn, wunderte sich, wie oft sein Vater sich in letzter Zeit um seine Probleme kümmerte, wie liebevoll er sich für sein, Pauls, Leben interessierte. Und als dann der Pfarrer des Dorfes eine große Summe für die Errichtung einer Waldkapelle erhielt, wunderten sich die Leute noch mehr, denn sie wurde mitten im Revier, nahe der besten Dickung aufgestellt. Und die alte Resi wurde mit der Betreuung und Reinigung der Kapelle beauftragt. Alle Jahre im August wurde hier eine Messe gelesen. Ein bekannter Maler hatte das Altarbild angefertigt. Es zeigte einen Jäger im Anschlag, hinter ihm stand mit segnender Hand ein Schutzengel. Der Jäger zielte in den grünen Wald, wo irgendwo ein roter Fleck zu sehen war. Die Leute machten sich zwar ihre Gedanken, aber die Wahrheit erfuhren sie nie. Sie blieb Rolands Geheimnis und das seines persönlichen Schutzengels, der ihn an jenem Augusttag vor einem großen Unglück bewahrt hatte.

Waldschach

Etwa Mitte August, Ende der fünfziger Jahre, erhielt ich durch Vetter Hansi Meran eine Einladung zur Entenjagd auf die Waldschacher Teiche vermittelt. Der Sohn des Besitzers Paul von Menzel war Klassenkamerad von Hansi in Seckau. Was mich dort erwartete, übertraf alle meine Vorstellungen. Hoch auf einem Hügel stand ein reizendes, von wildem Wein umwuchertes Schloß, darunter ein riesiger, völlig verschilfter Teich, der „Nepomuk". Wir kamen an und wurden von der gastlichen Familie sofort mit offenen Armen empfangen. Sohn Ala sagte einfach: „Es sind viele Quacker da, gehen wir sie aufmischen." Und zu viert begaben wir uns zum Nepomuk, stellten uns in loser Formation auf und wateten dann in den seichten Teich. Überall stiegen Enten hoch, aber einzeln, und wir hatten viel zu tun. Das Wasser reichte bis zum Knie, wir hatten alte Leinenhosen und Turnschuhe an, bald „füllten" sich die Galgen. Und immer wieder kreisten die Enten, wollten einfallen. In zwei Stunden hatten wir siebzig Enten auf der Strecke, dann wurden wir ins Haus gebeten, wo Brötchen und Wein von der Hausfrau, einer geborenen Fürstin Sulkowska, serviert wurden. Am Abend gingen wir noch mit Hansi auf den Strich und schossen siebenundzwanzig Enten. Dieser Tag war der Anfang einer langjährigen Jagdfreundschaft, die dreißig Jahre später noch anhält. Inzwischen sind der Jagdherr Paul Menzel und seine liebe Frau längst verstorben. Ala hat geheiratet und fast erwachsene Kinder, sein Sohn Paul wird ebenfalls ein passionierter Jäger. Die warmherzige, liebe Gastfreundschaft hält unvermindert an, man braucht sich nur anzusagen, kann Freunde und Verwandte mitbringen und kehrt jedesmal voller Erlebnisse und Weidmannsfreuden heim. Im Winter habe ich ganze Generationen von Neffen auf Krähen und Elstern nach Waldschach geführt, und immer leuchteten ihre Augen auf, wenn das Wort Waldschach fiel. Einmal konnten wir zu dritt (Mathias und Hansi Keil, Söhne meiner Cousine Charlotte, und ich) siebenundzwanzig Elstern am Abendeinfall schießen. Das spielte sich meist so ab, daß wir an einem Tag genau beobachteten, wo die Elstern ihre Schlafbäume hatten, dort konnten wir uns das nächste Mal, gut getarnt, ansetzen. Meistens waren es kleine Lichtungen inmitten von Dickungen, wo hohe Föhren oder Buchen in der Nähe standen. Wir lockten die Elstern (mit Saugen an der Handfläche), und sie standen am frühen Nachmittag gut zu. Dann war regelmäßig eine Pause, und mit Beginn der Dämmerung kamen dann die „schlaftrunkenen", am Abend bekanntlich nicht so vorsichtigen Elstern von allen Seiten einzeln angesegelt. Wir klaubten oft unter schwierigen Umständen jede geschossene Elster auf, und am Abend wurde beim Schloß die Strecke gelegt. Damit gewöhnten sich meine Neffen frühzeitig daran, daß jedes Wild, auch die Elster, in Ehren behandelt werden muß. In der Zeit, als bei uns die winterlichen Krametzvogelschwärme noch nicht geschont wurden, hatten wir in Waldschach auch einen guten Drosselstrich. Unübertroffen aber waren in den fünziger Jahren, Ende Oktober — Anfang November, die Bekassinenjagden von Waldschach. Wenn der große „Nepomuk" abgelassen war, bedeckte die ganze Teichfläche mooriger Schlick. Die Bekassinen hatten überdies im niedrigen Schilf und zwischen all den buschigen Teichpflanzen ausgezeichnete Deckung. Im deckungslosen Sumpf hält sich die Bekassine nicht (höchstens Ufer-, Wasser- und Strandläufer), sie braucht unbedingt Deckung, weichen Schlickboden und auch seichte

Wassertümpel. Mein Freund Erni Stubenberg — damals der beste Schütze der Steiermark — war auch mit von der Partie, und unvergessen bleibt mir eine Bekassinenjagd, an der der Neffe Faruks, Ala Eddin Muchdar pascha, die Gräfin von Paris, Erni und ich teilnahmen. Es war der 24. Oktober 1955, und der Nepomuk war noch nicht ganz abgelassen. Wir schossen 31 Bekassinen, es waren etwa 150 da, jedoch so konzentriert, daß immer mehr als zwanzig auf einmal aufstanden. Da es überdies zwei Tage stark geregnet hatte, konnten sie auf die umliegenden Wiesen und versumpften Felder ausweichen und kehrten von dort erst in der Dämmerung zurück. Hätten wir an diesem Tag die Sache ernsthafter, mit mehr Schützen und Kontratrieben angepackt, so hätte unsere Strecke sicher mindestens vierzig Bekassinen betragen. Einmal, im Jahre 1961, schoß ich im Alleingang zwölf Bekassinen. Später dann, als die Gründe um den Waldschacherteich durch Zweithäuser, Wohnungen und Bootshäfen verbaut wurden, als Ala den berühmten Amur-Karpfen einsetzte, und in einigen Jahren Schilf und Gräser des „Nepomuk“ verschwanden, war es aus mit den Bekassinen in Waldschach. Nicht aus war es aber mit den Stockenten. Ein Teich nach dem anderen wurde neu angelegt, und bekanntlich werden neuangelegte Teiche von den Enten leidenschaftlich angenommen. So entwickelten sich der Schweig-, Schmitten-, Ochsen- und Mühlteich bis heute zu gutenEntenteichen, und viele, viele Einladungen wurden seitdem ausgesprochen, herrliche Entenjagden durfte ich in Waldschach miterleben. Da gab es alle Jahre, so um den 10. November herum, den ausgezeichneten Entenstrich auf den seichten Resten des fast völlig abgelassenen Nepomuk-Teiches. Dieser — jetzt ohne Schilfgürtel und Wasserpflanzen sozusagen „nackte“ — Teich wurde für die Enten wieder interessant, wenn sich die Bungalowbesitzer verzogen hatten und der Schlick zum Vorschein kam. Er barg die herrlichsten Delikatessen für die immer hungrigen und unternehmungslustigen Enten, die dann in Schwärmen von weither ankamen, denn überall wurden die Teiche Anfang November abgelassen und damit viele Enten sozusagen heimatlos. Hier sei erwähnt, daß in der Steiermark die Entenjagd heute am 1. September beginnt und auf den Teichen Ende November überall aufhört, weil die Teiche entweder abgelassen werden oder schon zugefroren sind. Man muß die wenigen Tage in Waldschach erraten, wenn sich große Entenschwärme zum abendlichen Strich auf den Resten des fast abgelassenen Teiches sammeln. Da kann es vorkommen, daß zwei-, dreihundert Enten in kleineren oder größeren Schofen einfallen. Entweder man postiert sich am Rande einer der übriggebliebenen Wasserlacken in der Deckung einzelner Baumruinen oder man begibt sich auf eine der zwei Inseln, wo man sich gut verstecken kann. Unbeschreiblich anstrengend ist allerdings das Hinkommen. Der zähe, lehmige Schlick ist etwa vierzig Zentimeter tief. Bei jedem Schritt sinkt man ein, ist völlig verschwitzt, wenn man an seinem Stand ankommt. Einen Hund mitzunehmen ist sinnlos, er würde nicht weiterkommen. So muß man jede einzelne Ente aus dem Schlick holen, das ist für den Schützen allein undurchführbar. Ich nahm mir immer einen oder zwei Buben mit, die das Aufklauben besorgten, allerdings mußten sie nachher abgetrocknet, gewärmt und vor allem gut entlohnt werden. Mit Rudolf Kratochwill habe ich auf diese Weise in den sechziger Jahren einen guten Tag erwischt und auf einem Abendstrich im Waldschacher Schlick über dreißig Enten erlegt. Oft sind um diese Zeit auch schon Zugenten da, so die flinken Moorenten, die Krickenten und die Tafelenten, seltener kommen Schnatterenten und Spießenten vor. Auch Gänse fallen gelegentlich ein, einmal für eine

Nacht etwa dreihundert Stück, die unbehelligt übernachteten und im Morgennebel die Reise in den Süden fortsetzten. Kormorane sind selten, Reiher aber ständig da. Die Zehntausende von Schillingen, die der passionierte und erfolgreiche Teichwirt Menzel durch sie jährlich einbüßt, sind keine Kleinigkeit.

Vom großzügigen Jagdherrn Ala Menzel eingeladen zu werden, ist schon eine wahre Freude. Gerade im Zeitalter der überlaufenen Jagden, der frustrierten Jäger und abnehmenden Einladungen darf man den Umstand wirklich schätzen, daß man in einem so herrlichen Revier freie Flinte hat. Ende Oktober 1983 hatten wir wieder Gelegenheit, einen unvergeßlichen Jagdtag in Waldschach zu erleben. Ich nahm meine drei Neffen, Fritz und Philipp Meran sowie den Meisterschützen Hansi Keil mit. Es war ein wunderschöner, sonniger Herbsttag. Gelb und rot flatterten die herrlich gemaserten Blätter zu Boden, unter unseren Schritten knirschten die abgefallenen Eicheln und Edelkastanien. Überall hingen rote Äpfel und saftige Birnen. Es roch nach Moder, Erde und Maisstroh. Am Ochsenteich waren an die vierzig Enten, die in fünf Etappen hochwurden. Hansi und ich standen links, die beiden anderen Buben in der Mitte und rechts. Gott sei Dank war der Mais am Rande des Teiches schon abgemäht. Auf der Strecke hatten wir nach langem Suchen mit der guten Hündin Bessy und Fritzis Rüden Treff endlich elf Enten. Nun ging es zum Schweig-Teich, dem Reservoir von Alas Enten, einem stillen Waldteich, der leicht zu treiben war. Alle fünf standen wir am Damm, über den die Enten am liebsten streichen. Links Hansi Keil, dann ich, rechts Philipp und ganz rechts Fritzi und Ala. Gleich am Anfang kam ein lockeres Schof, aus dem wir fünf herausschossen, dann kamen die Enten durch eine Viertelstunde einzeln oder in kleineren Schofen. Ich hatte zwar die Sonne im Gesicht, schoß aber trotzdem leidlich. Hansi schoß hervorragend, insgesamt dreizehn Enten, als wir die Strecke dieses Triebes legten, hatten wir achtundvierzig Enten, davon sechsundzwanzig herrlich verfärbte Erpel. Treff und Bessy holten bis auf drei Enten alle aus dem Wasser und dem Randschilf heraus. Es wurde langsam Abend, und ich postierte meine Schützlinge für den Abendstrich an manchen strategischen Punkten. Ich selbst erwartete nicht viel vom Entenstrich und fuhr die kurze Strecke nach Stainz, wo ich mich noch rechtzeitig an der Dickung beim Lehmsitz auf Schnepfen aufstellte. Und richtig, fünf nach halb sechs kam schnell und hoch direkt von vorne ein Schnepf, den ich mit Kernschuß erlegte. Dann fuhr ich wieder nach Waldschach, wo der Strich nur fünf Enten ergeben hatte. Vierundsechzig Enten hatten wir also erlegt. Bei gemütlicher Jause im Schloß konnte ich dem Jagdherrn für dreißig Jahre Gastfreundschaft Weidmannsdank sagen. In diesem Kapitel wiederhole ich diesen Dank auf das herzlichste.

Bild rechts:
Noch ist kein Schnee, aber die Brunft hat schon begonnen
Bild umseitig
Dort unten ist der Brunftplatz

Herbst in der Au

Der Oktober ist mir schon immer der liebste Monat des Jahres gewesen. Nicht nur im Jahre 1983, im schönsten Jahr des Jahrhunderts, immer schon. Der Oktober ist Erfüllung, Reife und Ernte. Das Wetter ist ruhig, es ändert sich wenig, die Farben, das Licht, die Kontraste, der Duft und die Sicht sind schärfer, intensiver. Rote, braune und gelbe Blätter leuchten wie pures Gold im Gegenlicht. Unten im Schatten blauweißer Reif, darüber langgezogene Nebelschwaden, aus denen die Gipfel der Berge herausragen. Zwischen roten Blättern sattblaue Trauben, Schlehdorn, vom ersten Reif versüßt, Pfaffenkapperl, Eicheln, heimkehrende Rinderherden, wehmütig rufende Wildgänse, klingelnde Entenschofe, verwelkende Blumen, gaukelnde Blätter! Die Schnepfen sind da, und kein Mensch hat sie kommen gesehen. Im Gegensatz zum Frühjahr sind sie in Maisäckern, kleinen Feldbüschen, an Bachrändern anzutreffen. Am Abend sieht man sie schnell und zielbewußt den Feldern zustreichen, am Morgen kehren sie auf derselben Route in ihre Deckungen zurück. Die Saatkrähen kommen vom Osten, verspätete Schwalbenzüge umflattern abends die Teiche, die Ringeltauben pinseln in gigantischen Flügen die Maisstoppeln blau, wenn sie aufstehen, donnert es, als ob ein Expreßzug in unmittelbarer Nähe vorbeiratterte. Am Boden liegen, im gelblichen Gras halb versteckt, die reifen, pausbäckigen Äpfel, schon angeknabbert von Vögeln und anderen Tieren, verspätete Pilze verstecken sich im Halbdunkel, Eichkätzchen sind emsig unterwegs, um ihre Winterreserven anzulegen, in den sauren Wiesen und an den ausgelassenen Teichen sind die Bekassinen fleißig hinter Schnecken und Larven her. Oktober, goldener, nach Äpfeln duftender Wonnemonat des Jägers, oh, könntest du das ganze Jahr andauern!

Auf Einladung meines Vetters Fritz Mayr-Melnhof fahre ich heute nach Glanegg im Salzburgischen, um in seinem Jagdrevier in der Salzachau ein Wochenende zu weidwerken. Fritz Mayr-Melnhof, einer der besten Flugwildschützen und Landesjägermeister von Salzburg, ist seit einiger Zeit Landesrat der Salzburger Landesregierung. Dieser Job, zu dem ihn gescheite und mutige Parteifreunde aufgefordert haben, füllt ihn völlig aus, für diese Aufgabe opfert er Zeit, Gesundheit und auch seine geliebte Jagd. Auf sein Gehalt hat er verzichtet, als Finanzreferent präsentierte er schon im ersten Jahr seiner Tätigkeit ein ausgeglichenes Sparbudget, er ist beliebt bei „Freund und Feind“, bringt moderne Aspekte in die Politik, hat Mut zu Reformen, nimmt das Volk im Gegensatz zu manchen Politikern bitter ernst, traut ihm Idealismus und Opferbereitschaft zu, mit einem Wort: ein erfolgreicher, passionierter, umsichtiger und mutiger Politiker, ein Diener seines Volkes — an seiner Volksnähe kann man erkennen, daß er direkt von Erzherzog Johann abstammt.

Bild umseitig:
Am Aussichtspunkt
Bild links:
Solokonzert im Frühlingswald

Sein Vater, Fritz Mayr-Melnhof senior, der Mann meiner Tante Marianne, war ein ganz einmaliger Mensch. Als Kunstmäzen, Sammler, Weltreisender und Innenarchitekt aus Passion hat er Schloß Glanegg eingerichtet und ein Leben lang bereichert. Seine acht Töchter und sein Sohn Fritz sind wertvolle, tätige Menschen und Eltern zahlreicher Kinder, die heute wiederum dafür sorgen, daß dieses Geschlecht niemals ausstirbt.

Am Freitagnachmittag werde ich von Revierförster Ulli Schauer beim Jagdhaus Anthering erwartet. Ich steige in den Jeep um, und wir fahren in die Au, in die mir schon seit Jahren ans Herz gewachsene, etwa 500 ha große Antheringer(Salzach-)Au. Hier haben wir vor dreißig Jahren große Fasanjagden abgehalten, hier sind wir alle Jahre im September zur großen Entenjagd geladen, hier schoß ich im Jahr 1970 bei einem Abendeinfall im Oktober vierzig Enten. In der verfilzten, undurchdringlichen, von zahlreichen Dickungen, Wiesen, Altwässern und Teichen unterbrochenen Au gibt es Sauen, Dam- und Muffelwild. Ich habe einen guten Schaufler, Kahlwild, Sauen und Muffelschafe sowie natürlich Enten frei. Ulli steht mir mit seiner hervorragenden jungen Rauhhaarhündin Distel zur Verfügung, ich bin voller Erwartungen, die Au gehört zwei Tage mir.

Zuerst wollen wir einige Lichtungen und Wiesen „abfahren", den Jagdwagen des Försters kennt das Wild und fürchtet ihn kaum, denn es wird grundsätzlich nie vom Auto aus geschossen. Wir wollen einige Schaufler besichtigen. Da und dort sehen wir schemenhaft Wild vorbeiziehen. Es ist der 21. Oktober, die Brunft beginnt gerade. Kahlwild ohne Hirsche. Es war bisher zu schön, zu warm. Hie und da stehen ein Löffler oder ein Spießer zwischen den Tieren und Kälbern. Auch Muffelwild sehen wir. Da, auf einer von hohen Eichen umsäumten Lichtung ist ein mittlerer Schaufler niedergetan. Langsam erhebt er sich, streckt und reckt sich, und fast unwillig zeigt er uns den Wedel, verschwindet zwischen den Erlen. Bei der nächsten Lichtung setzen wir uns dann an. Links eine kleine Fichtendickung, rechts verkümmerter Erlenwald mit einzelnen Linden und Eichen, hohes Gras, Unterwuchs bis Meterhöhe.

Ulli ist sehr vorsichtig, das Damwild äugt besonders gut, sieht einen sofort, wenn der Kopf über den Hochstandrand herausragt. Daher äugen wir vorsichtig durch eine Ritze. Zuerst erscheint allein ein guter Widder, weit ausgelegt sind seine Schnecken, er ist etwa sechsjährig, hat schätzungsweise 190 internationale Punkte. Lange verhofft er, dann fängt er an zu äsen. Nach zehn Minuten kehrt er dorthin zurück, von wo er gekommen ist. Nichts ist zu sehen, es vergehen etwa zwanzig Minuten. Dann erscheinen weit weg, am oberen Rand einige Stück Kahlwild, schwarze und gefleckte Stücke, darunter ein einstangiger Spießer. Wir denken schon daran, das Rudel anzupirschen, als Ulli plötzlich meine linke Hand drückt. Rechts von unserem Stand, im dichten Gewirr bewegt sich etwas. Es ist eine Schaufel. „Kein Starker", sagt er noch, dann schiebt sich der Hirsch auf einen kleinen Weg, und hinter ihm erscheint wieder ein Schaufler, diesmal ein schwarzer. Er ist etwas besser, aber wir suchen etwas Stärkeres. Und wieder Bewegung. Hinter den zwei mittleren Hirschen kommen mit etwas Abstand noch zwei, und Ullis Gesicht rötet sich. „Das sind zwei gute Schaufler", sagt er, „schauen Sie nur den hinteren, dicke Stangen, eine mächtige Auslage, breite Schaufeln." Fasziniert beobachte ich die ungleichen Gesellen, der Stärkste ist wieder ein ganz dunkler. Ulli schwankt, dann sagt er: „Ich glaube, das sind alles Beihirsche", und nach einer Pause: „Irgendwo muß da ein Platzhirsch sein, der paßt dann für uns." Mit gemischten Gefühlen sehe ich die Hirsche im Gänsemarsch entschwinden. Wir schauen auf die Uhr. Es ist fast fünf, und wir müssen zum Enteneinfall. Morgen ist auch noch ein Tag! Es dämmert schon, als wir zum Einfallplatz kommen. Es ist hinter einem Damm ein Überschwemmungsarm der Salzach, zwei Tümpel dunkles, stilles Wasser, dazwischen eine Schotterbank. Das ganze ist umrahmt von hohen Bäumen. Solange es noch relativ licht ist, stelle ich mich am Damm unter eine Eiche, damit mich die kreisenden Enten nicht sehen. Überall liegen Eicheln herum, besonders im seichten Wasser. Das ist ein Leckerbissen für die Enten. Und schon kommen drei. Ohne zu kreisen, setzen sie zum Einfall an, die Ruder weit herausgestreckt. Ich passe in Ruhe den richtigen Moment ab, nicht zu früh und nicht zu spät, denn sonst gelingt es nicht. Und im Moment, als die Enten fast „stehen", doubliere ich zwei Erpel heraus, die dann mausetot ins Wasser klatschen. Ulli ist nicht bei mir, aber das Nachsuchen ist hier wirklich keine Kunst, zu klein ist ja das Wasser. Jetzt kommt eine einzelne.

Sie kreist, ich bin gedeckt, sie entschwindet, macht wieder einen Kreis, ich erwarte sie am richtigen Ort, und als sie die Schwingen hängen läßt und sich fallenlassen will, schieße ich sie mitten in die Brust, sie knallt auf die Böschung. So allein auf dem Enteneinfall zu sein, ist ein großes Vergnügen, ich kann dann und dort schießen, wann und wo ich es will. Sind mehr Schützen da, so werden diese am Ende des Gewässers aufgestellt, müssen warten, bis die Enten eingefallen sind, und diese werden dann vom Jäger aufgetrieben. Dann kommen sie, schön steigend, vor die Schützen. Aber das ist hier wesentlich schwieriger. Es ist jetzt so dunkel geworden, daß ich meinen etwas unbequemen Platz unter der Eiche verlassen kann und mich zwischen die Tümpel auf die Schotterzunge stelle. Jetzt kommt ein großes Schof. Wie die Raketen (in umgekehrter Richtung) sausen sie von größerer Höhe zwischen den Ästen hinab. Es gelingt mir, eine Ente zu schießen. Jetzt kommt wieder eine einzelne, will einfallen, ich will schießen, da sehe ich hinter ihr noch drei, die zum Sturzflug ansetzen. Also lasse ich die erste einfallen, schieße zwei der drei herunter, die inzwischen hochgewordene verschwindet gegen den dunklen Hintergrund, ich habe aber bereits eine Patrone nachgeladen, und als sie, steil aufsteigend, gegen den Himmel erscheint, fassen sie meine Schrote, und sie fällt geflügelt auf das gegenseitige Ufer. Nun kommt Ulli und beginnt mit der Nachsuche. Ich aber schieße, während die ausgezeichnete Hündin eine Ente nach der anderen von selber apportiert, noch einige herunter, und am Ende legen wir vierzehn Enten auf die Schotterbank. Darunter sind zehn Erpel, schön ausgefiedert mit prachtvollen Hacken. Dann fahre ich von Anthering über die Autobahn nach Glanegg, wo ich rechtzeitig vor dem Abendessen ankomme. Auch jetzt habe ich Glück, der Hausherr ist anwesend, und wir verbringen einen gemütlichen Abend im Familienkreis, drei Generationen sind versammelt. Vor einem halben Jahr habe ich hier noch die unvergessene Tante Marianne besucht, die Urmutter all dieser Kinder, Enkel und Urenkel. Sie ist mit ihrem Mann, dem vielgeliebten Onkel Fritz, alljährlich auf unseren Saujagden in Csákberény gewesen. Auf der Wendeltreppe hängen die kapitalen ungarischen Böcke von Onkel Fritz, auch von Zámoly und Csákberény sind welche darunter, und sein drittbester Hirsch vom Cser, den er im Jahre 1936 geschossen und den Heger Müller mit Hirschmann nachgesucht und gefunden hat, befindet sich im Herrenzimmer.

Onkel Fritz hat in Csákberény mit uns botanisiert, als wir kleine Kinder waren und regelmäßig seine herrlichen Lancias, Tatras und Studebakers mit dem feinen Ledergeruch bewunderten. Im Gegensatz zu uns fuhr er mit seinen Autos auf unseren Waldwegen mit großer Sicherheit herum, und immer waren wir dabei. Er suchte pannonische Pflanzen und Blumen für seinen Alpengarten auf dem Glanegger Schloßberg, wir halfen ihm, die Vérteser Steinrose auszustechen, die pannonische Nelke und die westungarischen Anemonen. Er fing mit unserer Hilfe eine Anzahl großer Smaragdeidechsen, die er dann in Glanegg ausließ, wo sie sich erfolgreich vermehrten. Das Glanegger Schloß, bis auf den kleinsten Stich und jedes Möbelstück sein Werk, atmet noch immer seinen Geist, ich sehe ihn noch die große Stiege herunterkommen, seine Zigarre rauchend, und freue mich, wenn ich an sein Schmunzeln, sein Schimpfen, sein niemals ausbleibendes Lob denke, für mich lebt er weiter wie die selige Tante, und ich grüße ihn mit einem stillen, kurzen Gedenken.

Und sein Sohn Fritz, der erfolgreiche Politiker, findet Zeit, mir seine politischen Ansichten zu erläutern. Unsere Ansichten decken sich fast völlig, ob er denn Lohn für seine selbstlose, aufopfernde Tätigkeit ernten wird? Bald gehe ich schlafen, und mit großer Vorfreude gehe ich als erster in das Frühstückszimmer. Der sympathische Jakob, ein 1974 aus Arad emigrierter Rumäne, betreut mich, und wir sprechen vom seinerzeitigen „Rübenbomber“, dessen Landung ich beobachtet habe und dessen Besatzung ebenfalls aus Arad kam...

Ulli erwartete mich um halb neun Uhr vor seinem Haus. Überall liegt Reif. Das Auto im Hof ist so vereist wie sonst nur im tiefen Winter. Auf der Salzburger Ebene schwimmen die Nebel wie lange weiße Märchenschiffe. Aus einem dieser Nebelfelder ragt der Glanegger Schloßberg mit dem hell erleuchteten Schloß hervor. Gelb sind die Mauern, rot der wilde Wein, ein unvergeßlicher, herrlicher Anblick. In der Au nistet noch der Dunst, als wir sie betreten. Das Damwild liebt die Sonne, sagt Ulli, erst um halb Zehn Uhr wird Bewegung zu erwarten sein. Vorerst setzen wir uns unter den großen Eichen an, vielleicht kommen Sauen.

Wir sind noch nicht eine Viertelstunde auf dem Hochstand, als tatsächlich, von links kommend, eine Bache mit Frischlingen erscheint. In Deckung suchen und wühlen sie unter den uralten Bäumen herum, dann und wann hört man ein wohliges Grunzen, dann wieder quietscht ein Frischling auf. Zwei Bachen-Frischlinge zeigt mir Ulli, diese wären zu schießen. Ich soll achtgeben, ja kein anderes schießen. Im Schuß fällt der erste, und als die Rotte mit gesträubten Rückenborsten einen Moment verhofft, gelingt es mir, auch den zweiten Frischling zu erlegen. Es ist keine große Heldentat, besonders, wenn man beobachten kann, wie die Bache aufgeregt ihre regungslos liegenden Kinder erwartet.

Inzwischen haben wir das Autoradio eingestellt, während Ulli die Sauen versorgt. Großer Bericht über die Friedensdemonstrationen, die an diesem Tag in aller Welt stattfinden. Wenn man an die Borniertheit und Falschheit in der heutigen Zeit denkt, wird einem übel. Auch jene Herren sprechen vom Frieden, die schon in ihrem Parteiprogramm, dem längst überholten Marxismus, den Klassenkampf predigen, also den dauernden, nicht erlahmenden Kampf gegen einen Teil der eigenen Bevölkerung — den klassischen Unfrieden also! In meinen Augen bedeutet Frieden vor allem verzeihen und verstehen!

Man sollte sich die Leute gut anschauen, die sich da hervortun, die da die naiv-idealistische Jugend verführen und betrügen! In Beirut wurden in einer Nacht über zweihundert amerikanische Soldaten in die Luft gesprengt, und die Zeitungen rätseln, wer wohl dahintersteckt. Ebenso rätselte man beim Attentat auf Sadat, Reagan und den Papst. — Angewidert drehe ich das Radio ab.

Wir fahren jetzt zur großen Wiese, denn Ulli rechnet damit, daß mit den ersten wärmenden Sonnenstrahlen das — sonnenliebende — Damwild austreten wird. Ganz vorsichtig pirschen wir uns an den Hochstand heran, nichts ist zu sehen, als wir es uns oben bequem machen.

Der Nebel ist jetzt völlig gewichen, nur im Bestand und an schattigen Stellen ist Reif zu sehen. Durch die gelben, orangen und roten Blätter der verschiedenen Laubbäume tasten sich die wärmenden Sonnenstrahlen auf die große Wiese. Und da erscheinen ganz oben am Rand des Bestandes ein schwarzes Tier und ein Kalb. Sie verhoffen lange, dann fangen sie zu äsen an. Langsam, eines nach dem anderen, betritt nun ein ganzes Rudel die Lichtung. Sie äsen zügig gegen die Mitte zu, immer näher an uns heran. Zwei Spießer sind darunter, kein Schaufler. Die Brunft ist eben noch kaum im Gang. Eichelhäher streichen in großer Zahl von den großen Eichen zu Boden, drei Eicheljahre hintereinander, das ist ihre große Zeit, hier haben sie sich prächtig vermehrt. Ich beobachte sie durch mein Glas. Da packt einer eine große Eichel, hält sie im Schnabel fest und verharrt zuerst regungslos, nachdenklich. Dann ein Ruck mit dem Kopf, ein Dehnen und Würgen — und verschwunden ist die große Eichel. Jetzt putzt sich der Häher, trippelt hin und her, und schon hat er die zweite Eichel gepackt, und das Spiel wiederholt sich. Nach einiger Zeit streicht er zum nahen Wasser, wo er hinter der Böschung meinen Augen entschwindet. Gewohnheitsmäßig schaue ich auch nach rechts und links in den Bestand. Und als ich rechts zwischen die dünnen, krummen Erlen sehe, erstarre ich. Da steht ein dunkler Schaufler auf kaum vierzig Gänge im hohen Gras. „Nicht gut genug", sagt Ulli, und schon ist der Hirsch in Richtung Wiese verschwunden. Ich sehe eine gute Auslage und etwas, was ich als alter Trophäenvermesser sofort bemerke, der Hirsch hat ein langes Eisende auf der rechten Seite, bei Schauflern eher etwas Seltenes! Ein Abnormer also, was in meinen Augen seinen Wert sofort erhöht. Dann geschieht lange nichts. Das Rudel hat sich auf etwa 130 Meter herangeäst. Da gibt es Tiere mit langen Schädeln, größere und schwächere Kälber, die lustig herumtollen. Jetzt verhofft die ganze Partie plötzlich auffallend nach rechts. Und tatsächlich — dort, wo zwischen den Büschen ein kleiner Durchlaß ist, am Hauptwechsel also, erscheint auf dem alten Damm ein Schaufler, „unser" Schaufler, denn ich erkenne ihn sofort am Eisende. Er hebt das Haupt, meldet — welch komischer Laut — und betritt besitzergreifend, langsam und gravitätisch die Bühne. Und fast gleichzeitig bemerken wir es, der Hirsch hat — etwas vor der Brunftrute — einen kopfgroßen Binkel, eine Geschwulst, offensichtlich einen Bruch. Auch scheint er stark heruntergekommen zu sein, ist eingefallen, wie die Hirsche es nach der Brunft zu sein pflegen. Ulli zaudert, ich sehe es ihm an. Ich weiß, daß man mir einen kapitalen Schaufler zugedacht hat, ich weiß aber auch, daß dieser Hirsch unbedingt abzuschießen ist. Ich darf nicht an die Trophäe denken. Ich muß als Weidmann handeln. Und greife nach dem Stutzen. Ulli ist erleichtert und drückt mir die Hand. „Brav!" ist alles was er hervorbringt. Die Entfernung ist 130 Meter, der Hirsch ist in dauernder Bewegung. Ich lege den Lauf auf einen mitgebrachten kleinen Polster, stütze meinen rechten Arm auf und warte, bis der Hirsch sich breitstellt. Dann ziele ich sorgfältig und drücke in aller Ruhe ab. Kugelschlag. Mit tiefem Träger flüchtet der Hirsch in den Bestand. Ich lege aufatmend den Polster zurück, lehne den Stutzen an die Brüstung, und nun warten wir einmal fünf Minuten. Inzwischen ist ein schwaches Kalb am Rand aufgetaucht, und Ulli meint, daß es weggehört. Ich hebe die Büchse, meine 30-06 ist auch auf 200 Meter zuverlässig, ziele, doch verdeckt etwa auf dreißig Schritt vor mir ein Fichtenast das halbe Kalb. Es verhofft schon, hat offensichtlich Wind vom Schaufler bekommen. Ich ziele durch die Äste, als wären sie nicht vorhanden — und im Feuer fällt das Kalb und rührt sich nicht mehr. Nun steigen wir ab. Am Anschuß Lungenschweiß, und dort sehe ich es ja schon dunkel durch die Büsche hindurchschimmern. Aber was ist das? Das Haupt ist noch hoch! Ich gehe zwei Schritte näher, dann sehe ich, daß der Hirsch beim Zusammenfallen sein Haupt in eine dicke Astgabel geklemmt hat, er ist längst verendet, hat einen guten Blattschuß.

Ergriffen trete ich zu meinem ersten Damschaufler. Es hat lange Jahrzehnte gedauert, bis ich einen erlegen durfte. Mein einziges Stück Damwild schoß ich im Jahre 1952 beim Riegeln in dieser Au von einem Hochstand aus in der Flucht, es war ein Schmaltier. Der Bruch des Schauflers ist stark entzündet, er dürfte durch einen Forkelstich entstanden sein.

Beim Zurückfahren sehen wir noch einen kapitalen Schaufler der Goldmedaillenklasse.

Hätte ich diesen notwendigen Hegeabschuß nicht durchgeführt, wäre er für mich sicher frei gewesen. Aber ich bedaure meinen Entschluß keinen Augenblick. Im Gegenteil, ich würde mich sehr ungut fühlen, hätte ich den kranken Hirsch nicht geschossen. Entweder ist man ein Weidmann oder ein beinharter Trophäensammler. Nach dem Mittagessen werden einige der klassischen Ententriebe von Ulli allein auf mich durchgenommen. Ende Oktober, nach einigen großen Jagden, sind die Enten nicht nur sehr roglig, sondern sofort in großen Höhen und pfeilschnell. Es gelingt mir, mit gezielter Auswahl der Erpel eine beachtliche Strecke zu erzielen, so beim „runden Wasser“ zum Beispiel aus einen langgezogenen Pulk fünf Enten zu schießen. Die brave Distel arbeitet so gut wie selten ein Hund, es ist eine Freude, ihr zuzuschauen. Wir verlieren überhaupt keine Ente. Am Abend folgt dann ein unvergeßlicher Einfall am Rocher-Steg. Mitten in einem Hochwald ist ein toter Arm der Salzach, da fallen zwischen den Ästen die Enten ein. Ulli steht neben mir, Distel apportiert auch ohne Aufforderung, weil sie alles genau beobachtet. Als wir am Abend Strecke legen, zählen wir neununddreißig Stockenten, darunter erfreulicherweise achtundzwanzig Erpel. Ein wunderschöner, unvergeßlicher Oktobertag geht zu Ende. Über der Au wölbt sich der tiefblaue Nachthimmel mit seinen Milliarden Sternen. Zu ihm hebt sich mein dankbares Herz, denn ich bin etwas, was im heutigen Leben so überaus selten ist — ich bin restlos glücklich.

Im Grazer Heim

Wenn man einmal krank ist, wie ich jetzt, hat man endlich Zeit, sich im eigenen Heim umzusehen. Ich wohne seit mehr als drei Jahrzehnten in einer Parterrewohnung in Graz in der Elisabethstraße und fahre täglich von hier in mein Amt im Jagdmuseum, das im Schloß Eggenberg untergebracht ist. Die ersten Jahre, als die Straßenbahn schon regelmäßig und schnell fuhr und eine Fahrt fünfzig Groschen kostete, mit dieser, dann später mit meinem alten, aus Ungarn mitgebrachten Fahrrad, der Rosita, damals bewältigte ich die fünf Kilometer in zehn Minuten. Heute brauche ich mit meinem Wagen mindestens zwanzig Minuten, bei überdurchschnittlichem Verkehr auch eine halbe Stunde. 1950 gab es auf dieser Strecke drei Verkehrsampeln, heute sind es siebzehn. Damals konnte ich noch bis zur Türe meines Büros fahren. Als später alle Mitarbeiter Wagen hatten, wurde das Hereinfahren verboten. Aber ich will ja nicht von meinem Dienstort berichten, vielmehr von meiner Wohnung, die ja das Spiegelbild eines Menschen ist. Und jeder stellt sich irgendwann bewußt oder unbewußt die Frage, ob sein Leben ausgefüllt, zweckmäßig oder sinnvoll ist. Mir geben all die Gegenstände, die ich im Laufe der Jahre angehäuft habe, Antwort. Da sind die Bilder. Ich habe sie an meinem letzten Tag in Csákberény mit der Post nach Stainz geschickt. Sie sind ungefähr zur gleichen Zeit wie ich angekommen. Ein Aquarell von Gecki Stürgkh, das nach einer von mir gemachten Photographie gemalt worden ist, zeigt unser altes Schloß in seiner ganzen Pracht, so wie es im durchaus friedlichen Jahr 1941 ausgesehen hat. Die Rosenbeete sind gepflegt, die große Uhr über der Einfahrt ist aufgezogen, der Turm beflaggt, der Rasen gemäht. — Auf dem Dach unseres alten Hauses habe ich im Winter 1945/46 wie gesagt alle Einschußlöcher, die der drei Monate dauernde Kampf verursacht hat, repariert. Man hat mir zugesehen, aber nicht geholfen. Nach getaner Arbeit habe ich damals die größte Genugtuung meines Lebens verspürt. Ich war überzeugt, das Schloß, das man uns ja schon weggenommen hatte, gerettet zu haben. Nie mehr in meinem arbeitsreichen Leben habe ich nach einer vollbrachten Tat mehr Stolz und Freude gespürt als damals im März 1946. Ein sinnvolles Leben, eine zweckmäßige Arbeit? Einige Jahre später wurde das ganze Schloß abgetragen. Die Bäume hat man — bis auf ganz wenige — gefällt, ein Russendenkmal erinnert an die „Befreier". Es war also zwecklos, so sinnlos wie unser Kampf um die Heimat in den Jahren 1945 bis 1948. Und trotzdem tut es mir nicht leid, die Arbeit getan zu haben. Ich habe im Kampf um meine unvergleichliche Heimat drei Jahre durchgehalten, ich habe nicht kampflos aufgegeben. Ich weiß, daß dieses Tun gerecht und gut war, daß es Gottes Segen hatte, in den Augen des Ewigen Richters wird es einst vielleicht mehr zählen als all meine menschlichen Schwächen und Unzulänglichkeiten. Diese drei Jahre haben mein weiteres Leben geprägt. Ich konnte verzeihen, aber ich konnte nicht vergessen.

Aus dem Billardzimmer von Csákberény konnten wir drei beschädigte Bilder retten. Das war damals, als Csákberény vorübergehend in deutscher Hand war und wir dank eines anständigen deutschen Majors dorthin zurück durften und in den Trümmern unserer Einrichtung wühlten. Die Bilder lagen teilweise unter Schnee, sie wiesen Wasserflecken und Abdrücke von Russenstiefeln auf. Heute hängen sie restauriert in meiner Wohnung. Onkel Feri Lamberg, der Vorgänger meines Vaters als Hausherr von Csákberény, hatte sie geschaffen. Er war ein ganz ausgezeichneter Tiermaler, etwa Pausinger gleichzusetzen, er malte aber nur für sich, für sein Heim und seine Familie. Einem großen Publikum wurde er nie bekannt. Die drei Bilder zeigen drei der besten früher in Csákberény hängenden Hirsche im Augenblick ihrer Erlegung. Der Kapitalste von allen, mit 218 Nadlerpunkten (nach 100 Jahren vermessen), war am Cseresnyésbörczer Kopf erlegt worden, der Starke mit der riesenhaften Krone am Cser, ihn hatte Onkel Rudolf am 25. Juli erlegt, aus einem Rudel von sechsundzwanzig starken Hirschen auserkoren, dann die beiden Brunfthirsche aus der Förtésvölgy, wie sie sich gegenseitig anröhren. Bilder von Lambergahnen, von einem Viererzug in Csákberény, Stiche, die einst alle zu Hause hingen, so das Bild des Ministerpräsidenten Graf Ludwig Batthyány aus dem Jahre 1847. Es ist insoferne interessant, als es einem Grafen Lamberg gehört hatte, dessen Bruder von den Rebellen auf der Brücke zu Budapest ermordet worden ist, während man Batthyány hingerichtet hat, weil er ein Rebell gewesen ist. Das Bild hängt über dem alten Radio, das wir aus Csákberény gerettet haben und das fünfzig Jahre nach seinem Kauf noch tadellos funktioniert. Über dieses Gerät haben wir vom Ausbruch des Krieges, von Telekys Selbstmord, von der Krönung Pius XII., vom Eucharistischen Kongreß zu Budapest, von Horthys Proklamation 1944, zusammen mit deutschen Offizieren den Londoner Rundfunk, Maria von Schmedes und Lale Andersen, die Rede Mussolinis nach Beendigung des Abessinischen Krieges gehört, um nur einige Ereingisse zusammenhanglos herauszugreifen.

Warum wir diese schwere, alte Kiste mitgenommen haben, ist mir bis heute ein Rätsel. Hätten wir nur an seiner statt die zehn besten Csákberényer Rehgeweihe mitgenommen! Jene, die hier hängen, haben wir allesamt erst damals zusammengerafft, als die Russen sie schon aus den Fenstern geworfen und wir sie inmitten von Leichen, Geröll, Möbelresten und Unrat gefunden haben. Meine zwei besten Böcke jener Zeit, der Székelyhider Bock aus dem Jahre 1943, der die Bronzemedaille gewonnen hat, und mein bester und zweitbester Csákberényer aus dem Hosszubörcz und dem Burián sind dabei. Hier hängt, über dem Gewehrschrank, einer meiner besten Hirsche, den ich am 19. September 1944 im Revier Gánt im Gizikut-Boden geschossen, selbst ausgekocht, beschriftet und in mein Zimmer gehängt habe. Dort hat er keine drei Monate gehangen, dann haben wir Csákberény verlassen müssen. Ich habe den Hirsch — anders als Vater, der seine besten Trophäen in einem Bunker versteckt hat und diesen dann hat zuschütten lassen — am Dachboden bei einem Jäger versteckt. Hier habe ich ihn im Dezember 1945 wieder gefunden, dann hat er drei Jahre in unserer neuen Wohnung im kommunistisch gewordenen Ungarn gehangen. Vor unserer dritten Flucht ist er wieder auf besagten Dachboden gekommen und dort etwa neun Jahre gelegen. Ein Jäger hat ihn dann einem deutschen Jagdgast mitgegeben, und dieser hat ihn von Bruck an der Leitha per Post nach Graz gesandt. Als ihn der Postbote völlig

Bild rechts:
Der Aufstieg zur Hütte
Bild umseitig:
Abendstimmung in Strem

unvorhergesehen in mein Büro gebracht hat, hab ich mich meiner Tränen nicht geschämt. Dem Briefträger habe ich damals ein Trinkgeld in der Höhe meines halben Monatsgehaltes gegeben. Dem edlen „Schmuggler“ aber habe ich niemals danken können, seine Absenderadresse war — wohl wegen der Eile — unleserlich. Dieser Hirsch ist zwar niemals ausgestellt gewesen, hätte aber mit knapp 180 Nadlerpunkten die Bronzemedaille der damaligen Zeit bekommen. Auch mein stärkster Keiler vom Jahre 1943 ist gerettet. Er hat 123.5 Internationale Punkte, und das ist beachtlich. Es ist jener, den ich im Sommer in der Cseresnyés-völgy geschossen habe, damals als wir den am Vortag angeschossenen nachsuchten (siehe ‚Zwischen Weckruf und Strecke'). Leider war auch er nie ausgestellt.

Schräg vis-a-vis von mir steht die von Meister Cokl gezimmerte Riesenstellage für die vielen Pokale, die ich beim Wurftaubenschießen gewonnen habe. Es sind über 150 Trophäen, ein etwas protziger Beweis für dreißig Jahre Streß, Anstrengung, Aufregung, finanzielle Opfer, aber auch für viel Freude, Triumph und beträchtliche Siege.

Ich weiß nicht, welcher Dämon mich geritten hat, als ich — so arm ich war — diesen teuersten und anstrengendsten Sport als „Hobby“ gewählt habe. Vielleicht war es eine Art Trotz, um zu beweisen, daß auch ein völlig mittelloser Flüchtling unter den vielen Millionären und Profis seinen Mann stellen kann. Ich habe bei diesem Sport viele gute Freunde gewonnen.

Im Gewehrkasten stehen friedlich nebeneinander meine zwei FN-Trapflinten. Ich habe mit der alten eigentlich alle Konkurrenzen bestritten, sie hat wie viele meiner Flinten 76 cm-Läufe mit Full-choque Bohrung. Meine zwei „Webleys“ sind offener, nicht aber die zwei alten Springer-Flinten aus dem Jahre 1902, wertvolle Meisterwerke ihrer Zeit, besser als alles, was man heute bekommt, auch besser als neue englische Flinten. Als siebente Flinte besitze ich eine alte „Sauer & Sohn“, die von Freund Dietz Angerer stammt. Mehr aus Jux habe ich mir eine gewonnene Franchi-Automatenflinte behalten, gebraucht habe ich sie außer auf Elstern nie. Unter den Kugelgewehren ist da die Mannlicher-Steyr-Büchse Kal. 30-06 mit Diavari von Zeiss, die Prinz-Kipplaufbüchse 6.5 x 57 R mit Helia-Super von Kahles, dann die alte Mauser-Büchse Kal. 7 x 64 mit dem vierfachen Falke-Fernrohr. Dann — natürlich beim Schießen gewonnen — eine 6 mm-Magnum-Büchse und eine fünfschüssige „Hornet“, beide mit Gläsern. Alle anderen Waffen, die ich beim Schießen gewonnen habe, habe ich weitergegeben, meistens weitergeschenkt. Interessant ist, daß die alte Springer, die laut Springer-Archiv im Jahre 1902 5000 Kronen gekostet hat, von mir bei Bradler 1950 um 3300 Schilling erworben wurde, heute aber einen Wert von weit über 100.000 Schilling hat. In einer Vitrine sind neben zahlreichen Medaillen, die ich beim Schießen gewonnen habe, auch jene Preise zu sehen, die mir 1948 in Csákberény beim Sportfest der Kommunisten verliehen worden sind. Ich muß sagen, daß ich auf diese Preise ebenso stolz bin wie auf die diversen Ehrenzeichen der Republik und des Landes Steiermark sowie auf den Goldenen Ehrenring der Jägerschaft. Diese ehrenden und anerkennenden Auszeichnungen akzeptiere ich

Bild links:
Die Fütterung ist nicht mehr weit

dankbar, und ich weiß auch, warum ich sie bekommen habe. Das Jagdmuseum ist mein Lebenswerk, und sein Aufbau hat mir mindestens soviel Freude gemacht, wie er Mühe gekostet hat. Ansonsten sind solche Auszeichnungen ja Altersattribute, die auch ein wenig mit dem Dienstrang zusammenhängen.

In meinem Salon, in dem auch meine drei besten Böcke und mein stärkster Hirsch hängen, gibt es ein Kästchen, das etwa vierhundert von mir veröffentlichte Artikel beinhaltet. Ganz stolz bin ich auf den Internationalen Literaturpreis für Jagdschriftsteller und Jagdpublizistik, den man mir 1977 in Chambord zuerkannte und dessen Urkunde von Abdorreza Pahlewi, dem Bruder des verstorbenen Schahs von Persien, unterschrieben wurde. Stolz — weniger als Ausfluß meines Selbstbewußtseins, sondern weil man mich literarischen Zwerg würdig befand, unter Titanen und Vorbilder gereiht zu werden. Denn in diesem Internationalen Jagdrat, dem ich seit ungefähr zwanzig Jahren angehöre, sind an die fünfzig Länder mit vielen würdigen Schriftstellern vertreten.

Eine ganze Stellage und ein halber Kasten sind mit meinen über siebzig Photoalben gefüllt. Bis zu meinem 30. Lebensjahr schrieb ich jeden Tag in Tagebücher. Später aber legte ich Photoalben an, die ebenfalls tagebuchartig geführt werden. Nicht nur bei Reisen, nicht nur bei Festen, ich photographiere eigentlich immer. Mein ganzes Leben ist auf diese Weise nachzuschlagen. Mir kann auch kaum jemand etwas erzählen. Angebern und Märchenerzählern kann ich fein säuberliche Gegenbeweise liefern, was etwa Daten anbelangt. Meine Bücher waren auch auf Grund der genau geführten Tagebücher leicht zu schreiben. Die Photoalben wiederum beweisen neben vielem anderen vor allem, wie schnell die Zeit vergeht. Aus Kindern werden in Blitzeseile Erwachsene. Kleine Mädchen, in einem Album vor zehn Jahren verewigt, haben jetzt selbst Kinder, schöne Frauen verwelken, liebgewordene Hunde sind nicht mehr, die fröhlichen Gesellen und alten Jagdkumpane sterben und verschwinden einer nach dem anderen. Wahrhaftig, wer Photodokumente anlegt, vergißt die unwahrscheinliche Kürze des Lebens keinen Augenblick. Ein Beispiel: vor einigen wenigen Jahren war ich bei meinem verehrten Freund und Gönner Chappie Seilern in Wasserburg zur Jagd. Ich mache da immer meine Photos und sende sie dann auch dem Jagdherrn, der selber eine große Anzahl von Photoalben aufbewahrt. Da war ein Photo darunter, auf dem drei gute Freunde abgebildet waren: Alexander Eltz, Ulfi Arco-Zinneberg und Tassilo Hohenlohe. Vier Jahre später sind alle drei im besten Mannesalter unvorhergesehen gestorben. Zuerst Alexander, dann Ulfi, schließlich Chappies Schwiegersohn Tassilo. Man schlägt nach, sucht ein Ereignis von vor zwei, drei Jahren, und siehe da — schon sind einige Freunde, die da abgebildet waren, tot. Man muß schon sagen — in gewisser Weise lebt der Photograph mit dem Tode auf „Du".

Natürlich sind mir in den vielen Jahren meiner photographischen Praxis ganz prachtvolle Naturbilder gelungen, man kann sagen etwa zehn Meisterwerke pro Jahr, wenn nicht mehr. Ich hätte sicherlich Material für eine Photoausstellung beisammen, die es wert wäre, besichtigt zu werden. Allein noch nie hat man mich dazu aufgefordert, ja nicht einmal in meinen Büchern werden ausschließlich meine eigenen Bilder verwendet. Angeblich verlangt das Publikum nach Tierbildern. Ich bin dessen nicht so sicher. Heute ist das Zustandekommen toller Tierbilder angesichts der Technik und der zahllosen Wildparks nicht immer eine Kunst. Ich weiß sogar von Leuten, die mit — noch weichen und daher änderbaren —

Stopfpräparaten arbeiten. Und will man eine Photoausstellung machen, so kann man das angeblich nur, wenn man Mitglied eines Vereines ist. Ich habe Zeit meines Lebens Vereinstätigkeiten mit all ihren Sitzungen und Satzungen verabscheut und mich, wenn irgend möglich, geweigert, Vereinen beizutreten. Ich habe keine Zeit dazu. In meiner Freizeit habe ich sehr viel vor! Wirtshäuser, Stammtische, Versammlungen, Tagungen liebe ich nicht.

In einem kleinen Barockkästchen sind meines Vaters Schriften und Tagebücher aufbewahrt. Immer hat er für die Großfamilie gearbeitet, immer selbstlos seinen Eltern geholfen. Seine Fluchtjournale sind Dokumente der Zeitgeschichte, geschrieben von einem wahrheitsliebenden, ehrlichen Menschen. Es wäre schön, könnte man ähnliches von allen Geschichtsschreibern guten Gewissens behaupten. Tyrannen und Systeme kommen und gehen, wenn sich aber die Nachfahren noch nach deren Tod bekämpfen, wird es niemals Frieden geben. Revanchismus, Klassenkampf, Geschichtsfälschung sind Gegner des wahren Friedens. Rachegefühle machen ihn auf lange Zeit unmöglich. Irgendwann ist jede Schuld abgegolten. Die Völker haben niemals Schuld, nur ihre Führer, die beflissen im Namen dieser Völker handeln. Mein Vater sagte immer, daß Dummheit und Feigheit oft geradewegs ins Unheil führen. Und das Unheil bedeutet, daß es immer dem Volk schlecht geht.

Vater liebte das Volk, und das Volk liebte ihn. Im Jahre 1982 hat ein ortsfremder Akademiker die „Geschichte von Csákberény" geschrieben. Sie hat in der Bevölkerung wegen ihrer Lügen und Verleumdungen Empörung ausgelöst. Da wird meine Großmutter wüst beschimpft, weil sie in den dreißiger Jahren ein Gebet verfaßt hat, mit der Bitte, daß uns Gott vor dem Kommunismus beschützen möge. Vater wird als erfolgreicher Landwirt erwähnt, dem es gelungen ist, die übernommenen Schulden zu liquidieren. Daß es Schulden gegeben hat, stimmt schon, aber die Millionen Goldkronen, die man 1914 als Kriegsanleihe gezeichnet hat, haben ja die Besitze belasten müssen. Tatsache bleibt, daß fast alle unsere Angestellten sich Häuser bauen konnten, auch wenn sie von woanders stammten, auch ehemalige Kommunisten, die wir großzügig aufgenommen haben, weil sie nicht in ihre Heimat zurückkehren konnten. Sie bauten sich auf dem Grund, den Vater spendete, mit Baumaterial der Herrschaft, mit Arbeitskräften meines Vaters wunderschöne Häuser, wohin sich manche frühzeitig in Pension gegangene zu stiller Beschaulichkeit zurückzogen und noch lange Jahre glücklich lebten. Ich will keine Vergleiche anstellen, aber ich könnte mir heute, nach 35 Dienstjahren, nur schwer ein Haus bauen.

Vater, der mit 51 Jahren und sechs Kindern als völlig mittelloser Mensch Ungarn verließ, hoffte natürlich, daß sein Vater, der ja bis 1947 lebte, ihm in Anbetracht der veränderten Umstände irgend etwas vermachen, vererben würde. Nicht nur, weil er sein ganzes Leben für die Großfamilie eingesetzt hatte, sondern einfach, damit er nicht mit sechs Kindern abhängig und auf andere angewiesen gewesen wäre. Doch dazu ist es leider nicht gekommen.

Flüchtlinge sind dankbar für alles, was man ihnen Gutes antut oder gibt. Man kann einem Flüchtling nur dann wirklich helfen, wenn man ihn auf eigene Beine stellt, damit er selbst durch Arbeit sein eigenes Leben gestalten kann. Wenn ich heute Vaters Schriften lese, krampft sich mein Herz zusammen, denn nach der Enteignung kam dann nach großer Hoffnung noch die Enttäuschung — und das hat er nicht mehr verkraftet. Jeder Arzt kann es bestätigen — durch seelische Qualen wird auch der gesündeste Mensch krank.

Auf dem kleinen Kästchen mit Vaters Schriften steht ein Kerzenständer ganz besonderer Art. Er ist aus einem wohl ganz kapitalen Hirschgeweih meines Wissens Ende des 18. Jahrhunderts angefertigt worden und hat abnormal riesige Maße. Dieser Kerzenständer stand in Csákberény auf dem Kaminsims aus rotem Marmor in der gemütlichen Halle. Und wie kam er in meine Wohnung in Graz? Es war im Winter 1945/46. Der staatliche Forstmeister, zwei Jahren vorher von meinem Vater entlassen und dann als Flüchtling aus dem ungarischen Oberland, das 1945 bereits zur ČSSR gehörte, wieder in Csákberény gelandet und dort an seine alte Stelle gestellt, hat uns Holz zur Beheizung unseres einzigen Ofen zunächst verweigert. Es war ein kalter Winter mit Temperaturen um minus zehn Grad, und wir froren erbärmlich. So entschlossen wir uns, in unserem enteigneten Wald selbst Holz zu schlägern. Mit einem Wagen unseres Nachbarn, vor den die alte Mähre des Wirtes gespannt wurde, fuhren wir hinter dem Friedhof in den Wald und fällten dort zwei stattliche Buchen. Die ganze Nacht arbeiteten wir, um diese Bäume aufzuarbeiten. Wir waren jung und stark, und es gelang uns sogar, bis zur Morgendämmerung die Hälfte zu liefern. Als wir am nächsten Nachmittag noch bei gutem Licht hinausfuhren, bemerkte ich unweit der Stelle unserer „Tat“ in einer kleinen Dickung einen gut erhaltenen Bunker aus dem Krieg. Darin waren ein verrostetes Feldbett, Munitionskisten, zwei Karabiner und einige amerikanische Konserven. Es waren also Russen hier gewesen, zu welcher Zeit genau, war nicht zu eruieren. Neben dem Bett stand auf einer Kiste, unversehrt, von herabgeronnenen Wachs völlig bedeckt, unser alter Kerzenständer; ich nahm ihn gerührt an mich. Die ganze Bevölkerung wußte übrigens von unserem „Holzdiebstahl“, aber dem überkorrekten Forstmeister hat niemand etwas verraten.

Die Karabiner ließen wir dort, ölten sie später ein, und als wir Munition fanden, die ja überall herumlag, beteiligten wir uns an der notgedrungenen Wilderei. Wir fühlten uns moralisch im Recht. Bei unserer letzten Flucht habe ich dann diesen schweren Kerzenständer in einem Rucksack über den Eisernen Vorhang gebracht.

Auch ein alter Csákberényer Teppich, ein weicher „Kazak“ von großem Wert, hat den Weg hierher gefunden. Ihn haben wir auf der Flucht 1944 mitgenommen, und er hat den Treck, die Russen in Brandhof, die Zeit überdauert — ein Stück aus einer alten Zeit, ein Zeuge vergangener Tage, so wie ich.

Und dann sind da noch die beiden Kriehuber-Stiche vom Kaiserpaar. Sie hingen 1946—48 über dem „Blauen Kanapee“ in unserer neu eingerichteten Wohnung. Unter diesen Bildern saßen unter anderem die beiden 'AVO-Männer, die uns überprüften und verhörten, die Russen, die unsere Bibliotheksreste kontrollierten, Parteisekretäre und Kolchosenführer, der alte Wilderer, die beiden Pfarrer, Bruno, der Tischler, László János, der Schmied, meine Brötchengeber von der Pester Jagdgesellschaft, Bauern, die uns Felder zurückgeben wollten, angeheuerte Polizeispitzel, die Budapester Kommunisten mit Freund Jenő an der Spitze, Szilassy Bandi, der Harmonikavirtuose, Dr. Csányi, Notar Karai. Hier feierte die Csákberényer Jugend auf meine Einladung hin Feste, unter diesen Bildern hat manch weinselige Kehle die Internationale, aber auch verbotene, „reaktionäre“ Lieder gesungen. Stumme Zeugen jener unvergleichlichen Zeit, da zwei geschichtliche Epochen aufeinanderprallten, die alte weichen und jene der „Befreier“ siegen mußte. Hier haben wir manchen Entschluß gefaßt, der für mein künftiges Leben bestimmend war, auch den zur Flucht. Ich habe zwar die Heimat verloren, aber die Freiheit in jenen Jahren, als sie in

Ungarn nicht mehr vorhanden war, wirklich schätzen gelernt. In der neuen Heimat habe ich die Freiheit, das zu schreiben, was ich will, und da ich in meiner tiefsten Seele ja ein Schreiberling bin, war der Entschluß, die Unfreiheit zu verlassen, richtig — auch wenn es schmerzte, die Heimat zu verlassen.

Neben dem Türpfosten hängt unser Maturabild — aufgenommen 1946 in Fünfkirchen. Nie habe ich ein Maturatreffen besucht, weil ich ja nicht mit meiner eigenen Klasse, sondern mit der nachfolgenden maturiert habe, da ich ein Jahr, nämlich 1945, verloren habe. 1986 wird das vierzigste Maturatreffen sein, die Professoren sind, bis auf den seinerzeitigen Rektor, Pater Tüll, der über neunzig Jahre zählt, tot. Die Bilder erinnern mich an eine Zeit, die ich jetzt in der Rückschau am liebsten vergessen würde. Ich war unglücklich in diesem Internat, ich wäre lieber zu Hause geblieben, in meinen schönsten Jugendjahren verbrachte ich jährlich neun Monate fern von unserem herrlichen Zuhause.

Nach dem Krieg haben sich die Jesuiten sehr anständig benommen. Ich wurde kostenlos aufgenommen und verpflegt. Der ehemalige Zögling vergißt ihnen diese großzügige Haltung, zu der sie niemand gezwungen hat, niemals.

Und hier liegt noch ein Kleinod aus der Csákberényer Zeit, das in Leder gebundene Gästebuch, das alle Wirrnisse überstanden hat. Es wurde 1863 angelegt, damals war mein Großvater noch nicht geboren, und es umfaßt all die Jahre — mit einer Pause um die Jahrhundertwende — bis zum bitteren Ende. In diesem Buch findet man Namen wie Graf Moritz Sándor, Lamoral Taxis, 1865 erstmals den Namen meines Urgroßvaters Franz Meran, József Teleki, Josl Hoyos, Bischof Ottokár Prohászka, Wimpffen, Esterházy, Trauttenberg, Pappenheim, Manteuffel, Károlyi, Fiath, Széchenyi, Schwarzenberg, Ludwigstorff. (Viele waren Stammgäste der beiden jährlichen Jagden). Auch die Namen Hadik, Zichy, die Unterschriften von Abgeordneten, Politikern, Pfarrern, von Bischof Shvoy, von Erzherzog Josef-August und seinem Sohn Erzherzog Josef-Franz, von Albrecht von Bayern, von den Waldsteins, Fesztetics, die Namen Meszlényi, Eltz, Lamberg, Pejachevich, von Miklós Szécsen, der zusammen mit seiner jungen Frau von den Russen 1945 ermordet worden ist, viele Namen von Verwandten und Freunden — bis 1944, bis der Krieg auch zu uns gekommen ist, findet man in diesem Buch. Da sieht man die Unterschriften einiger Generäle, hoher Offiziere, von Flüchtlingen bis hin zum letzten Tag, bis zum 11. Dezember 1944, als wir Csákberény verließen. Es war ein Tag wie jeder andere, etwas kühl, etwas trüb, es lag kein Schnee — und doch: an diesem Tag sah ich unser Zuhause das letzte Mal unversehrt, friedlich, renoviert, voll eingerichtet, denn die monatelange deutsche Besatzung hat uns im Schloß nicht den geringsten Schaden gemacht, unseren Lebensrhythmus kaum gestört. Das kam erst später, mit der generalstabsmäßigen, pedantischen Zerstörungsarbeit der anderen, die selbst den kleinsten Keuschler ausplünderten, warum hätten sie vor einem Schloß haltmachen sollen. So wie die Türken einst den Sitz der alten Gutsbesitzer, die Burg von Csókakő, vernichtet hatten, taten es später andere Truppen, mit ihren Nachfolgern nur wesentlich gründlicher. Langsam sterben die vielen Augenzeugen — sie können nicht mehr berichten. Die „einäugige“ Berichterstattung über jene Zeiten dient wenig dazu, die Wahrheit zu erkennen.

Doch nur wer die Wahrheit, die volle Wahrheit kennt, darf über jene Zeiten urteilen. Uns Mitbeteiligten und Mitbetroffenen, denen man Heimat und Habe weggenommen hat, wird man kaum Märchen erzählen können. Aber gerade wir sind dafür, daß man endgültig auf beiden Seiten verzeiht, daß man aufhört, Haß zu predigen, daß man die junge Generation nicht mehr einseitig informiert und vergiftet. Wenn wir, die wir durch den Krieg und seine Folgen so gelitten haben, verzeihen können, warum kann es dann nicht die nachfolgende Generation, die all dies gar nicht erlebt hat.

Das Leben geht weiter, über den Ruinen wächst es grün, und die Blumen der Zukunft blühen. Wenn wir über jene nun vier Jahrzente zurückliegende Zeit berichten, geschieht es der Wahrheit willen, nicht aus kleinlichen materiellen Gründen. Nicht aus Rache, Verbitterung oder Haß. Wenn wir gute Christen sein wollen, müssen wir unseren Feinden verzeihen. Und wenn wir verzeihen, können wir auch wieder glücklich sein.

Der alte Jäger kehrt zurück

Wir wissen nichts über das Weiterleben der Verstorbenen, wir glauben nur daran. Wenn die entsprechende Antenne vorhanden ist, spüren wir die Anwesenheit der uns vorausgegangenen Lieben, ihre Gedanken und ihre Gefühle. Ob sie uns sehen, zeitweise beobachten? Wer kann es sagen. Noch ist kein Toter zurückgekehrt, zumindest nicht für uns sichtbar. Im alles umfassenden Universum sind die Toten auf jeden Fall in der Überzahl. Gäbe es dort eine Demokratie — was ich nicht annehme —, so hätten sie bei jeder Wahl die absolute Mehrheit.

Der verstorbene alte Jäger feiert Jubiläum. Heute sind es gerade fünfunddreißig Jahre, daß er diese Erde verlassen hat. An diesem Tag sollte er endgültig in den Himmel kommen. Vorher aber hatte er einen Wunsch frei, so wie es der himmlische Brauch ist. Man war dort oben nicht wenig erstaunt, als der alte Jäger einen Urlaubstag auf der Erde begehrte. Doch für die Bewohner des Jenseits ist nichts unmöglich. Der Urlaub wurde gewährt und er mit allem notwendigen irdischen Ballast versehen. Er konnte je nach Bedarf sichtbar oder unsichtbar sein. Nur erkennen durfte ihn niemand. Noch fast bei Dunkelheit, wie bei einer Frühpirsch, entstieg er seinem Grab und spazierte dem Friedhofsausgang zu.

Der Friedhof, um die kleine Kirche gelegen, schien unverändert. Schackernde Elstern, wehmütig krächzende Nebelkrähen, der Duft vermoderter Blumen und der Thujen.

Doch was war dieses andauernd dumpfe Brummen von der Straße her? Die Morgendämmerung färbte die Fassade der neuen Möbelfabrik rötlich. Hier war früher ein Wäldchen gewesen. Vor der Fabrik war die Straße unpassierbar. Eine unübersehbare Schlange neuer und bunter Autos schob sich schnaubend und brummend, giftigen Dampf ablassend, im Schrittempo der Innenstadt zu. Bei der Kreuzung vor der Kirche war kein Weiterkommen. Doch wie sah die alte Kirche aus? Ein häßlicher Beton-Neubau, mehr einem Flakturm als einer Kirche ähnelnd, war an das alte Kirchenschiff angebaut worden. Der Alte war neugierig und betrat auf ein Sprüngerl — wie er es in seinem Leben so oft getan hatte — das Gotteshaus. Es wurde anscheinend gerade die Morgenmesse gelesen. Doch wie sah die Kirche im Innern aus?

Der prachtvolle Hochaltar war abgeräumt, Herz-Jesu-Bilder und das „Ewige Licht" verschwunden, die gotischen Heiligenfiguren durch neue ersetzt. Ein langhaariger, bärtiger junger Mann in einer Art lichtem Wettermantel, der die blauen Cowboy-Hosen und die gelben Schuhe kaum verdeckte, stand vor einem Tisch, anscheinend untätig den Gläubigen zugewandt. Dann und wann sang dieser Mann ein Lied mit der Menge, die sich ständig erhob und setzte, die Hände nicht faltete, sondern die Arme kreuzte. Das Vaterunser war verändert und glich nun dem protestantischen. Aber die Kirche war voll, und man sah viel Jugend, die andächtig zuhörte, als der junge Priester seine Predigt an einem Rednerpult vor einem Mikrofon vom Blatt ablas. Die Frauen hatte ihre Augenlider schwarz, blau oder grün angestrichen, die Männer hatten zum Teil Christus-Bärte und langes Haar. Trotz der Winterkälte hatten die meisten enganliegende blaue Leinenhosen, die gerade dort, wo man Bewegung bräuchte, miederartig ins Fleisch schnitten. Zur Kommunion gingen sehr viele Menschen, doch nahmen sie die Hostie in die Hand.

Als der alte Jäger, ein wenig verstört, die Kirche verließ, kam ihm ein Mann entgegen, den er zu erkennen glaubte. Und wirklich, es war der Piaristenpater, den sein Brotgeber seinerzeit als Erzieher seiner Kinder engagiert hatte. Aber sein Äußeres war verändert. Kariertes Tweedsakko, bunte Krawatte, modische Haare, ein Schnurrbart. Auf dem Kopf trug er eine Pelzkappe im Russenschnitt.

Nun ging er die große Straße entlang. Dabei konnte er gut die Fahrer der Autos in der noch nicht abgerissenen Schlange beobachten. In jeder der Limousinen saß ein einziger Mensch. Die Gesichter sahen gehetzt, nervös und ungeduldig aus. Kein einziger lächelte oder pfiff ein Liedchen. Aus manchem Autoradio drang fremdartig klingendes rhythmisches Gegröhle, hohe Männerstimmen, Urwaldtrommeln. Damals, als er kurz vor seiner Einlieferung das letzte Mal mit dem Autobus gefahren war, hatte eine Karte fünfzig Groschen gekostet. An einer Haltestelle las er die heutigen Preise ab. Sie waren um mehr als das zwanzigfache angestiegen. Er schlenderte an Litfaßsäulen vorbei. Was er sah, schockierte ihn sehr. Ankündigungen kommunistischer Theaterstücke, blasphemische Plakate von einer Ausstellung eines angeblich berühmten Aktionisten. Im kleinen katholischen Buchgeschäft, wo er seinerzeit die Gagern'schen Jagdbücher gekauft hatte, war nun die ganze Auslage Bert Brecht gewidmet.

Kinder liefen an ihm vorbei, offenbar waren sie auf dem Weg in die Schule. Sie alle waren in grellen Farben gekleidet, trugen modische lange Hosen. Die Buben waren von den Mädchen äußerlich nicht zu unterscheiden. Im Garten des kleinen Schlößchens standen häßliche moderne Hochhäuser. Greißler gab es keine mehr, dafür zahlreiche Kaufhäuser, die sich vollkommen ähnlich sahen. Die Lebensmittelgeschäfte glichen Bahnhofshallen, in ihnen schoben Menschen mit gehetztem Blick kleine Schubkarren vor sich her.

Nur die Straßenbahnen fuhren noch immer so langsam wie vor dreißig Jahren und kamen nach langen Pausen gleichzeitig zur Haltestelle. Farbenfrohe Plakate priesen die Freuden des Rauchens und des Alkoholgenusses an. Gleich neben diesen großen Plakaten wurde auf einem unscheinbaren Zettel ein Vortrag des Gesundheitsministers angekündigt. Der nicht zu beneidende Mann sollte über die Schäden von Nikotin und Alkohol sprechen.

Am Zeitungskiosk erstarrte der alte, vielerfahrene Mann vollends. Häßliche, unfaßbar geschmacklose Pornographie füllte zahllose Farbmagazine. Kleine, unschuldige Kinder standen dort und machten große Augen. Und dann erst die Texte! Der Alte brauchte keine Brille mehr: Nestbeschmutzung, Zersetzung, Genußsucht. Ja, konnte so etwas erlaubt sein? Was war mit dieser Welt in den vergangenen fünfunddreißig Jahren geschehen? Da er Hunger verspürte, ging der alte Jäger in ein ihm von früher bekanntes Café. Außen sah es unverändert aus, doch innen glich es einem Nachtlokal.

Der Kaffee schmeckte bitter und war stark. Statt Butter servierte man Margarine, und

Bild rechts:
Der alte Jäger zielt mit Ruh...

Bild umseitig:
Der sinkenden Sonne entgegen...

die Semmeln waren von vorgestern. Der Alte nahm sich einige Tageszeitungen, um sich ein wenig zu informieren. Da das Jahresende nahte, zogen die Redakteure Bilanz. Die Menschheit war auf über fünf Milliarden angewachsen. Die Kommentare waren teils großsprecherisch, teils pessimistisch. Man spürte noch immer jene Komplexe, die nach dem Krieg verständlich, zu dieser Zeit aber bereits lächerlich waren. Ja, man schien sich nun noch mehr an die Brust zu schlagen als früher. Der Verlierer des Krieges, (West-) Deutschland, war nichtsdestoweniger zum reichsten Land Europas aufgestiegen. „Kleinbritannien" und Italien kämpften mit wirtschaftlichen Problemen. Die Araber befetzten sich wie eh und je. Israel besetzte fremde Länder, um sich zu schützen. Der Nahostkrieg tobte noch immer, über hundert Kriege hatte es seit dem zweiten Weltkrieg gegeben. Die Rotchinesen empfingen Otto Habsburg, Ostdeutschland zahlte keine Wiedergutmachung. Kein Wort jedoch las der alte Jäger über die Russen und über die Gefahr des Weltkommunismus. Hatte sich Rußland bekehrt, wie prophezeit worden war? Die Gefahr der Weltrevolution schien in den Zeitungen nicht zu existieren, aber man sprach wohlgefällig und nostalgisch von der Revolutionsjugend der sechziger Jahre. Er las über die Legalisierung der Abtreibung, die „Anti-Baby-Pille", das Ignorieren des Begriffes „Ehebruch". Obzwar das Verbrechen und der Terror im Westen maßlos zugenommen hatten, wünschten naive Träumer eine gefängnislose Gesellschaft.

Der Wirt schaltete einen großen Glaskasten ein, offenbar das Fernsehen, das der Jäger in seinem Erdendasein nur vom Hörensagen gekannt hatte. Ein Skirennen wurde aus Tirol übertragen. Aber wie sahen die Rennläufer aus? Aus Plastik waren die Schuhe, aus Plastik die Kleidung, aus Plastik die Skier. Dann sprach ein alter Politiker. Als der Jäger noch gelebt hatte, war dieser Mann Staatssekretär gewesen. Jetzt sollte er in Pension gehen. Er sprach davon, wie glücklich die Menschen (all diese muffigen Grantscherben) unter seiner Ära, die jetzt zu Ende ging, gewesen waren. Auch sein Nachfolger schien etwas melancholisch zu sein. Aber er tröstete das Volk mit dem Versprechen, daß das Budgetdefizit im nächsten Jahr die hundertzwanzig Milliarden sicher nicht übersteigen würde. Als der alte Jäger hinausging, fröstelte es ihn.

Eine lange Autoreihe — neue, elegante Mercedes mit niedrigen Nummern — fuhr die Straße entlang. Vor und hinter der Kolonne ratterten zahlreiche Polizisten auf schnellen Motorrädern. Ein prominenter Gast aus dem Osten wurde zum Hotel eskortiert. Der alte Jäger erinnerte sich noch gut an den Zarenbesuch bei Kaiser Franz Josef im Jahre 1903. Er war als Treiber bei der Jagd in Mürzsteg dabeigewesen. Im „roten" Mürzzuschlag waren die beiden Monarchen im offenen Wagen durch die jubelnde Menge gefahren. Die gepanzerte Prominentenlimousine des heutigen Gastes war links und rechts mit protzigen Standarten geziert, und die rückwärtigen, kugelsicheren Fenster waren verhängt. Eine Ehrenkompanie

Bild umseitig:
Scharwild im Kaar

Bild links:
Zwei Gleichrangige

des Heeres war vor dem Hotel aufgezogen. Als der Jäger gestorben war, hatte Österreich noch kein Heer gehabt, die fremdartig gekleideten jungen Soldaten erstaunten ihn.

Der ausländische Gast war in Uniform. Als er ausstieg, erblaßten die Honoratioren. Seine breite Brust war von oben bis unten mit Auszeichnungen und Orden bedeckt. Eine überdimensionale Tellerkappe thronte über dem fleischigen Genießergesicht. Gut gelaunt erklomm er das vorbereitete Rednerpult. Er sprach von Völkerfreundschaft, Frieden und Abrüstung. In der Hotelhalle überreichte man ihm das obligate Präsent. Ein modernes Stereogerät, das sicher gut in sein Wochenendschlößchen passen würde. Draußen gab es eine begeisterte Demonstration von Gymnasiasten; sie schien nicht organisiert, sondern spontan zu sein. Drüben, am großen Platz, aber demonstrierten faustschwingende Jugendliche in amerikanischer Einheitskleidung für Kuba und gegen Amerika. Das Bild von diversen bärtigen Männern wurde vorbeigetragen. Ja, wo war Kuba? Wo waren die Interessen der Jugend? Durch die Auslagenscheibe des großen Buchgeschäftes konnte der Jäger auf der Mattscheibe die neuesten Nachrichten entziffern: Dreißig Verkehrstote am Wochenende, in Afghanistan neue Offensive der Rebellen gegen die Russen, in Kambodscha zwei Millionen Tote! Über diese Toten schien sich niemand aufzuregen. Aber die Blaubehosten ballten die Fäuste und schrien: „Freiheit für El Salvador“, „Hände weg von Nicaragua“, „Freiheit für Chile“, „Hände weg von Lybien“! Gut waren sie über die Welt informiert, unsere jungen Leute, dachte der Alte und bewunderte den vielfach preisgekrönten Jung-Schriftsteller, der malerisch seine Faust schwang. Eine Meldung beschäftigte sich mit dem toten Pop-Star, an dessen Bahre über hundert Jugendliche Selbstmordversuche unternommen hatten. Was war eigentlich ein Pop-Star? Der Jäger hatte da keine besonderen Vorstellungen. Zu seiner Zeit waren Peter Kreuder und Hans Albers populär geworden. Dieser Pop-Star hatte zu viel Rauschgift genommen und war daran gestorben.

Die Menschen auf der Straße waren tadellos gekleidet. Pelze, teure Pelzkappen, an den Beinen der Damen Männerstiefel, in den Händen der Männer Damentaschen. Trotz der Energiekrise waren aus Werbungsgründen Tausende Glühbirnen über die Straße gespannt. Überhaupt die Werbung! Anstelle des „altbewährt“ stand überall „neu“. War denn das ein Grund, die Waren zu kaufen? Und mußten immer halbnackte Pärchen um die Ware werben? Der alte Jäger seufzte.

Es war ein Wochentag, aber überall sah man Müßiggänger herumstehen und herumsitzen. Viele Jugendliche waren dicklich und hatten ungesunde Gesichtsfarben. Gab es wieder Arbeitslosigkeit? Die Straßenkehrer waren Männer mit blauschwarzem Haar und dunklem Teint. Waren es Fremdarbeiter wie zur Zeit des Krieges? Aber damals gab es ja keine Arbeitslosigkeit. Er verstand nichts mehr: Fremdarbeiter und Arbeitslosigkeit, wie ging das zusammen? Er wollte wiederholt in eine der langsamen Straßenbahnen steigen, aber die Türen waren verschlossen. Er sah auch keine Schaffner. Breitschultrige, kurzhaarige Hosenmädchen trugen an schweren Säcken. „Die gehören zur Kommune“, sagte eine Marktfrau verächtlich. „Und die Lotter mit den fetten Haaren tragen nichts — höchstens ihre Zigaretten. Ganz wie bei den Negern, ihren Vorbildern, nur sind die Neger wenigstens immer gut gelaunt!“ — Ein nackter Mann lief schnell, aber kaum beachtet, über den Hauptplatz. „Schon wieder so ein Nacktflitzer“, sagte die Marktfrau und biß gierig in eine Birne. Polizisten sah man keine (sie waren alle beim Staatsempfang), nur stark geschminkte uniformierte Frauen mit weißen Schiffchen-Mützen gingen emsig herum und legten Zettel hinter die Scheibenwischer der Autos.

Die Gehsteige waren durch neuartige „Zäune“ (diesen vielen bunten Autos) gegen die Straße abgeschirmt. Jeder Einwohner schien ein neues Auto zu besitzen.

Die Straßen waren fast überall aufgegraben, denn die Leitungen für das russische Erdgas mußten verlegt werden. Im nahen Restaurant bestellte der Jäger ein kleines Menü, das hier vor dreißig Jahren drei Schilling gekostet hatte. Jetzt kostete es siebzig Schilling und war schon „aus“. Er vertiefte sich abermals in die Lektüre, denn der türkische Kellner hatte Zeit. Ein neues Selbstbewußtsein der Zeitungen fiel ihm auf. Im Zeitalter der allgemeinen Nivellierung blühte hier eine neue Art von Personenkult. Sogar über zweitrangigen Kolumnen prangten die Bilder der meist blutjungen Redakteure. Hohe Politiker wurden zur Rechenschaft gezogen, Korruption aufgedeckt. Die Artikel schienen ihm lehrerhafter als früher, aber auch unmittelbarer und ehrlicher zu sein. Er las Beiträge militanter Frauenrechtlerinnen, die sich gegen die Männer auflehnten (diese wehrten sich überhaupt nicht). Eine Illustrierte brachte sehr „plastischen“ Sexualunterricht. Frauen priesen die Selbstbefriedigung. In der Kinderzeitung gab es Sex- und Polit-Unterricht sowie pornographische Verse. Ganz neue Ausdrücke fielen dem vor fünfunddreißig Jahren gestorbenen Jäger auf. Da gab es „Politologen, Futurologen und Soziologen“. Gab es auch genügend Schuster, Schmiede und Bäcker? Der unverständliche Kult mit allem Neuen und Jungen fiel dem Alten sofort auf. Da gab es dreißigjährige Konzerndirektoren, fünfundzwanzigjährige Abgeordnete und zweiunddreißigjährige Staatsminister. Junge Priester trugen Mongolenbärtchen, Jünglinge dozierten über die „böse“ Vergangenheit. Kosenamen hatten Zugang zum Parlament und Ministerrat. Telegene junge Männer mit dichtem Haarwuchs und überzeugender Stimme warben für Parteien wie für Waschmittel. Aber die Stadt schien voller Rentner zu sein, und diese hatten bessere Laune als die jungen Fadiane. Dem alten Jäger fiel das Gleichnis von den Weinbergarbeitern ein. Altgediente Menschen mit vielen Dienstjahren verdienten kaum mehr als Anfänger und hatten den gleichen Urlaubsanspruch.

Der Alte studierte die Einkommenstabellen und die Autopreise und schloß daraus, daß die Menschen über ihre Verhältnisse lebten. Man demonstrierte Reichtum, auch wenn man verschuldet war. Nicht besser schien es mit dem Staat zu stehen, was ein Defizit von über hundert Milliarden bewies. Der Wohlstand schien ein Symbol geworden zu sein — wie in Amerika. Eine gute Familie, eine gute Herkunft galt überhaupt nichts, nur der materielle Status. An Erziehung dachte der einzelne nicht mehr, der Staat nahm ihm alle Sorgen ab. Wahrhaftiger Gott! Die Welt hatte sich gewandelt.

Das Lebensmittelgeschäft an der Ecke war voller Reklame, und die Chefin an der Kasse betätigte einen Computer. Schinken, Brot, Käse, Weintrauben und vieles mehr war in Plastik verpackt, schon sorgfältig gewogen und kalkuliert. Er wunderte sich, daß es noch keine Vorkoster gab. Auf der Straße liefen mit todernsten Gesichtern alte und junge Leute, in Trainingsanzüge gekleidet, gruppenweise umher. Tief atmeten sie die würzigen Auspuffgase in ihre Lungen. „Jogging“ nannten sie dies, und sogar Hunde durften mitlaufen. Am Straßenrand standen jüngst gestorbene Bäume. Ihre Skelette ragten anklagend in den Himmel. Hin und wieder fiel saurer Regen auf die Erde, und der alte Schnee hatte die Farbe von Braunkohle. In der kleinen Fabrik war gerade Feierabend. Die

Arbeiter kamen beim Werkstor heraus, doch wie sahen sie aus? Sie trugen Aktentaschen aus gestärktem Leder und hatten statt der ehemaligen Kappen Lamberghüte mit schönen Abzeichen auf den Köpfen. Lässig stiegen sie in ihre neuen Autos. Da ging es wenigstens einer Gruppe so gut, daß sie dies auch offen zeigte. Hohe Beamte, Hofräte (die es immer noch gab) trugen längst keine Aktentaschen mehr, nur Plastiksäcke, und sie fuhren auf Fahrrädern. Die Autos der Politiker hatten die schwarze Farbe abgelegt, ihre Tarnnummern waren aber immer noch zu erkennen. Uralte Mümmelgreise fuhren wackelnd mit ihren Fahrrädern durch die unbeweglichen Autokolonnen.

Die Fahrräder hatten Blinker und Winker und besonders kleine Räder. Als der alte Jäger jung gewesen war, so um die Jahrhundertwende, waren die Hinterräder wohl anderthalb Meter hoch gewesen.

Man sah keine Polizisten auf der Straße, nicht so, wie es früher gewesen war. So konnten sich in Leder gekleidete Jugendliche, die in Rudeln auf hochmodernen, rasanten und sündteuren Motorrädern aus Japan die Leute belästigten, ungenierter benehmen. Man nannte sie „Rocker“ und „Mods“ — auch ein Import aus Übersee, so wie Kaugummi und Coca-Cola.

Bevor der alte Jäger „zurückmußte“, er war gar nicht traurig darüber, eilte er noch schnell ins Krankenhaus, wo er seinerzeit einige Wochen verbracht hatte. Gerade ging die Besuchszeit zu Ende. Eifrig dahineilende Ärzte und Schwestern wie eh und je. Nur auffallend viele Inder und Farbige waren darunter. Der Geruch des Spitals schlug ihm unangenehm in die Nase. Er riskierte einige Blicke in die Säle und Krankenzimmer. Überall standen Maschinen und unbekannte Apparate herum. Computer speicherten die Symptome und spuckten dann die Diagnose und Therapie heraus. Es wimmelte von unbekannter und unheimlicher Elektronik. Die Patienten waren an allerhand Röhrchen und Leitungen angeschlossen. Stumpf und beunruhigt starrten sie vor sich hin. Unten im Hof erkannte der alte Jäger den Primararzt, der aus seinem Geländewagen stieg. Wie oft hatte er ihn als jungen Dozenten auf die Pirsch begleitet. Jetzt war er ein grauhaariger Siebziger, besonders gut erhalten.

Und dann war es endlich so weit. Der alte Jäger mußte heimkehren. Unten im kleinen Park küßten sich die Pärchen wie eh und je. Tauben und Amseln hatten sich schon in ihre Deckungen verzogen, irgendwo klapperte noch herausfordernd ein Specht. Über den rötlichen Dunstwolken des städtischen Nebels zogen die Saatkrähen ihren Schlafbäumen zu. Die untergehende Sonne hatte die Wolken rot gefärbt und der Wind war durch die Äste gefahren, wie zu allen Zeiten, seitdem diese Welt bestand. Es würden neue Tage und neue Nächte kommen. Würdig, unbeirrt und unnahbar ging die Natur ihren vorgezeichneten Weg. Der alte Jäger lächelte. Es hatte sich sehr viel in den vergangenen Jahren verändert. Weit mehr als in fünfunddreißig Jahren anderer Epochen der Geschichte. Aber das Wesentliche, der Kern aller Dinge, die von Gott geschaffene und liebevoll ausgestattete Natur und auch der sterbliche Mensch, war im Grunde gleichgeblieben (wer weiß, wie lange noch).

Und der alte Jäger kehrte mit neuen Erfahrungen in die ewige Seligkeit zurück.

Gamsbrunft

Der Novemberwind brachte in den Bergen den Schnee. Gestern war es noch sonnig und für die Jahreszeit ungewöhnlich warm gewesen. Aber die klare Sicht, die Schafwolken und das grandiose Abendlicht hatten bereits den nahenden Wettersturz verkündet. Als die beiden Freunde die Hütte erreichten, kamen die ersten Böen über den Sattel, und die Balken des alten Gebäudes ächzten und stöhnten wie die armen Seelen im Fegefeuer.

Peter war ein siebzigjähriger Berufsjäger, seit einigen Jahren in Pension, sein Freund Karl vierzig Jahre jünger, Bankangestellter. Beide stammten aus dem Osten, und beide hatten ein wechselvolles Leben und unfaßbare Erlebnisse hinter sich. Sie stammten aus demselben Dorf am Rande der Karpaten. Beide fühlten sich wohl und zufrieden in ihrer neuen Heimat, dem flüchtlingsfreundlichen Österreich. Der Jagdherr, Präsident Berner, bei dem Peter seit 1956 als Revierjäger gedient hatte, wollte den Freunden eine Freude bereiten und lud sie zusammen auf je einen Bartgams ein. Es war schon Ende November und auf der Alm noch immer keine zusammenhängende Schneedecke, die Brunft hatte ihren Höhepunkt überschritten, und am Samstag machten sich die beiden auf den Weg zur Lerchenhütte in etwa 1200 Meter Höhe, am Rande des Schutzwaldes, an der Baumgrenze, unter dem latschenbedeckten Rosensattel.

„Weißt du, Karl, die alten Knochen wollen nicht mehr so recht", seufzte Peter, als er den großen Rucksack entleerte. „Acht Jahre Lager und Zuchthaus machen sich halt bemerkbar."

„Aber du bist ja noch sehr gut den Serpentinensteig heraufgestiegen, Onkel Peter", sagte Karl mit aufrichtiger Überzeugung, während er den Tisch deckte, Latschenzweige in die Milchkanne steckte und die Petroleumlampe entzündete. „Walte Gott, ich würde mit siebzig Jahren noch so gut den Berg hinaufsteigen." Aus einer Blechdose schüttete er Mehl in einen Topf, goß Wasser und etwas Milch dazu, schlug drei Eier hinein, dann heizte er in geübter Manier den kleinen Herd in Windeseile an und setzte die große Pfanne über das Loch, nachdem er zwei Herdringe entfernt hatte. Ein großes Stück Butter nahm er aus dem altväterlichen Holzbehälter, und bald war der Schmarren, auf den sich die beiden Freunde schon lange gefreut hatten, fertig. Peter holte aus dem Kellerloch einen Doppelliter „Grüner Veltliner", den Lieblingswein des Jagdherrn, und bald breitete sich in der gemütlichen Hütte jenes wunschlose Behagen aus, das meistens nur unter Freunden und Weidkameraden auf einer Almhütte möglich ist: „Wie war es denn eigentlich, Onkel Peter, als sie dich geholt haben, konntest du nicht flüchten?" — „Flüchten, mein Sohn, wenn man nichts verbrochen hat und glaubt, alles wäre nur ein Irrtum?" Der alte Peter steckte sich langsam und genußvoll seine lange Pfeife an. „Du weißt ja, Karl, zumindest aus Erzählungen, wie es damals war. Ein bloßer Verdacht genügte ihnen, um einen zu holen, viele wurden auf pure Verleumdungen hin abgeholt, manche hat man nie mehr wiedergesehen. Ich war ein Hilfsförster beim Grafen, als die Front näherkam. Ein Jahr vorher hatte man mich aus dem Militärdienst entlassen, weil ich mir in Voronesch Erfrierungen geholt hatte, ich war der einzige Forstbeamte außer dem alten Rentmeister, der auf das Revier aufpaßte, als der Wald von den Deutschen und den ‚Unsrigen' völlig besetzt war, denn hier, ausgerechnet hier, wollte man die anstürmenden Eroberer aufhalten. Das Wild litt unter dem Militär ebenso wie unter den zahllosen Fremdarbeitern, die im Betrieb beschäftigt waren, überall waren Fremde, niemand wußte, ob es Partisanen oder Fremdarbeiter waren, denn unsere Sprache konnten nur wenige." Peter nahm einen kräftigen Schluck, wischte mit dem Handrücken über seinen Schnurrbart, seufzte tief und sprach weiter: „Dann, im Herbst 1944 — ich war gerade bei der obersten Fütterung — hörte ich ohrenbetäubenden Motorenlärm, einige Schüsse aus Panzerkanonen, dann das kurze und immer wieder einsetzende Rattern von Maschinenpistolen, schon etwas westlicher den unverkennbaren Lärm des MG 42, und mein Verstand sagte mir: die Deutschen laufen weg, die Russen kommen. Gott sei Dank war es schon spät, ich konnte in der Dämmerung über die Gärten mein Haus erreichen, gerade zur rechten Zeit, denn die Russen fuhren schon in das Dorf. Ihr Hauptziel war es, den Feind einzuholen, und so fuhren die ersten Truppen, ohne sich viel aufzuhalten, in Richtung unseres Nachbardorfes M. Die Nacht verlief verhältnismäßig ruhig, nur das Schloß brannte, und von dort hörte man Gejohle und Schüsse. In der Früh kamen dann teils in amerikanischen Lastwagen, teils mit Panjewagen die „Befreier". Nun, diese Tage werde ich mein Leben lang nicht vergessen. Die Frauen waren Freiwild. Der Graf und seine junge Frau wurden ermordet. Partisanen kamen aus den Wäldern und wiesen die Soldaten ein. Der vielmals vorbestrafte Wilderer wurde Ratsvorsitzender, und ich wußte nur zu gut, wie gerne er uns ‚Grüne' hatte. Ich ahnte Schlimmes und vergrub zwischen Scheune und Mauer mein einziges Gewehr, eine alte Büchsflinte. Nicht zu früh, denn kaum war ich fertig — ich hatte Geröll und Reisig über den ‚Tatort' gelegt —, kamen sie schon, um mein Haus zu durchsuchen. Zehn Russen, der Ratsvorsitzende und zwei weitere Genossen. Sie fanden nichts, nur einen alten Militärkarabiner, den unsere Soldaten ohne mein Wissen zurückgelassen hatten. Kaltblütig und geistesgegenwärtig gab ich es als mein Dienstgewehr aus. Die Russen legten das Gewehr auf den Boden und überfuhren es mehrmals mit ihrem Geländewagen. Dann schossen sie noch auf die Bilder über dem Ehebett und verließen das Haus. Der Ratsvorsitzende, der die ganze Zeit kein Wort gesprochen hatte, warf mir einen letzten Blick zu, der vor Haß und Rache trüb war wie ein vom Wind gepeitschter Waldsee. Ich wußte, von ihm drohte mir tödliche Gefahr. Die Front ging weiter, der Krieg ging bald zu Ende, und man etablierte zunächst ein demokratisches System mit mehreren Parteien. Ich selbst wurde von der staatlichen Forstverwaltung als Forstadjunkt eingestellt, durfte kein Gewehr führen, nicht einmal ein Schrotgewehr, und verdiente ein Drittel von dem, was ich unter dem Grafen verdient hatte. Die Jagd kam in die Hände des Innenministeriums, Generäle, Polizisten und Politiker jagten jede Woche bei uns, obgleich das Schalenwild außer den Sauen fast völlig dezimiert worden war. Oberjäger wurde der zweiundzwanzigjährige Sohn des Ratsvorsitzenden, der ehemalige Schlingenleger und Deserteur P. Die ersten zwei Jahre nach dem Krieg verliefen in relativer Ruhe und Sicherheit. Russen kamen keine mehr ins Dorf, und die nächste Polizei befand sich im Nachbarort. Jene Polizisten und Agenten, die im Revier jagten, benahmen sich wie Touristen, harmlos und anständig, nur mit dem Trinkgeld haperte es, war ich ja die Großzügigkeit von Herren der vergangenen Zeit gewöhnt. Natürlich durfte ich bei den Jagden nur als Treiberführer fungieren, die Arroganz des Revierleiters, jenes erwähnten Schlingenstellers, war fast unerträglich." Karl sah gespannt und wie in Trance auf den älteren Freund. Er hatte einige Fragen auf den

Lippen, doch wollte er den ansonsten eher wortkargen Peter nicht unterbrechen. Die Freunde stießen an, während im Herd die Buchenscheite knisterten und die ganze Hütte im aufkommenden Schneesturm erzitterte. Der Sturm verfing sich im Kamin und heulte, wie seinerzeit die Wölfe in der Heimat geheult hatten, und über die Unendlichkeit der Berge fegten die Stürme des aufkommenden, verspäteten Winters. Peter trank sein Glas auf einen Zug leer, brachte seine Pfeife wieder zum Qualmen und fuhr fort: „Etwa Mitte des Jahres 1948 erschienen eines Morgens völlig unerwartet ein Lastauto und zwei Jeeps vor meinem Haus — ich saß gerade in der Küche beim Frühstück —, und der Kommandant, ein Polizeihauptmann, verkündete knapp: ‚Hausdurchsuchung!' Als sie nach drei Stunden nichts gefunden hatten, sagte der Kommandant: ‚Wir wissen, daß Sie ein Jagdgewehr haben, geben Sie es heraus, oder wir nehmen Sie und ihre Frau ins Internierungslager mit.' Ich tauschte einen Blick mit meiner Frau, dann sagte ich: ‚Wir haben kein Gewehr. Meines wurde mir ja schon weggenommen.' Sie suchten weiter, diesmal am Dachboden und im Keller, aber ohne Erfolg. Nun befahl der Kommandant die Durchsuchung der Nebengebäude, Ställe und Scheunen, ein Trupp begab sich in den Hof, wo mit langen, dünnen Sonden in die Erde gestochen wurde. Mittag war schon lange vorüber, ich dachte an meine Vorgesetzten, mit denen ich im unteren Revier eine Verabredung hatte, ans Essen dachte ich nicht, dafür die Polizisten, die sich in unserer Speisekammer ungeniert bedienten. Dann wurden Rufe laut, man hatte meine alte Büchsflinte hinter der Scheune gefunden. Da sie in Ölpapier eingewickelt und eingefettet in ein Futteral gelegt worden war, schien sie vom Rost kaum angegriffen. Ich wurde, so wie ich war, ohne einen Mantel, ohne ein frisches Hemd, ohne eine Zahnbürste, in einen der Jeeps gezerrt — und ab ging es mit mir in Richtung Bezirkshauptstadt. Vor meinem Haus, neben dem Lastauto, standen der Ratsvorsitzende und sein Sohn, der jetzige Oberjäger. Sie lachten herzlich, als man mich an ihnen vorbei in den Wagen stieß. Meine Frau sah mir nach, dann habe ich sie fünf Jahre lang nicht mehr gesehen. Ich wurde in eine Massenzelle im Erdgeschoß des dortigen Gefängnisses, das im ehemaligen Kloster eingerichtet war, geworfen. Der Geruch, eine Mischung von Urin, Exkrementen und — Angst, war vorerst das Ärgste. Ich konnte mir einen Platz für die Nacht unter einer Pritsche sichern. In dieser Zelle verbrachte ich ohne zu essen, hungrig wie ich war, zwanzig Stunden. Dann führte man mich zum ersten Verhör. Was sollte ich sagen? Der Tatbestand war gegeben, man hatte bei mir trotz strengen Verbotes eine Waffe gefunden, noch dazu eine mit einem Kugellauf. Obgleich auf unerlaubten Besitz eines Kugelgewehres damals die Todesstrafe stand, wurde ich von einem Polizeirichter ‚nur' zu zwanzig Jahren verurteilt. Ich verdankte mein Leben in der damaligen bleihältigen Zeit der Vergeltung wahrscheinlich dem Umstand, daß ich bei einer der Jagden des Innenministeriums meinem Richter die Patronentasche getragen und er mich sofort erkannt hatte. Ich kam in das Internierungslager von T., einem uns vorher unbekannten Vergeltungslager für Regimegegner, politische Feinde und Klassengegner. Beim Tor mußten wir Spießrutenlaufen, und Häftlinge mußten auf uns einschlagen, einer überwachte den anderen. Ich arbeitete in einem Steinbruch, zwölf Stunden täglich, die Behandlung war hart, die Todesrate betrug zwanzig Prozent im Jahr. Und das alles, weil ich, ein Berufsjäger, meine Waffe nicht abgegeben hatte. Eine Waffe aus dem Jahr 1870 mit Damastlauf und 11.5 mm Bleipatzengeschoß. Bei der Einlieferung, beim erwähnten Spießrutenlauf, hatte ich Verletzungen am ganzen Körper erlitten. Meine Augen und meinen Mund hatte ich mühsam mit beiden Händen schützen können. In diesem Lager blieb ich fünf Jahre, dann wurden die ‚milderen' Urteile, zu denen auch die zwanzig Jahre gehörten, wegen Überfüllung ausgesondert und in ein Gefängnis der Hauptstadt verlegt. Hier ging es mir nach diesen fünf Jahren der Hölle etwas besser. Ich lag mit Politischen und ‚Reaktionären' zusammen, einige Wärter waren auch menschlich. Man gewährte meiner Frau sogar einmal im Jahr einen Besuch. Im Jahre 1953 wurde das Gefängnisregime vorübergehend erträglicher, die Kost wurde besser, die Schikanen unterblieben, man unterließ es, Kriminelle mit Politischen zusammenzulegen, und ich hatte einige gute Kollegen, wertvolle Menschen, in der Zelle."

Hier unterbrach ihn der junge Karl zum ersten Mal: „Sag, Onkel Peter, waren auch gleichgesinnte Menschen bei dir, Jäger, Naturfreunde? Wie hast du die lange Gefangenschaft ertragen, du, der du dein ganzes Leben in der Natur verbracht hast?"

Der alte Peter räusperte sich. „Ja, es waren auch Jäger mit mir zusammen, gar nicht so wenige. Im Lager waren es ehemalige Diplomaten, Großbürger, Jagdbesitzer, Aristokraten, aber auch kleine Leute, Berufsjäger, ehemalige Lehrer, sogar Jagdschriftsteller. Zusammen sahen wir im Steinbruch jedem vorüberfliegenden Vogel sehnsüchtig nach und sprachen von vergangenen Zeiten, von Zeiten, in denen wir alle noch in Freiheit gewesen waren.

Im Gefängnis war mein Zellenkamerad, der seit 1946 ohne Unterbrechung eingesperrt war, ein ungarischer Grundbesitzer, mit dem ich mich anfreundete. Seine Geschichte war abenteuerlich. Zuerst war er 1919 von den Anhängern des Béla Kún gefangengesetzt worden und hätte erschossen werden sollen. Kommunistische Arbeiter seines landwirtschaftlichen Betriebes hatten ihm das Leben gerettet. Dann hatten ihn kurzfristig die Horthy-Leute verhaftet, weil er nach dem Zusammenbruch der ‚Herrschaft der 100 Tage' eben diese Leute vor der Rache versteckt gehalten hatte. 1938, als Hitler in Österreich einmarschiert war, hatten ihn die Deutschen während seines Österreichurlaubs verhaftet und nach Dachau gebracht. Von der ungarischen Regierung war interveniert worden, und so war er 1941 nach Hause gekommen. Bald hatte er als Hauptmann der Reserve nach Rußland einrücken müssen. 1943 war er verwundet nach Hause gekommen, im März 1944 hatten ihn die Deutschen abermals verhaftet und diesmal in Buchenwald interniert. Hier war er von den Alliierten befreit, aber bei der Heimkehr von den Tschechen verhaftet worden. Als KZler glücklich heimgekehrt, war er ganze acht Monate auf den Ruinen seines ehemaligen Besitzes in Freiheit gewesen, als Hilfsarbeiter zwar, aber von allen geachtet, dann hatten ihn die Russen geschnappt, um ihn nach drei Jahren Workuta den ungarischen Behörden auszuliefern. Seine antifaschistische Tätigkeit, sein KZ-Martyrium hatten ihm wenig genützt. Er war als Klassenfeind und halber Ausländer der Spionage angeklagt und zu fünfundzwanzig Jahren verurteilt worden. Was später mit ihm geschehen ist, weiß ich nicht.

Wir beide litten sehr unter der Gefangenschaft, magerten ab und hatten infolge der Feuchtigkeit in den Zellen einen chronischen Husten erwischt. Wir sprachen von vergangenen Jagderlebnissen, verzehrten uns vor Sehnsucht nach dem Wald und dem Wild, fühlten uns beide völlig unschuldig. Er erzählte mir viel von seinen Jagden in den österreichischen Alpen, daß ich mich hier so schnell einleben konnte, verdanke ich seinen jagdlichen Ratschlägen, denn für mich war das Hochgebirge etwas Neues. Wir hatten ausgemacht, daß wir täglich abwechselnd eine erlebte Jagdgeschichte erzählen sollten, und dies half uns über die Hoffnungslosigkeit der Jahre hinweg.

Eines Tages wurde ich bei einem Prozeß als Zeuge angefordert.

Groß war mein Erstaunen, als ich erfuhr, wer der Angeklagte war: Es war der Ratsvorsitzende meines Dorfes. Du weißt schon, der alte Wilderer, von dem ich erzählt habe, jener Mann, der an meiner Gefangennahme schuld gewesen war. Und der Ankläger war jener Polizeijurist, der mir seinerzeit statt des Todesurteils die zwanzig Jahre verpaßt hatte. Der Vorsitzende war wegen Mordes angeklagt. Auf seinem Anwesen war eine schon stark verweste Leiche gefunden worden, und man nahm an, daß es einer der Förster war, ein Rivale seines Sohnes, den die beiden angeblich beseitigt haben sollten. Der Sohn lebte nicht mehr, er hatte sich bei einer Fuchsjagd beim Graben mit der gespannten Flinte irrtümlich erschossen. Ich sollte als Zeuge von der kriminellen Vergangenheit des Angeklagten berichten. Ich sagte, was ich wußte, das alles hatte aber nichts mit dem Mord zu tun, von dem ich ja nicht viel wissen konnte, nahm ich ja an, daß dieser nach meiner Gefangennahme erfolgt war. Andere Zeugen sagten aber gegen den Ratsvorsitzenden aus, besonders der Dorftrommler, der etwas gesehen hatte. Der Angeklagte wurde zu lebenslänglichem Kerker verurteilt." —

Peter gähnte, breitete die Arme aus und reckte sich. „Schauen wir nach dem Wetter, vielleicht hört der Wind auf, dann ist es morgen schön."

Vor der Hüttentür standen die beiden und horchten in die Nacht hinaus. Der Wind hatte sich etwas gelegt. Hier auf der Alm wehte er nur noch wenig, die Wolken aber, die am Halbmond vorüberzogen, sagten, daß in der Höhe noch keine Ruhe war. Etwa zehn Zentimeter Neuschnee waren gefallen. Die beiden gingen in die Hütte zurück und legten sich in die vorgewärmte Stube. Es roch nach Mäusen, Stroh, Sackleinwand, Seife und Schimmel doch der Geruch des alten Lerchenholzes übertrumpfte alle Gerüche, und die Stille legte sich über die Dunkelheit wie eine riesengroße himmlische Kuppel, und sie schliefen ein in der Stille, die sie gütig umfing wie ein Zipfel der unfaßbaren Unendlichkeit.

Als der Morgen dämmerte, waren die beiden schon munter und voller Tatendurst, so gesund kann man in einer Stadt gar nicht schlafen, so erholsam und aufbauend kann der Schlaf nur in der völligen Stille sein. Peter richtete das Frühstück, das aus Tee und Paprikaspeck bestand, dazu weißes, im Burgenland gekauftes Brot, genauso wie sie es von ihrer Heimat gewohnt waren. Sie ließen sich Zeit, denn die Gams sind hier heroben „Tagtiere", und sie hatten es nicht weit bis zum Aussichtspunkt, von dem aus Peter die vielen kleinen Gräben und Schütten beobachten wollte, in denen sich die Gams in der Brunft aufzuhalten pflegen. Karl hatte die Neugier kaum beherrschen können, und er drängte den alten Freund, mehr zu erzählen. Dieser aber war vor seiner ersten Pfeife nicht sehr redselig. Erst als diese in Brand gesteckt war und blauer Dunst das kleine Zimmer erfüllte, begann er leise zu berichten:

„Der Ankläger, jener Offizier, dem ich seinerzeit geladen hatte und der sich an mich erinnerte, blieb nicht untätig. Da aus den Dokumenten hervorging, daß mich der wegen Mordes verurteilte Ratsvorsitzende angezeigt hatte, wurde mein Fall wieder aufgerollt, und angesichts des ‚Tauwetters', das in dieser Zeit noch herrschte, wurde ich im Jänner 1956 nach Hause gelassen. Doch was erwartete mich zu Hause? Mein Haus war enteignet, meine Frau in ein Kammerl im ehemaligen Stall neben dem Schloß übersiedelt. Ich bekam natürlich keinen Posten beim Forst mehr, dort hatte ein Parteimann an Stelle des ehemaligen Forstmeisters das Sagen. Ich bekam nach zwei Wochen eine Hilfsarbeiterstelle in der Nachbarkolchose, meine Frau wusch die Wäsche verschiedener Ortsbonzen, deren Frauen dazu anscheinend keine Lust mehr hatten. Aber ich war nicht mehr im Gefängnis und hatte einen freien Tag in der Woche! Der März kam, und ich war jeden Tag nach der Arbeit ohne Flinte im Wald, um nach den geliebten Schnepfen zu sehen. Die Waldungen meines ehemaligen Herren waren jetzt im Besitz einer Jagdgesellschaft, es waren Fabriksarbeiter aus der nahen Stadt. Für den Schnepfenstrich hatten nur ganz wenige etwas übrig, darunter der neue Jäger, ein anständiger Bursche aus dem Nachbarkomitat. Er nahm mich mit, und eines Tages durfte ich mit seiner Flinte eine Schnepfe schießen. Meine erste Schnepfe seit 1944, seit zwölf Jahren! Ich nahm den kleinen Vogel in meine Hand, küßte ihn und weinte, wie ich die ganze Gefangenschaft hindurch nicht geweint hatte. Im Sommer hatte ich nach der Ernte zehn Tage Urlaub, und ich half dem Revierjäger beim Führen der neuen Jagdpächter bei der Rehjagd. Die Arbeiter waren nette, anständige Kerle, sie waren wißbegierig, ließen sich in der Kunst des Blattens von mir unterweisen, wollten weidgerechte Jäger sein, hielten die Traditionen soweit wie möglich in Ehren. Von diesen Neujägern erfuhr ich, daß sich politisch etwas ‚zusammenbraute'.

In Polen und Ungarn herrschte Unzufriedenheit, die Lebensbedingungen waren unerträglich, besonders für Arbeiter und für Städter. Ich genoß meine — relative — Freiheit. Als die Hirschbrunft kam, durfte ich schon ganz offiziell als Pirschführer agieren. Diesmal kamen aber nicht die netten Arbeiter aus der Fabrik, sondern durchwegs höhere Beamte und Politiker, denn die Hirsche unserer Gegend waren berühmt und hatten die Begierde der Machthaber geweckt. Mir gegenüber benahmen sich diese hohen Herren durchaus nett und gesittet. Man merkte, daß sie schon viele Jahre jagten, sie verstanden einiges von der Jagd, wenn auch die Schußgier und Trophäensucht bei den meisten überwogen."

Peter erhob sich, nahm seine alte Kipplaufbüchse vom Kleiderrechen, schnappte sich seinen Bergstock, legte den Mantel schräg über die Schulter und wartete geduldig, bis Karl, fast schwindlig vom Gehörten, langsam seine Siebensachen zusammengesucht hatte und ebenfalls fertig war. Der Schlüssel zur Hütte wurde unter die Fußmatte gelegt, und bei strahlendem Sonnenlicht und blauem Himmel stiegen die beiden Freunde zwischen den Latschen, wo der vor Jahrhunderten angelegte Steig hinauf zum Rabenkogel führte, zum Aussichtsplatz, dem sie zustrebten. Das Panorama, das sich ihnen bot, übertraf alles, was Karl je in seinem Leben gesehen hatte. Die Berge waren bis ins Tal hinab verschneit. Die Spitzen, schneeweiß und ohne Schatten, glitzerten wie riesige Diamanten, die violetten, blauen und grünen Wälder waren von weißen Lawinenrinnen, Schlägen und überzuckerten Jungwäldern eingerahmt, ein blauvioletter Himmel wölbte sich darüber bis in unendliche Fernen. Peter kam es in den Sinn, daß nur der Bergler und der Bewohner der Tiefebene einen solchen Blick in die Ferne hatte, da der Blick über die Ebene jenem von den Bergen aus über die Wipfel ähnlich war, wo nichts die Sonne verdecken konnte, nur der ferne Horizont, wo man dem Himmel zu jeder Zeit nahe war und wo der Mensch klein und unwichtig, aber andächtig und wissend wurde. In manchen Gräben und Tälern hockte der Frühnebel wie feine Watte oder milchiges Wasser, und in Rinnen und Wölbungen der Nebelwolken verfing sich der rote Strahl der Sonne, gab ihnen die Farbe des Jahrmarktzuckers, den die Kinder so lieben und der der Watte so ähnlich ist. Ja, das hier war schöner als die Karpaten, erhabener.

Denn hier waren weit mehr Felsen und steile Wände, zackige Gipfel und türkisfarbene Grate. Der Wald schlängelte sich durch die Rinnen und über die Felsendächer, viele vom Menschen nie betreten, gleichsam aus dem grauen Felsen wachsend, unerreicht, unbesteigbar und trotzdem prachtvoll zu beobachten. In einer halben Stunde waren sie am Kogel, wo, von Latschen umgeben, ein kleiner Schirm stand, darin ein Bankerl und ein primitives Gestell für die Gewehre. Hoch oben am Himmel gaukelten die Raben, so als wäre es Frühling. Alpendohlen umkreisten sie völlig vertraut, Tannenhäher rätschten, eine Misteldrossel beobachtete sie vom uralten Ahorn. Die beiden Freunde schwiegen. Andachtsvoll dachten beide an ihre ferne, verlassene Heimat und dankten dem allmächtigen Gott, daß er die Sonne und den Himmel geschaffen hatte, die dort im Osten die gleichen waren wie hier. Die Sonne schien jenseits der Grenze genau so, sie erwärmte die Guten und die Bösen gleichermaßen. Für sie gab es keinen lächerlichen „Eisernen Vorhang", keine lästigen Paßkontrollen, keine Schwarzen Listen und Volksfeinde, keine Rassen, Klassen und Ränge. Für sie waren alle Menschen gleich, und im Auftrage des Allmächtigen schien sie für Bettler genauso wie für Minister, für Arbeiter genauso wie für Bürokraten. Und trotzdem war jene Welt, die sie erleuchtete, der sie Leben und Licht, Wärme und Freude schenkte, nur ein kleines winziges Teilchen des Universums, des unerforschten, unvorstellbar großen Kosmos, in dem die Sonnensysteme so zahlreich waren wie Grießkörner in einem großen Sack. Ja, im Jenseits gibt es Platz genug für alle Menschen, für die vielen schon Toten und für die noch Lebenden. Dort, wo es keinen Anfang und kein Ende gibt, wird der von Gott geschaffene Mensch mit seinem lächerlich kurzen Leben einstens die unendliche Schönheit sehen können, und der Tod wird seinen Schrecken verlieren, durch die Güte eines Gottes, der keines seiner Geschöpfe vergessen wird.

Noch war wenig Bewegung in den Latschen. Einige Geißen ästen am aperen Hang eines Grabens mit ihren Kitzen, noch war kein Bock zu sehen. Peter erzählte leise weiter: „Die Bonzen der oberen Klasse, damals durchwegs Intellektuelle, legten eine gewisse Jovialität an den Tag und hatten Manieren. Die grobschlächtigen ‚Aufsteiger', die klassenmäßig einwandfreien Proletarier aber vergaßen ihre Herkunft nach einigen Monaten der Privilegien und des Wohlstandes bald. Sie blickten herab auf den manuellen Arbeiter, der es zu nichts gebracht hatte, und behandelten den ‚Kleinen Mann' so von oben herab, wie es wirkliche Herren nie gemacht hätten. Bald hatten sie auch im Volk ihren Spitznamen ‚Prolistokraten' — ein in den damals noch florierenden Hauptstadtcafés erfundener, trefflicher Ausdruck.

Als im Oktober in Polen und Ungarn die Unruhen begannen, verhielten wir uns am Land völlig ruhig. Ich, der jahrelang Gefangener des Systems gewesen war, hätte mich ohnehin nicht leicht zu Aktivitäten überreden lassen. Auch glaubte ich nicht an irgendeinen Erfolg. Damals reifte in mir der Entschluß, das Land bei der nächsten sich bietenden Gelegenheit zu verlassen und in den Westen zu emigrieren. Meine Frau war einverstanden. Als die Russen mit ihren Panzermassen in Ungarn eindrangen, war die Grenze dorthin offen. Einmal in Ungarn, fuhren wir mit zwei vollgepackten Rucksäcken mit dem Zug an die Grenze, warteten auf den Einbruch der Nacht und spazierten dann durch einen kleinen Waldstreifen, hart am Bahndamm entlang, unbehelligt über die Grenze. In Österreich wurden wir wie Brüder aufgenommen, von Kopf bis Fuß neu eingekleidet, wir bekamen einen großen Betrag Bargeld, und schon nach drei Wochen konnten wir uns — über Vermittlung der rührigen Malteserritter — in diesem Dorf einquartieren, und ab ersten Jänner 1957 war ich bereits Revierjäger bei Präsident Berner, in jenem Jagdrevier, das ich heute wie meine Tasche kenne. Ich habe durch die tätige Hilfe meines Chefs vor acht Jahren ein Haus bauen können, fühle mich wohl und rüstig und hoffe, daß es noch lange so bleiben möge."

Peters Pfeife war ausgegangen. Beide Freunde hingen ihren Gedanken nach. Immer mehr Gams zeigten sich, unter ihnen waren jetzt auch einige Böcke. Peter beobachtete sie genau durch sein Spektiv, was nicht leicht war, denn die Böcke waren ständig in Bewegung, der Brunftbetrieb war in vollem Gang. „Dort rechts beim Lerchenschopf steht ein alter Bock mit gutem Bart", flüsterte Peter, „ich schätze ihn auf 96 Punkte und fünfzehnjährig, der dort unten beim großen Stein ist ebenfalls schußbar, aber jünger und stärker, sein Bart ist nicht so gut. Welchen willst du schießen, Karl?" Karl entschloß sich für den alten Bock, und nun hieß es warten, bis er in Schußnähe kam. Peter schätzte, daß früher oder später beide Böcke in Schußnähe kommen würden. Der Platz war ideal, der Wind gut, und man brauchte nur eine Portion Geduld, und die hatten die beiden zur Genüge. Nun begann Karl zu erzählen: „Weißt du, Onkel Peter, als damals in Ungarn die Revolution ausbrach, war ich gerade drei Jahre alt. Meine Schulzeit fiel in jene Epoche, in der im Ostblock eine leichte Besserung eintrat. Meine Eltern waren beide Fabriksarbeiter, verdienten aber so wenig, daß wir uns nichts, aber schon gar nichts, leisten konnten. Ich erhielt als reinrassiger Proletarier aber jede Unterstützung des Staates und studierte Welthandel. Es ging mir relativ gut, nur interessierte ich mich überhaupt nicht für Politik. Alle zwei Jahre unternahm ich mit Freunden Urlaubsreisen in den Westen. Da meine Eltern schwäbischer Abstammung sind, konnte ich etwas Deutsch, das ich in der Schule verbesserte. Ich redete viel mit ‚Einheimischen', sowohl in der Bundesrepublik als auch in Österreich. Da man nur alle zwei Jahre in den Westen reisen konnte — meistens fuhren wir per Autostopp —, sah ich mir in den anderen Jahren die sozialistischen Bruderstaaten an. Ich war in Bulgarien, in Polen, in der Slowakei und in der DDR. Überall sah ich Russen, in Ungarn und in der DDR am häufigsten. Nun begann ich zu vergleichen. Der Westen war friedfertig bis zum Pazifismus, ja er vernachlässigte seine Verteidigung, es gab kaum Militär, keine pseudomilitärische Schulung, keine ideologische Indoktrinierung. Im Westen sprach man nicht vom Frieden, man lebte nur friedlich. Im Osten hingegen — jeder Besucher dieser Staaten kann es mit eigenen Augen sehen — ist alles straff militärisch organisiert — Aufmärsche, Uniformen, Paraden, Panzer und Waffen. Kinder werden schon mit Waffen zum Kampf gegen die ‚Feinde' gedrillt. Im Westen gibt es dergleichen nicht. Hier ist man zuversichtlich, man ‚traut' seinen Nachbarn, auch dem Osten, man spricht nicht von Kampf, von Haß und von Klassen. Im Straßenbild gibt es kaum Uniformen, nicht zehn Prozent von jenen im Osten. Es gibt keine Bespitzelung, keine Rachejustiz wegen der Abstammung, wegen der falschen Klasse. Im Osten gibt es zwar viel Gerede von der Herrschaft des Volkes, aber anscheinend herrschen dort nur einige Funktionäre. Es gibt Klassen und Abstufungen, Privilegien oder auch keine für jede der bestehenden Kasten. Und alles hängt von einem System ab, das den osteuropäischen Staaten gewaltsam aufgezwungen wurde. Das rückständigere, primitivere, aber stärkere Land beherrscht die schwächeren. Sie sind völlig abhängig, es gibt nicht die geringste Hoffnung auf Freiheit, auf Abzug der Besatzer. Ich habe alles abgewogen und kritisch betrachtet. Im Westen herrscht zwar keinerlei Widerstand gegen die Aggressivität des Ostens, ja man ist sogar anfällig für Ideen und Parolen, die bei uns kein Mensch mehr glaubt. Man ist im Westen unkritisch, politisch ungebildet, weich und der Mode gehorchend. Im Osten gibt es hingegen viele mutige Menschen, viel Idealismus. Wirklich materialistisch sind nur jene veranlagt, die auch genügend ‚Material' haben, das sie anbeten können. Darin gleichen sie den Kapitalisten des 19. Jahrhunderts. Das alles wäre aber noch zu ertragen, nur eines nicht: Und das ist die anhaltende, unentwegte und schamlose Belügung des Volkes. Es herrscht die Lüge, kein Mensch glaubt sie, aber trotzdem: der Kontakt zwischen Volk und Machthabern ist gestört und wird gestört bleiben, solange dieses System regiert. Und darum, lieber Onkel Peter, darum bin ich vom Osten weggegangen und habe mich hier im Westen niedergelassen. Mein Diplom wurde nostrifiziert. Ich verdiene als Diplomkaufmann in der Bank sehr gut, das Zwanzigfache von dem, was meine Eltern zusammen verdienen. Ich habe geheiratet, meine Frau verdient, ich habe ein Haus und zwei Wagen der Mittelklasse, zwei reizende Kinder, und ich denke nicht daran, dieses Paradies zu verlassen." Karl sah Peter mit seinen großen Augen offen ins Gesicht, und beide Männer gaben sich stumm die Hände.

Vor ihnen hatte sich die Szene gewandelt. Der jüngere, stärkere Bock, jener den Peter schießen sollte, kam langsam näher. Der Grund war ein kleines Rudel von Kitzgeißen etwa 120 Schritt unterhalb des Kogels. Darin stand anscheinend, dem Verhalten des Bockes nach, eine brunftige Geiß. Immer wieder verhoffte der Bock, windete in der Fährte, hob das Haupt und zog die Oberlippe des Windfanges ganz zurück, gab eine Art meckernden Laut von sich, nur tiefer. „Er plädert", meinte Peter. „Ich muß schnell schießen, sonst kommt er zum Rudel und treibt die Geiß, wer weiß wohin."

Mit ruhiger Hand hob der alte erfahrene Jäger seinen Stutzen, legte den Lauf auf seinen zusammengefalteten Hut, der auf der breiten Brüstung lag. Der Bock kam immer näher zum Rudel, jetzt stand er spitz zu ihnen, hob das Haupt. Peter wartete nicht mehr, bis der Bock sich breit stellte. Das Fadenkreuz stand mitten am Stich, der Schuß knallte, und das Echo warf den relativ leisen Knall hunderfach zurück. Der Bock war im Feuer gefallen und rührte keinen Lauf mehr. Überall hatten die Gams aufgeworfen. Das nahe Rudel stob auseinander, zwei, drei unschlüssige Warnpfiffe wurden laut. Aber da die beiden Freunde sich nicht bewegten, der Bock aber unbeweglich im Schnee lag, beruhigten sich die Gams wieder, und das Brunftgetriebe nahm wieder einen neuen Anfang. „Wenn wir Glück haben, wird ‚dein' Bock auch bald kommen", flüsterte Peter, dem Karl freudig die Hand zum Weidmannsheil gedrückt hatte.

Vorläufig sah es aber nicht danach aus. Im Gegenteil, das Rudel, bei dem der alte Bock stand, entfernte sich langsam westwärts, und es hatte den Anschein, als würde es bald über den Rücken ziehen. Der Bock folgte dem Rudel. Er war sicher 400 Meter entfernt, an einen Schuß war nicht zu denken.

Inzwischen hatte die Sonne eine beträchtliche Wärme entwickelt, und von den schneebedeckten Latschenästen tropfte es. Ein Adler zog in der Ferne seine majestätisch ruhigen Kreise, gar nicht so weit fing ein Birkhahn zu rodeln an, es war wie im Mai. Über das Mürztal zog eine Schar Gänse gegen Osten. Und da kamen sie schon „Krok, krok, krok ..." Wie aus dem Nichts waren sie da, drei, vier, sieben Kolkraben. Während drei meldend weiterzogen, ließen sich die anderen unweit des erlegten Bockes auf den dort stehenden hohen Lerchen nieder. Die Jäger hatten sie schon lange bemerkt, und so verhielten sie, dann und wann Laut gebend, in erwartungsvoller Unbeweglichkeit. Etwas würde für sie schon übrigbleiben, diese intelligenten Vögel konnten denken und kombinieren. Es gab nichts auf der Alm, nichts im noch so dichten Wald, was sie nicht fanden. Jedes Auer- und Birkhuhngelege, jedes neugeborene Kitzchen wurde von ihnen entdeckt, und trotzdem blieben diese uralt werdenden und sich vermehrenden Vögel seit Jahrhunderten vom Jäger unangetastet. Sie gehörten ins Gebirge wie das Geröll und die Almwiesen, wie die Mauern und Baumveteranen, wie die Hochmoore und das weidende Vieh, wie die Blumen und Kräuter, das Wild und der Bergmensch.

Der Adler zog seine Kreise immer näher, vielleicht hatte er das erkennbare Treiben der Raben richtig gedeutet. Die Kitze zogen an ihre Mütter heran, sonst nahmen die Rudel keinerlei Notiz vom Adler. Drunten im Tal erklang zuerst eine, dann die andere Mittagsglocke. Ihr Ton durchdrang die Stille des Berges und ihr metallisch-melancholischer Klang erinnerte an die ferne Heimat, wo ähnliche Glockem dem gleichen Herrgott die Ehre erwiesen. Eine Erinnerung an die siegreiche Schlacht von Belgrad, als János Hunyady auf dem Weißen Berg die Türken besiegt und das Abendland gerettet hatte, erwachte. Weiß eigentlich heute noch irgend jemand, außer den traditionsbewußten Ungarn, daß seit diesem Tag im fünfzehnten Jahrhundert die Mittagsglocken erklingen? Im Osten wie im Norden, im Westen wie im Süden? Das Wort „Abendland“ ist heute fast vergessen, Fortschrittsapostel benützen es hin und wieder ironisch, sozusagen als ein Relikt aus vergessenen und verdrängten Zeiten des unmodernen Patriotismus. Die Ideale des freien Westens, dieses letzten Hortes der Freiheit, findet man hier selbstverständlich. Man spricht heute weit mehr über Demokratie und Sozialismus als über die Freiheit, mehr über die Gesellschaft als über das Volk. Und gerade die Freiheit des Volkes müßte uns im Interesse und zum Schutze unserer Kinder so wertvoll sein, daß wir immer und immer wieder darüber reden. Denn die anderen vergessen ihre Ideale und Parolen ebensowenig wie ihre Ziele. Keine Stunde des Tages, keinen Tag des Jahres. Daran sollte man manchmal denken und auch auf jenen nüchternen Rednerpulten davon sprechen, die seit einiger Zeit die altbewährten Kanzeln ersetzen. Auch dort, wo man zu den wirklich wichtigen Dingen so gerne und ausdauernd schweigen kann. An all dies sollte man denken, wenn die Glocken täglich an eine gewonnene Schlacht des Abendlandes erinnern. Die Freunde dachten wohl daran, als sie ihre Hüte lüfteten und — wie seit ihrer Jugend — still den Angelus beteten... Dies hat wie die stillschweigend abgeschaffte lateinische Sprache dem Zusammenhalt der allesumfassenden, völkerverbindenden zweitausendjährigen Kirche gedient, und es ist schon eine unwahrscheinlich erhabene und andachtsvolle Sekunde, wenn überall in der Welt, in allen Kontinenten, zur Mittagsstunde die Glocken ertönen.

Über den Rücken der Berge verschwanden jetzt die letzten Reste des Talnebels. In weiter Ferne, ganz im mittäglichen Sonnenlicht sah man den Gnadenort wie ein Spielzeug aus Bausteinen, es war ähnlich wie bei einem Blick aus dem Flugzeug.

Trotz der späten Jahreszeit flogen vereinzelt Insekten herum, weit unten im kleinen Stausee plantschten und tauchten Hunderte Wildenten, unter ihnen solche, die weit aus dem Norden hergereist waren. Man konnte sie mit dem Fernglas gut beobachten. Nun wagte sich der erste Rabe zum erlegten Gamsbock herunter. Geschäftig, als hätte er etwas ganz anderes zu tun, spazierte er mit seinem ausholenden, gravitätischen Berglerschritt in der Nähe des Bockes herum. Ja, der wippende, elastische und ausholende Schritt des Raben erinnerte sehr an jenen der Älpler, die selbst beim höchsten Berg nie ermüden und nie ins Schwitzen kommen. Ihre Devise ist: „Ruhe und Geduld, Zeit lassen, nichts übereilen." Auch der Rabe hatte Zeit. Zunächst schien er aus dem Schnee die Schweißtropfen aufzupicken, fleißig und systematisch, einen nach dem anderen. Keinen Blick warf er auf die schwarze, zottige Beute. Gerade wollte Peter mit dem Bergstock eine Bewegung machen, um den Raben zu verscheuchen, er griff bereits nach ihm, da erstarrte er mitten in der Bewegung. Direkt unter ihnen, dort wo der Oststeig in die Latschen mündete, stand unbeweglich ein mächtiger Gamsbock. Da brauchte der alte Peter kein Fernglas, um den anzusprechen. „Ein kapitaler alter Bock! Schießen!" — Und Karl griff im Zeitlupentempo nach seiner Büchse. Gut, daß sie gedeckt waren, denn der Bock stand auf keine vierzig Schritt und verhoffte noch immer argwöhnisch herauf. Er mußte doch etwas von Peters Bewegung mitbekommen haben. Aber er rührte sich nicht. Die Züge am Haupt waren kaum sichtbar, so verschwommen waren sie, der Bart war hervorragend, lang hing der Pinsel am durchhängenden Bauch herab, weit ausgelegt waren die hohen und pechigen Krucken. Solch einen Bock hatte Peter in seiner Zeit in diesem Revier nicht gekannt. Da die Freunde aber keine Beschränkung auferlegt bekommen hatten, freute er sich und gönnte ihn von Herzen seinem jungen Landsmann. Schon war die Büchse auf der Brüstung, nur Karls Kopf war noch zu weit vom Fernrohr entfernt, und er näherte ihn nun langsam, ganz langsam, und auch seine rechte Schulter bewegte sich. Da, ein markdurchdringender Pfiff, Karl war schon im Anschlag, der Bock verhoffte noch immer, jetzt, jetzt würde er noch in die rettenden Latschen abspringen, aber der Schuß peitschte und, sich aufbäumend, torkelte der Bock zu Tal, überschlug sich mehrmals im weichen Schnee und blieb, keine zehn Meter vom anderen entfernt, regungslos liegen. Eine breite Schweißspur zeigte seinen letzten Weg. Die Raben waren aufgeflattert, von weitem näherte sich das kleine Gamsrudel, eräugte die beiden regungslosen Böcke im Schnee, bekam Wittrung und flüchtete langsam und unschlüssig in die schützenden Latschen. Mit ihnen flüchteten auch alle anderen, und nach einigen Minuten war die Bühne leer. Nur die Raben überstrichen klockend und krockend die winterliche Landschaft. Die beiden Jäger waren noch in ihrem Schirm sitzengeblieben. Karl war über seinen stärksten Gamsbock überglücklich, auch Peter strahlte, weil alles so gut gelungen war. Noch lange saßen und redeten sie, diesmal über das Weidmannsheil, das ihnen an diesem herrlichen Tag zuteil geworden war. Freude und Dankbarkeit erfüllte diese weitgereisten Menschen, und das Gefühl restloser Zufriedenheit ist Gott ebenso gefällig wie die Schönheit der von ihm geschaffenen Natur.

Und der laue Nachmittagswind erfaßte den blauen Pfeifenrauch und wehte ihn über das weite Latschenfeld, irgendwohin in die weite Unendlichkeit.

Farbenprächtiger Herbst

Onkel Nando

Im Jahre 1952 — ich war noch keine sechsundzwanzig Jahre alt — bekam ich eine Einladung von einem mir bisher unbekannten Herrn, Ferdinand Arco-Valley, nach St. Martin im Innkreis auf die vier Tage dauernde große Fasanenjagd zu kommen. Mein Bruder Feri, der vorher in Linz eine Anstellung gehabt hatte und Ferdinand Arco kannte, dürfte dem Jagdherrn von mir erzählt haben. Für mich war diese Einladung damals ein ganz unglaubliches Ereignis. Ich war gerade mit dem Aufbau des Jagdmuseums betraut worden, hatte vierzehn Tage Urlaub im Jahr, an Samstagen natürlich Dienst und verdiente gerade 600 Schilling im Monat. Die recht wenigen Einladungen der damaligen Zeit mußte ich mangels vorhandenen Urlaubs absagen, nur die Sonntage standen für Jagden in der Umgebung von Graz zur Verfügung. Ich wurde von Franz und Fritz Mayr-Melnhof, von Erni Stubenberg und Frau Purkarthofer zu Jagden gebeten, die vielen Einladungen setzten erst einige Jahre später ein, als sich mein bescheidener Ruf als Schütze herumgesprochen hatte, was damals den Jagdherren noch wichtig erschien. —

1952 war ich überdies auch in meiner Freizeit mit dem Aufbau des Eggenberger Museums beschäftigt, das bis 1953 besuchsreif sein sollte. November war es, und ich hatte keine Zeit, die liebe Einladung anzunehmen. Das Herz blutete mir, und ich zerbrach mir den Kopf, wie ich es trotzdem schaffen könnte. Da kam mir der Zufall entgegen. Ein Freund sagte mir, daß bei Nando Arco zahlreiche Exponate und Abnormitäten stünden, ich sollte doch einmal dienstlich hinfahren. Nun, ich gab meinem Herzen einen Stoß, rief frech meinen hohen Chef, Landesrat Illig, an, und er gab mir vier Tage frei — mit der Auflage, auch Erfolg bei meinen Sammlungen zu haben. Wie es die Art Dr. Illigs war, schickte er mir noch am selben Tag mit seinem Chauffeur Tretschko ein Papier heraus, in dem er kurz mitteilte, daß er mich für die Tage vom 3. bis 7. November 1952 für Sammlungstätigkeiten benötigte. Ich konnte also mit großer Freude zusagen.

Am 3. November fuhr ich mit dem Zug über Stainach-Irdning nach Attnang-Puchheim, wo mich der Chauffeur des Grafen Arco abholte. Ich hatte meine alte Springer-Flinte bei mir und 100 Hirtenberg/Kleeblatt-Patronen, einen Spenzer für den Abend und einen Jagdanzug, den Meister Rumpf aus Stainz angefertigt hatte. Im bereits hell erleuchteten Schloß St. Martin hielt der Wagen in der Einfahrt. Ein Diener stand bereit und läutete eine Glocke, innerhalb einer Minute war der Hausherr — schon im Jagdsmoking — da und empfing mich wie einen alten, lieben Freund. Onkel Nando war eher klein, trug eine Brille, hatte rötlich-blondes Haar über einem roten Gesicht und war bester Laune. Witze machend geleitete er mich in mein Zimmer, ein Mittelding zwischen einem Salon und einem Museum, und sagte, daß er mich in Kürze in der Bar zu einem Drink erwarte. Wieder läutete die Glocke in der Einfahrt, und Nando verabschiedete sich von mir, mich nochmals an mein bald erwartetes Erscheinen in der Bar gemahnend. Das tat ich dann auch innerhalb einer

Allerheiligenstimmung

halben Stunde und war der erste Gast in Onkel Nandos Heiligtum. In den nächsten drei Viertelstunden wurden wir gute Freunde für ein Leben. Zuerst kredenzte mir Onkel Nando seinen Drink, eisgekühlten Gin mit etwas Grapefruitsaft. Dazu knabberten wir Kartoffelchips. An der Wand hingen erstklassige Karikaturen meines Bruders über Nandos Stammgäste, die nun auch einer nach dem anderen eintrudelten. In glänzender Laune erschien mein Lieblingsonkel Fritz Mayr-Melnhof mit Sohn Fritz und Gattin Marianne, der Schwester meines vor zwei Jahren verstorbenen Vaters. Als zweiter erschien das unerreichte Schützenidol Wladimir Mittrowsky, Teilnehmer am Rekordtag von Tótmegyer, Gewinner des „Grand-Prix von Monte Carlo", ein Mann, dem man auf einen Kilometer den großen Herrn ansah. Er hatte etwas volle Backen, eine kräftige Nase und sanfte, dunkle Augen, die stets, auch wenn er den schönen Damen Galantes zuflüsterte, hohe Kopffasanen zu sehen schienen. Wir begannen sofort ein angeregtes Gespräch. Dann kam Max Venningen, im Aussehen irgendwie an Zsiga Széchenyi erinnernd, mit buschigen Brauen, groß und vor Passion vibrierend. Er teilte mir sogleich mit, daß er vor Jagden kaum schlafen könne, so aufgeregt sei er. An alleinstehenden Damen waren erschienen: Willi Arco, die Erbnichte Onkel Nandos, Minki Potstatzky und zu meiner großen Freude Mariluise Pallavicino. Neben einigen Ehefrauen war natürlich auch die Hausfrau Josy Arco-Zinneberg anwesend, die ihrem Onkel Nando seit Jahren den Haushalt führte. An den Karikaturen Feris konnte ich immer feststellen, wer noch fehlte. Es kam mit geschmeidigem Schritt der elegante Charly Buxhoeveden, ein weltgereister Weidmann, der mit unserem ungarischen Jagdidol Zsiga Széchenyi zusammen in Alaska war, dann der langjährige Politiker, Nationalrat und Bundesrat Ernst Grundemann, der über die neuen Minister erzählte, schließlich ein oberösterreichisches Wahrzeichen, der würdige und sehr sympathische Peter Rewertera. Acht Schützen waren für die vier Jagdtage eingeladen, der Jagdherr verzichtete nach alter Herrenart auf das Mitschießen.

Der Drink stieg mir nicht wenig zu Kopfe, alle waren gut gelaunt, der Hausherr bog sich vor Lachen, wenn er einen seiner Gäste aufs Korn nahm, wobei ich, der Jüngste der Runde, nicht ausgenommen wurde, im Gegenteil, mich forderte er zu vorgerückter Drinkstunde auf, seine Nichten zu heiraten, abwechselnd eine nach der anderen, wobei er nicht vergaß, darauf hinzuweisen, daß es höchste Zeit wäre. Es blieb allerdings offen, ob für mich oder seine Nichten. Ein würdiger Butler meldete reserviert, daß im Speisezimmer gedeckt wäre.

Es folgte ein Abendessen von zwei Stunden Dauer, das so herrlich und in meinen Augen so unerreicht war, daß ich es mir eingeprägt habe. Als Vorspeise: pochierte Eier in drei verschiedenen Variationen. Dann folgte ein ausgelöster Haselhuhnbraten mit raffinierten Beilagen, als Nachspeise getrüffelte Gänseleberpastete mit drei verschiedenen Saucen, schließlich eine Brombeerbombe mit eingelegten Früchten. Als Wein wurden ein Chateau Lafitte 1948 und Mosel 1949 kredenzt, Champagner gab es Veuve Clicot und Moët Chandon. Den Gästen sah man es an, wie begeistert sie über das Essen waren, der Hausherr allerdings sparte nicht mit Kritik an seinem ausgezeichneten Koch, was von den anderen, besonders von der lieben Josy, aber energisch abgewehrt wurde. Man begab sich nach dem Essen in die Salonsuite, wo das Reden und Erzählen weiterging, allerdings nur unter jenen, die nicht Bridge spielten. Zu den „Rednern" gehörte auch ich. Man fragte mich über die Jahre in Ungarn aus, und ich erzählte in komprimierter Form viele unserer unfaßbaren

Erlebnisse in der Volksdemokratie. Onkel Nando, der zweimal im KZ gewesen war und daher genau wußte, was es bedeutet, wenn es einem sehr schlecht geht, zeigte viel Verständnis. Ich sagte ihm auch, daß er der erste war, der uns völlig ausgeraubte Flüchtlinge mit einer solch exklusiven Einladung erfreut hatte, und er wiederum schwärmte von den schönen Jagden in Doboz, in Békés und in Bélmegyer, die nun für ihn für alle Zeiten vorbei waren. Es war ein Uhr, als ich mich schlafen legen konnte. Punkt sieben Uhr klopfte es an der Tür, und der Diener sagte, ab halb acht Uhr wäre das Frühstück parat. Dies war überflüssig, denn die genauen Programme für die vier Jagdtage lagen feinsäuberlich in jedem Gästezimmer auf den Tischen. Als ersten fand ich Max Venningen im Frühstückszimmer. Er aß zwar nicht viel, doch trank er viel Kaffee. Das Frühstück war eine Wucht. Schinken verschiedener Sorten, sechs Arten Käse, warme und kalte Pasteten, Omeletten und gegrillter Speck, ham and eggs, weiche Eier, auch eine Süßspeise. Infolge der Überlastung unserer Mägen — sowohl durch Essen als auch durch Alkohol — wurden die herrlichsten Speisen zum Teil verschmäht. Punkt halb neun Uhr ging es zu den bereits vorgefahrenen Wagen. Für die Lader, Damen und das mitgenommene Gepäck wurden separate Dispositionen getroffen. Onkel Nando schien wie ausgewechselt. Er war ernst, wortkarg und gespannt. Auf die Minute pünktlich begann der erste Trieb. Es wurde der Revierteil St. Martin-Ost bejagt, am zweiten Tag war Revier Aurolzmünster, am dritten Senftenberg und am vierten St. Martin-West (Fasanerie) vorgesehen. Teils wurden Fichtendickungen getrieben, teils Laubwälder, dann wieder waren Streifen über die Felder mit eingestreuten Remisen am Programm. Ich hatte fast immer Flankenstände, schoß die meisten Hasen, aber die drittwenigsten Fasane, nur Fritz jun., der ebenfalls Flankenstände hatte, und Ernst Grundemann schossen weniger. Jagdkönig war bei weitem Wladschi Mittrowsky, gefolgt von Venningen und Buxhoeveden. In einer Remise waren während des Streifens fünf Schnepfen aufgestanden, von diesen hatte Mittrowsky nacheinander vier Stück geschossen! Er schoß 16er Brownings, und mir imponierten immer seine Ruhe, seine Übersicht und seine Reaktion. Er schoß selten entgegen, meist seitlich und auch hinter sich, aber immer hatte er genügend Zeit, die anstreichenden Vögel zu beschießen. Man konnte schon von weitem sehen, wo er stand, weil alle Fasanen mausetot — mit Kopfschuß — fielen. Er sagte mir, daß die meiste Zeit beim „Hudeln“ verschwendet wird, und zwar unwiederbringlich. Sind die beiden Schüsse einer Doppelflinte einmal heraußen, dann ist es zu spät. Ich habe mir seine Tips damals sehr zu Herzen genommen. Erst ein Jahr später sollte ich das erste Mal Tontauben schießen. Der Schuß auf die schnellstens fliegende Tonscheibe zwang mich dann zum schnellen Abdrücken. Wladschi verachtete das Tontaubenschießen, er sagte, daß es ein Feind des jagdlichen Schießens sei, angeblich hat er aber die wenigen Male, die er es probiert hat, auch nicht viele Tontauben getroffen. Jeder hat eben seine eigene Methode. Am schönsten schoß Maxi Venningen. Mit langem Arm, schnell, konzentriert und auch weit. Er schoß unwahrscheinlich früh entgegen, seine langen Defilierschüsse waren Klasse. Fritz junior zeigte schon damals sein späteres Können, doch mußte er sich in Sankt Martin als „Junger“ noch mit Flankenständen begnügen. Onkel Nandos vorbildliche Jagdorganisation war in jeder Hinsicht ein Stück aus der alten Zeit. Die guten Schützen hatten immer die besten Stände, wenn sie auch das Alter hatten, dann folgten die Alten ohne Rücksicht auf ihr Können, und erst zuletzt die Jungen. Als „jung“ galt alles unter 35 Jahren. Solche Schützen hatten die weitesten Fußmärsche bei Streifen zu machen, sie standen oft am Rückwechsel und sonst an den Flankenständen. Ihre Stände waren aber bei der Hauptjagd auch so recht gut, weil ja nur acht Schützen Gewehre führten. Wo gibt es dies heute? Aber wo gibt es auch die Bevorzugung nach dem Alter in der heutigen Zeit der Jugendverherrlichung? Man war damals noch der Auffassung, die Jungen sollten froh sein, daß sie jung sind, im übrigen sollten sie studieren und schön bescheiden im Hintergrund stehen. Wir taten dies ja auch gerne und hingen an den Lippen der älteren Herren, lasen ihnen jeden Wunsch von den Augen, schwiegen, wenn sie sprachen, und versuchten, von ihnen zu lernen. Es waren ja meist Teilnehmer am ersten Weltkrieg, Leute, die im vorigen Jahrhundert geboren waren. Wir hatten Respekt vor ihnen und fürchteten sie sogar ein wenig. Der große „Knick" kam erst beim Flüggewerden der nach uns kommenden Generation, der Wohlstandsjugend. Sie wollten vor allem eines: anders sein als die Alten, um jeden Preis anders, neu, modern! Wir wollten hingegen noch so werden wie die Alten. Sie waren uns Vorbilder, ohne Krampf, ganz einfach und selbstverständlich.

Onkel Nando schimpfte mit seinen Förstern, obgleich die Organisation besser war als alles, was ich vorher und teils auch nachher gesehen habe. Das galt auch für die Tätigkeit der Hausfrau, unserer lieben Josy, einer ebenfalls leidenschaftlichen Jägerin, die uns an jedem Tag alle mit dem Haushalt zusammenhängenden Wünsche von den Augen ablas. Onkel Fritz zürnte seinem Leibjäger und Chauffeur Bernauer, weil er etwas nach Alkohol roch. Trotzdem lud er schnell und sicher wie ein ungarischer Profi. Onkel Fritz hatte die perfekteste Ausrüstung von allen, herrliche Rucksäcke aus weichem Leder, Futterale mit Monogrammen, Handwärmer, Muffs, modernste amerikanische Fliegerstiefel, die besten Patronen. Er schoß sehr gut, doch ohne den Ehrgeiz, der Erfolgreichste zu sein. Einmal hatte er seine zwei alten 16er Springer, dann wieder einen Automaten „in Betrieb". Man sah ihm die Routine an, er war sehr schnell, machte große Strecke, ohne Rücksicht auf das Schußverhältnis. Manchmal schoß er im Pullover, dann wieder im glänzenden ungarischen Pelz (den er 1939 in Stuhlweißenburg gekauft hatte).

Wenn man fragte, wieviel jeder geschossen hatte, antwortete Wladimir Mittrowsky immer mit der präzisen Zahl. Andere gaben an: ungefähr so viel, andere wieder: ich weiß es nicht. Maxi Venningen zählte die Hülsen, die bei seinem Stand lagen, erinnerte sich an Doppelschüsse und die wenigen Fehlschüsse und sagte dann auch präzise seine Strecke. Es war wichtig, denn nach jedem Trieb zückte der Jagdleiter seinen Bleistift und trug die Strecke des einzelnen Schützen ein.

Einige Triebe waren grandios, andere wieder schwächer, die Fasanen strichen meistens hoch, die Stände waren so angelegt, daß niemand den Nachbarn störte und daß das Schießen sportlich schwer war. Sehr oft stand Onkel Nando, der die Schützen anstellte, bei mir oder bei Fritzl, denn wir waren meist die letzten der Schützenkette. Er trug nur einen Spazierstock oder einen leichten Sitzstock und überschaute durch seine starken Brillen wie ein Feldherr das ganze Geschehen. Schoß einer gut oder schlecht, versäumte er es nicht, diesen Umstand eingehend zu kommentieren. Überhaupt war er ein Mensch, der ehrlich das sagte, was er dachte. Wenn zum Beispiel einer der Schützen — wie es ja oft vorkommt — auf schwere Vögel einfach nicht schoß, weil er seinen Ruf nicht gefährden wollte, dann sagte Onkel Nando: „Ich erinnere mich, dich zum Fasanenschießen eingeladen zu haben.

Solltest du nicht genügend Patronen haben, dort am Lastwagen sind einige Kisten voll!" Die Jugend mochte er sehr. Für sie organisierte er im Dezember sogenannte Weihnachtsjagden, mit sieben oder acht Ständen, und dann hatten auch die „Älteren" unter den „Jungen" Gelegenheit, gute „Frontstände" zu haben. Der letzte Tag, St. Martin-West, war verregnet, der Regen wollte nicht aufhören, schließlich wurde die Jagd beendet.

Beim Abschiedsdiner verlas Onkel Fritz Mayr ein langes Gedicht des Dankes, in dem jeder Schütze mit einem Sechszeiler beschrieben wurde. Bei mir hieß es etwa: „Hat er auch viel Hasen erlegt, die Nase tropft ihm unentwegt." Bei aller jagdlicher Freude und allen Ablenkungen durch zahllose Genüsse vergaß ich durchaus nicht, daß ich durch einen Sonderurlaub zu dieser Jagd gekommen war und ohne eine Spende von St. Martin ungern nach Graz zurückgefahren wäre. Mein Problem trug ich Onkel Nando am letzten Tag in seiner geheiligten Bar vor, und er nahm mich kurzerhand beim Arm und führte mich in einen Saal, wo einige Präparate standen. Er schenkte dem Museum, ohne daß dieses überhaupt schon stand, eine schneeweiße und eine gehörnte Rehgeiß, obgleich er ein fanatischer Oberösterreicher war und ihm andere fanatische Oberösterreicher unter den Anwesenden auf die „Finger sahen".

Voll der Eindrücke, überglücklich und vor allem dankbaren Herzens fuhr ich am nächsten Tag nach Graz zurück. Onkel Nando hatte als einer der ersten mir armen, komplexbeladenen Flüchtling meine „Wichtigkeit" zurückgegeben.

Von diesem Tag an nützte ich jeden Urlaub, jede längere Freizeit, um Onkel Nando in St. Martin zu besuchen. Dort, in seinem Haus, das mir immer wie ein Märchenschloß vorkam, wo altösterreichischer Frieden trotz KZs und Verfolgung erhalten geblieben war, regenerierte ich mich, fühlte ich mich wieder als Mensch, als Gleicher unter Gleichen, und dieses Gefühl hatte mir der grundgütige Freund ganz bewußt vermittelt. Er kannte Ungarn und schätzte seine Bewohner. Er wußte um die ungleiche Behandlung, die ein mittelloser und ein bemittelter Standesgenosse im allgemeinen erfuhren. Er wußte nur zu gut, daß wir eigentlich alles verloren hatten. Heimat, Haus, Besitz und Stand in der Gesellschaft. Er war einer der ersten, der uns, die wir doch sehr verstört ob der in Unordnung geratenen Welt vor uns hinlebten, durch seine bewußt bevorzugte Behandlung wieder zu optimistischen und zukunftorientierten Menschen machte. Ich werde ihm das mein Leben lang nicht vergessen und habe gelobt, ihn, den völlig vergessenen, früh verstorbenen Herrn von St. Martin, diesem Vergessensein zu entreißen. Denn ein so guter Mensch wie er lebt weiter in unser Erinnerung, so lange, bis alle, die ihn kannten, gestorben sind.

Danke, lieber Onkel Nando, danke für alles!

Schnepfen

Seit meiner frühesten Kindheit ist der geheimnisvolle Wanderer mein Liebling. Ich war noch nicht im Gymnasium, als ich meine erste Waldschnepfe erlegte, und schon mit fünf Jahren begleitete ich Vater auf den Schnepfenstrich.

Seit etwa vierzig Jahren führe ich genau Buch über die Schnepfen, seit dreißig Jahren bin ich im Jahr etwa achtzig Mal am Schnepfenstrich, über jede Beobachtung, jede geschossene Waldschnepfe führe ich eine Statistik mit Zeittafel, Wetterbericht und den wichtigsten Maßen der erlegten Vögel. Mir kann keiner etwas erzählen, ich weiß über die Schnepfen vieles, wenn auch bei weitem nicht alles. Ich kann darüber Auskunft geben, ob es mehr oder weniger Schnepfen gibt, mich leitet kein Wunschdenken, ich beobachte im Gelände und vermerke Tatsachen.

Ob das die Gegner der Schnepfenjagd auch tun? Ich habe noch nie in meinem Leben einen Schnepfenforscher gesehen, der kein Jäger war. Es ist leichter, als Vogelbeobachter an einem Teichrand zu sitzen und die herumschwimmenden Wasservögel genau zu registrieren als die Schnepfen im dichtesten Busch- und Dornengelände. Der Schnepfenbeobachter muß tagtäglich im Gelände sein, in der Früh und am Abend, ohne Unterbrechung, denn sonst kann er viel versäumen und seine Aussagen sind nicht stichhaltig. Manche Gegner der Schnepfenjagd urteilen und sagen aus, ohne sich überhaupt mit der Materie zu beschäftigen, sie sprechen nach, was ähnliche Wunschdenker aussagten. Nun, es ist das gute Recht der Vogelschützer und Nichtjäger, die Notwendigkeit einer Schnepfenjagd zu bezweifeln. Wir hingegen sind Jäger, Teile einer großen Gesinnungsgemeinschaft. Wir haben unseren Standpunkt zu erläutern, nicht jenen unserer Gegner. Die Jagd auf die Waldschnepfe beeinträchtigt in unseren Breiten während der kurzen Dauer des Durchzuges die Populationen, die Bestände der Vögel überhaupt nicht. Dies im Gegensatz zu jenen Ländern, wo die Schnepfen während ihrer Überwinterung stark bejagt werden. Diese Eingriffe fallen schon ins Gewicht, vor allem wegen ihrer Häufigkeit in oft deckungsarmen Gegenden und der großen Zahl des Striches, der erlegten Vögel. Abgesehen davon ist die Schnepfenjagd eine der wenigen echten Jagdarten, die es noch gibt. Hier wird nichts ausgesetzt, gefüttert, eingegattert, „angebunden". Es gibt keinerlei stichhaltige Voraussagen über Erfolg oder Mißerfolg, Richtung, Zeitpunkt, Schnelligkeit des Fluges etc. Der Jäger ist allein mit der Natur, und der große Unsicherheitsfaktor erhöht den Reiz der Jagd. Wenn es einen guten Frühstrich gegeben hat, kann der Abendstrich ohne erkennbaren Grund ausfallen und umgekehrt. Die Erbeutung dieses geheimnisvollen Vogels, über dessen Wanderungsart, den Zeitpunkt und die auslösende Ursache des Weiterzuges nur wenig bekannt ist, bietet für den guten Weidmann einen großen Reiz, gerade weil dies noch echte Jagd mit all ihren Schwierigkeiten ist. Dazu kommt noch, daß die Schnepfenjagd sozusagen die Jagd des „kleinen Mannes" ist. Viele Jagdkarteninhaber sind nicht in der Lage, ein Stück Schalenwild zu erbeuten, weil sie keine Jagd haben und nicht eingeladen werden. Am ehesten kann man noch mit einer Einladung zu einer Niederwildjagd, eventuell zu einem Ansitz auf den Fuchs oder eben zu einem Schnepfenstrich rechnen. Diese Jagdart, in sehr vielen Fällen erfolglos, erzieht die gut veranlagten Jäger zur Bescheidenheit sowie zum Verzicht und bereichert sie mit dem Genuß einer unvergleichlich schönen Natur. Die anderen geben ohnehin bald auf. Ist der Schnee in den Tälern geschmolzen und hat sich der Winter ins Gebirge geflüchtet, beginnt die wunderschöne Zeit der Frühlingserwartung. Wer kennt nicht den Zauber der Dämmerung, den Duft der atmenden Erde, die laue Luft und das herrliche Vogelkonzert? Der geduldige und naturliebende Jäger kommt immer auf seine Rechnung, auch wenn er tagelang nicht zu Schuß kommt oder danebenschießt. Er verbringt die Viertelstunde der Strichzeit niemals umsonst im Wald, auch wenn er einen langen Anreiseweg hat, auch wenn er sehr früh aus den Federn muß.

Meinen seriösen und mit statistischen Daten belegten Beobachtungen zufolge hat die Zahl der Schnepfen in den letzten dreißig Jahren in unseren Breiten insgesamt geringfügig zugenommen. Die Biotope haben sich geändert. In althergebrachten Schnepfengegenden gibt es keinen Strich, weil die ehemaligen Dickungen zu Jungwäldern gewachsen sind, es gibt hingegen Schnepfen auf neu entstandenen Biotopen, oft völlig unbemerkt auch von den meisten Jägern. Es hat sich die Durchzugszeit infolge der Klimaänderung verändert, so wie das Wetter sprunghaft und rhapsodisch geworden ist, verhält es sich mit den Durchzugszeiten, was der Durchschnittsjäger wahrscheinlich nicht registriert. Außerdem haben sich die Strichgewohnheiten merklich verändert, was unter anderem mit der Vergiftung der Felder und der Trockenlegung mancher Feuchtgebiete zusammenhängt. Über diese Veränderungen muß man Bescheid wissen. Andererseits sind in den letzten Jahren in den zusammenhängenden Wäldern mehr große Dickungen zu beobachten als früher, und Unterwuchs bietet in Biotopen neuerdings Deckung, wo es diesen früher nicht gab. In England und in den skandinavischen Ländern wird seit Jahren erfolgreich an Biotop-Verbesserungen gearbeitet, in diesen Ländern verbringt zum Großteil die Waldschnepfe ihre Brutzeit, im Sommer herrschen natürlich Schonzeit und relative Ruhe. In unseren Bergen brütet die Waldschnepfe ebenfalls, bejagt wird sie hier nicht oder nur minimal (im Frühjahr teils wegen des Ankommens der Vögel bereits in der Schonzeit, teils wegen der Hahnenjagd, im Herbst wegen der Hirschbrunft, die keine Beunruhigung der Berge zuläßt).

Wir wissen, daß die wenigen Schnepfen, die bei uns erlegt werden, gar nicht ins Gewicht fallen können. In Frankreich werden jährlich etwa eine Million Schnepfen erlegt, und gerade die westeuropäischen Populationen weisen eine erkennbare Zunahme auf. Heribert Kalchreuter, „Die Waldschnepfe", S. 44—47 / 1979). In Österreich werden jährlich zwischen zwei- und viertausend erlegt, wobei es keine Überwinterung gibt. Der Zug nach Norden, also in die Brutgebiete, verläuft weit schneller und zügiger als jener in den Süden. Oft halten sich die einzelnen „Schübe" nur zwei bis drei Tage in einem Revier auf, die großen Schübe gegen Ende des Zuges noch kürzer. Ein Verbot der Schnepfenjagd hat sich in keinem Fall nachweislich auf den Schnepfenbestand ausgewirkt (Kalchreuter, Waldschnepfe, S. 141). Die Bejagung (auch bei hohem Jagddruck) hat keinerlei Einfluß auf die Überlebensrate der Waldschnepfe (Anderson & Burnham). Nur etwa drei Prozent der streichenden Schnepfen werden erlegt (Bettmann, 1975). Im Frühjahr beim Strich erlegte Schnepfen waren zu etwa fünfundachtzig Prozent männlich, was aus diversen Statistiken hervorgeht. Die erlegten Männchen werden rasch durch solche aus der Populationsreserve ersetzt (Kalchreuter, Waldschnepfe, S. 141). Da nach Potts (Game Conservancy, England) überhaupt nur fünfzehn Prozent der Hähne zur Fortpflanzung kommen, wäre selbst ein Erlegen eines Großteils der Hähne ohne Belang für den Bruterfolg.

Soviel über die Schnepfen im allgemeinen. Nun möchte ich aus eigener Erfahrung über die Jagd auf die Waldschnepfe schreiben.

Die Schnepfe ist meiner Meinung nach wie die meisten „Fernwanderer" ein zäher Vogel. Viele, auch sehr namhafte Experten behaupten, daß die Schnepfe weich sei, was ich nicht unterschreiben kann. Ich halte die Waldschnepfe für hart und widerstandsfähig. Schon die Schwingen sind, wie jeder Mensch feststellen kann, eisenhart und mit der Hand kaum zu brechen. Wenn die Schwingen intakt bleiben, streicht die Schnepfe mit einem oder zwei Schroten in den Weichteilen oft noch weiter, bis sie dem Auge des Schützen entschwindet. Auch die geständerte Schnepfe kuriert sich durch „Anlegung" eines Federverbandes selbst aus (Wiederfund aus Burgau, 1981). Anders ist es jedoch bei einem Streifschuß am Kopf oder einem Stecherschuß. Da die Schnepfe zwar hart, aber sehr empfindlich ist, fällt sie manchmal auch ein, wenn sie einen leichten Schuß erhalten hat, will man sie aber greifen, steht sie wieder auf und verschwindet auf Nimmerwiedersehen (Gleichenberg, 1969). Auch bei Fehlschüssen, die die Schnepfe erschrecken, kann sie sich fallenlassen und zu Boden gehen. Das hängt vielleicht mit dem instinktiven Wissen um ihre Tarnfarbe zusammen. Wie oft findet man eine am Abend anscheinend gut getroffene Schnepfe am Morgen noch sehr lebendig vor.

Man sollte daher nicht auf zu große Entfernung auf Schnepfen schießen, wenn man feine Schrote verwendet, und nie ohne Hund auf Schnepfenjagd gehen. Bei Paaren versuche ich immer, die hintere zuerst zu schießen. Man muß unterscheiden zwischen echten Balzpaaren, sie kommen meistens langsam, laut meldend und (der Hahn quorrend) gaukelnd im Balzflug an. Die sich in rasendem Flug jagen und Kapriolen vollführen, sind meist Männchen. Es besteht fast jeder „Dreierzwick" aus Männchen. Man hört in solchen Fällen manchmal eigenartige Laute, die nichts mit dem normalen Puitzen und Quorren zu tun haben. Ich habe einmal fünf Schnepfen in einem „Zwick" gesehen, zweimal vier, sehr oft drei. Wenn Paare da sind, ist mit Sicherheit ein Hauptschub angekommen, der bekanntlich nicht lange bleibt. Im Herbst sieht man öfters Paare, sehr selten aber mehr Schnepfen zusammen.

In Csákberény gab es sehr viele Schnepfen. In unserem Revier wurden im Jahr etwa sechzig bis achtzig Schnepfen, manchmal auch mehr geschossen. Zweimal im Jahr wurde auf Schnepfen geklopft. Dies war eine ungeheuer aufregende Jagdart, die aber seit Jahrzehnten überall mit Recht verboten ist. Die ersten Jahre meiner Emigration hatte ich kaum Gelegenheit, auf Schnepfen zu jagen, höchstens wenn Erni Stubenberg mich im Herbst auf den Strich einlud, oder bei den Fasanenjagden. Seit Ende der fünfziger Jahre fahre ich im Frühjahr auf etwa sechzehn Tage in das Burgenland, wo ich täglich Frühstrich und Abendstrich besuche. Ich bekomme auch Einladungen in das Niederösterreichische. Frühjahrsstrich gibt es in der Steiermark kaum, höchstens in einigen Enklaven, wo aber nur wenig Schübe eintreffen, und natürlich am Berg. Ausgenommen sind die östlichen Gebiete der Steiermark, etwa östlich der Linie Radkersburg—Fürstenfeld—Hartberg, wo es einen normalen Durchzug gibt. Ich fahre im Frühjahr (und außerhalb meines Séjours mit Hauptquartier Siegendorf) von Graz aus täglich nach Strem und im Herbst meistens auf den

Reinischkogel oder nach Stainz. In Gasselsdorf in der Weststeiermark hat man 1983 an einem Abend sechzehn Schnepfen streichen gesehen, 1982 wurden auf einer Jagd südlich von Stainz siebenundzwanzig Schnepfen aufgetrieben. Daß auf einer Herbstjagd fünfzehn bis zwanzig Schnepfen vorkommen, ist in der Steiermark keine Seltenheit. Einmal habe ich am 24. Oktober bei der sogenannten „Flußjagd" in Feiting, östlich von Wildon, auf einer Herbstjagd selbst zwanzig Schnepfen gesehen, einmal in Graschuh, südlich von Stainz, am 16. November noch achtzehn Stück. Im Herbst lassen sich die Schnepfen mehr Zeit als beim Frühjahrszug. Da hängt es allein vom Wetter ab, ob sie bleiben oder weiterziehen. Frost mögen sie entschieden weniger als einen weichen, bald vorübergehenden Schnee, der am Berg im Oktober möglich ist. Wenn Schübe zusammentreffen und wegen des plötzlich geänderten Wetters und Windes nicht weiterkönnen, sind im Herbst manchmal sehr viele Schnepfen gleichzeitig da. Es ist aber nicht gesagt, daß sie auch streichen. Überhaupt ist der Nahrungsstrich im Herbst, je später die Saison vorrückt, im allgemeinen kürzer und schlechter. Spät im November ankommende Kleinpopulationen (Schübe) streichen oft überhaupt nicht oder nur ganz flach aus der Deckung auf Feld oder Wiese. In Gleichenberg und in der Gegend von Fehring (Petzelsdorf) waren wiederholt auch im Dezember noch Schnepfen vorhanden. Einmal schossen wir in Petzelsdorf noch am 4. Dezember sechs Stück.

Während die Schnepfe im Frühjahr die großen, zusammenhängenden Waldungen bevorzugt, ist sie im Herbst auch in Maisäckern, kleinen Remisen, Bachrändern und Windschutzgürteln anzutreffen. Nicht gerne sucht die Schnepfe Teichränder auf, im Schilf ist sie selten, fällt aber zuweilen, wenn auch nicht besonders oft, am Abend im Schlick der ausgelassenen Teiche zur Nahrungssuche ein und streicht in der Früh in ihre Deckung zurück. Sehr dichte Dickungen bevorzugt sie zwar, doch eher am Rande, niemals in der Mitte, damit ihre Flucht (das Aufsteigen und Abstreichen) nicht erschwert wird. So ist sie selten in Dornengebüschen anzutreffen, nur dann, wenn diese locker stehen. Bevorzugt wird hingegen immer der Akazienwald, wegen der meist lockeren, schwarzen Erde, die die Feuchtigkeit lange hält. Feuchte Waldböden liebt sie besonders. Moos hat sie nicht gerne, sie braucht eher lockere Erde zum Stechen. Am liebsten hat sie die noch vom Schmelzwasser feuchten Böden, dort hält sie sich aber nur am Durchzug und kurze Zeit auf, besonders am Anfang der Saison. Hingegen bleibt sie in echten Feuchtgebieten länger, unabhängig von der geographischen Lage. Ein Beispiel: In Siegendorf, das zum ausgesprochenen Trockengebiet gehört, sind die Schnepfen meistens vom 13. bis 22. März mit einiger Sicherheit vorhanden, später kaum. Viel südlicher, in Strem, sind sie aber etwa vom 18. März bis 10. April noch anzutreffen. Ich habe die besten Resultate in größeren, etwa drei Meter hohen Buchendickungen erzielt, wenn ich auf einem womöglich niedrigen Hochstand von ein bis eineinhalb Meter Höhe stand. Denn manche Schnepfen (z. B. einige Paare) verlassen ihre Dickung nicht, sie vollführen mit Pausen aber kleinere Rundflüge innerhalb des Balzareals. Stände, die in der Früh meistens hervorragend sind, können am Abend völlig auslassen und umgekehrt. In den letzten Jahren habe ich wahre Rekordzüge erlebt. So wurden im Neustädter Föhrenwald von einem Schützen 1981 sechsundzwanzig Schnepfen gesehen, im Jahr 1982 kam ein einziger Schütze in Lackenbach zweiundzwanzigmal zu Schuß, erlegte aber nichts. Dazu eine Bemerkung. Ich habe niemals, außer einmal als kleiner

Bub, auf einem Strich mehr als acht Schuß getan. Leider haben die passioniertesten Schnepfenjäger sehr selten Glück. Hingegen habe ich es oft erlebt, daß Jagdkameraden zehn bis zwölf Schuß an einem Abend machten. Es ist erfreulich, daß es (mit kleinen Rückschlägen) im allgemeinen wieder etwas mehr Schnepfen gibt. Diejenigen, die hinausgehen, werden es bestätigen. Die bei uns geschossenen Schnepfen spielen für den Bestand überhaupt keine Rolle.

Wildtauben

Das erste fliegende Wild, das ich in meinem Leben erlegte, war eine Turteltaube in Csákberény am Öregtó. Sie kam von rechts nach links, nicht hoch, eher weit, mal rechts, mal links ausholend, wie es die schnellen, kleinen Tauben zu machen pflegen, und ich hielt einen Meter vor. Ich schoß mit der streuenden, aber gut deckenden, von Großpapa Eltz geerbten Sechszehnerflinte der Firma Steyr. In meiner frühesten Jugend waren es ausschließlich die zahlreichen Turteltauben, die wir in Csákberény bejagten. Ringeltauben gab es dort damals kaum, und die heute so häufige und halbzahme Türkentaube erschien in Ungarn um 1941 in größeren Mengen und blieb seitdem ganz Europa erhalten. Ich betrachte sie entgegen vieler anderer Meinungen als kein echtes Wild, weil sie sich in Ortschaften aufhält, die Städte bevölkert, zahm und zutraulich ist, sich vor dem Menschen zum Menschen flüchtet. Die Turteltaube aber, die kleiner und wendiger als sie ist, die noch besser fliegt als die Balkantaube, ist ein echter Zugvogel, wandert bis nach Afrika, um im nächsten Jahr wiederzukommen, ist auf ihrem Zug zahlreichen Gefahren ausgesetzt, besonders durch die Jäger der Mittelmeerländer: von Italien, Frankreich, Griechenland bis Nordafrika, wo ihr Fleisch als Delikatesse gilt. Aber zurück zu meiner Jugend. Damals gab es sehr viele Turteltauben, die in Ungarn nisteten. Im Herbst, erst zwei bis drei Wochen nachdem unsere Tauben nach dem Süden geflogen waren, kamen die nordischen Turteltauben bei uns vorbei, und ab Anfang Oktober gab es dann keine mehr. Ihr lustiger, aber gleichzeitig auch melancholischer Balzruf „gru-kru-kruu, gru-kru-kruu" erweckt, so oft ich ihn höre, Erinnerungen an unseren Park, an friedliche und glückliche Zeiten, an Akazienduft und den monotonen Laut der Dreschmaschine, an Getreide und hitzeverbrannte Weiden, an die unstillbare jugendliche Passion beim „Anspringen", an die Freuden der Ferien, an das herrliche, unvergleichliche Zuhause. Denn im Herbst, zur Zeit, als wir im verhaßten Pensionat unsere ohnedies kurze Kinderzeit „leidend" verbrachten, zu dieser Zeit gurrte keine Turteltaube mehr. Sie war der klassische Ferienvogel, das Symbol für Freiheit und Heimat. Darum liebe ich ihren Ruf, der wie eine schöne Melodie an schöne Tage erinnert, ein Ruf, der für ewig unvergessen bleibt, der den Naturkenner, der all die Tierlaute seit dem Kleinkinderalter kennt, an das alte Ungarn erinnert, an das schöne, glückliche, freie Ungarn, das kennenzulernen ich noch das Glück hatte. Unser Lehrmeister in Sachen Schießen, Förster Josef Müller, nicht zu verwechseln mit dem Heger Müller, der 1981 gestorben ist, also dieser Förster Müller, damals ein dicklicher, strohblonder Mann von Mitte dreißig, mit üppigem, zurückgekämmtem Haar, lehrte uns das Schrotschießen dadurch, daß er uns zwang, aus dem flott fahrenden Kutschierwagen auf die vorüberziehenden Turteltauben zu schießen. Er wollte erreichen, daß wir den Schuß zum Ziel hinwarfen, denn ein Zielen war im stark holpernden Wagen völlig unmöglich, hatte er ja eisenbeschlagene Räder, auch die Wege waren ausgesprochen schlecht, steinig und voller Löcher. Wir mußten die Flinte, eine von Vaters 20er Hammerlessflinten gebrochen halten, wenn die Taube in Sicht kam, die Flinte zuklappen und erst beim Auffahren die Sicherung vorschieben, also entsichern. Ich nahm mir diese Schule Förster Müllers sehr zu Herzen, vielleicht zu sehr, denn lange Jahre hindurch schoß ich für die normale Jagd zu schnell, zu hastig, aber ich traf oft mit den unglaublichsten Schnappschüssen, mehr aus Instinkt, atavistischem Talent als durch Zielen, und das, so fand Müller, war das richtige. Meine größte Strecke auf Turteltauben in Csákberény betrug sechzehn Stück am besagten Öregtó, doch jagten wir überall auf sie, außer im Schloßpark, das hatte Vater verboten. 1943 organisierten wir für den sechsundsiebzigjährigen Großvater Johann Meran, der vorher zwei Jahre lang vom nationalsozialistischen Regime keine Ausreisegenehmigung nach Csákberény bekommen hatte und das letzte Mal in Csákberény weilte, einen Taubenstrich, und er schoß so gut, daß wir eine Strecke von dreißig Tauben erzielten, von denen er sicher zwanzig geschossen hatte. In Sárosd, südlich von Stuhlweißenburg, wo der berühmte Jäger und Hundezüchter Graf Laci Esterházy wohnte, dessen Sohn Béla ein Klassenfreund von mir war (siehe auch S. 53), erlebte ich den besten Turteltaubenstrich im alten Ungarn, allerdings als dreizehnjähriger Bub. Laci bácsi, bei den Saujagden in Csákberény ein häufiger Gast meines Vaters, hatte einen berühmten Schützen, Antal Hadik, zum Taubenstrich eingeladen, der den Hauptstand bezog. Rechts von ihm stand Béla, links von ihm ich, etwa je hundert Meter entfernt. Wir schossen nicht auf einfallende Tauben, wie etwa am Wasser oder am Abend an der Remise, wo die Tauben ihre Schlafbäume aufsuchen. Wir standen auf freiem Feld und schossen ausschließlich auf hoch durchziehende Tauben. Und solche kamen massenhaft. So viele Tauben habe ich in Csákberény nie gesehen, weil bei uns einfach weniger waren. Ich schoß schlecht, weil die Tauben wirklich sehr schwer waren, aber immerhin mit etwa achtzig Schuß zwanzig Stück. Béla schoß nicht viel besser, aber doch schon routinierter, war er ja ein Jahr älter als ich. Aber Antal Hadik schoß einfach märchenhaft. Eine Taube nach der anderen fiel, er fehlte kaum, und zuletzt hatte er über sechzig Tauben. Wir waren zwischen Mittagessen und Abendpirsch auf Tauben gewesen, und es lagen gut über hundert Stück. Ich war „aufgeschossen", weil ich mit ungewohnten, zu langen und zu hoch geschäfteten Flinten Onkel Lacis geschossen hatte, Hadik hatte eine herrliche Purdey benutzt.

Weil wir bei den Turteltauben sind, möchte ich noch von meiner größten Turteltaubenstrecke erzählen, die ich vor Jahren in Siegendorf erzielte. Wie alljährlich traf ich Ende September, zur Zeit der Hirschbrunft, in Siegendorf ein, um einige Rebhühner zu schießen. Freund Hans Springschitz († 1984) erklärte mir am ersten Tag, daß er in diesem Jahr keine Hühner schießen wolle, ich könne aber Tauben, Kaninchen und Elstern jagen. So fuhr ich im Revier herum und stellte fest, daß unweit des Siegendorfer Ostrandes auf einer frischen Saat massenhaft durchziehende Turteltauben einfielen. Nur war weit und breit keine Deckung. Ich sah mir die Sache noch am ersten Abend an und dachte nach. Die einzige Möglichkeit war, ein Loch mitten in der Furche zu graben und mich dort zu verstecken oder mich unter einem A-Mast der elektrischen Leitung irgendwie zu verbergen. Am nächsten Vormittag hatte ich mich schon beim A-Mast eingefunden und dort einen kleinen, improvisierten Schirm errichtet. Ich sah gleich, daß diese nordischen Zugtauben äußerst scheu waren, tarnte mich noch mit erdfarbener Kleidung und braunem Hut und harrte der Dinge, die da kommen sollten.

Ununterbrochen kamen kleinere Flüge, teils hoch, teils niedrig, und ich hatte bis zum Abend dreiundfünfzig Tauben geschossen. Am nächsten Tag waren die Turteltauben verschwunden. Entweder hatten sie sich in ein anderes Revier überstellt oder sie waren nach Süden abgeflogen. Ich schätze, daß zu dieser Zeit an die vierhundert in der Umgebung von Siegendorf waren. Da ich noch einige Tage in Siegendorf blieb, rekognoszierte ich weiter und stellte fest, daß auf manchen Feldern abends größere Schofe Enten vom nahen Neusiedlersee einfielen. Aber ich will ja hier von Tauben berichten.

Im alten, etwas verwilderten Reinprecht-Weingarten, unweit des Schinderhofes an der Prodersdorfer Grenze, war ein guter Strich auf Türkentauben. Ich schoß hier einmal über dreißig Stück, und der gute Rauhhaar „Alf“ von Ingenieur Springschitz apportierte sie mir brav.

Von meiner großen Strecke in Ägypten auf die orientalischen Turteltauben im Jahre 1966 habe ich in meinem ersten Buch schon berichtet (Zwischen Weckruf und Strecke, Seite 186). Hier nur kurz rekapituliert: Mein bester Tag auf Tauben ergab innerhalb von knappen zwei Stunden am Nachmittag in Beni Suef einhundertfünfundzwanzig dieser unserer Turteltaube sehr ähnlichen Taube. Ich stand vor einer hohen und dichten Hecke, die den Orangengarten eines wohlhabenden Arabers umgab. Hier wollten die Tauben übernachten. Mit mir waren außer dem Jagdherrn auch mein Schwager, der Botschafter Gordian Gudenus, und sein damals kleiner Sohn. Nie in meinem Leben habe ich so geschwind nacheinander schießen müssen, und meine alte Springer wurde dazwischen oft mit kaltem Wasser gekühlt, wie ich das vom Tontaubenschießen gewohnt war. Außer den Tauben, die wir in einer langen Reihe gestreckt und dann an die Hotels in Kairo verkauft haben, sind sicher noch einige hinter und in der dichten Hecke verlorengegangen oder von den herumlungernden Knaben kassiert worden. Ich habe nämlich in diesen knappen zwei Stunden acht Schachteln mit je fünfundzwanzig Patronen der schlechten lichtblauen ägyptischen Patrone Nummer fünf verbraucht, es werden wahrscheinlich noch so zehn bis fünfzehn Stück gefallen sein, aber in dieser Hektik konnte ich einfach nicht zählen. Da die Strecke nach ägyptischem Gastbrauch dem Schützen gehört, konnten wir uns durch den Verkauf ein ganz beachtliches Taschengeld beschaffen.

Anfang 1967 war ich noch ein zweites Mal auf Tauben in Ägypten, diesmal schoß ich etwas später beim Einfall in einem Palmenwald um einiges weniger, aber immerhin noch sehr viel, etwa siebzig Stück. Hier war das Schießen wegen der Deckung schwerer, ich stand zwischen hohen Bäumen auf einer schmalen Lichtung und mußte Schnappschüsse abgeben, was mit der „Springer“, die eng schießt, nicht leicht ist. Aber ich war in diesen Tagen so eingeschossen, schon wegen meiner phantastischen Entenjagden, daß ich auch an diesem Tag recht leidlich schoß. Schwer war und ist es, auf die kleinen Tauben zu doublieren, weil sich die anderen nach dem ersten Schuß sofort fallenlassen. Das machen übrigens auch verwilderte Haustauben gerne, die Türkentauben und Ringeltauben weit seltener.

Apropos Türkentauben: Ich habe im Laufe der Jahre auch sehr gute Strecken in Hainfeld erzielt, ich kann mich aber bei der Jagd auf diese halbdomestizierte Taubenart nicht annähernd so erwärmen wie bei der Turteltaube, obgleich sie einen ähnlich schönen Schuß bietet, sehr oft turmhoch daherkommt und ungeheuer zäh ist. Für mich ist sie aber nur bedingt ein „Wild“, im Gegensatz zur weitgereisten Turteltaube und natürlich zur Ringeltaube. Aber noch etwas über die Turteltauben, die nach Afrika ziehen. Bei Alexandria, in einem Palmenhain nahe der Küste, zeigte mir Freund Raymond Haddad die Stände (und Patronenhülsen), die einheimische Jäger bei der Ankunft der Turteltauben im September benützen. Er sagte mir, daß die Turteltaube etwa zweihundert Meter über dem Meer daherkommt und sich dann an der Küste beim ersten Wald fallenläßt und einfällt. Die Vögel sind ermüdet, und die Jäger erzielen auf unweidmännische Art größere Strecken. Wenn man bedenkt, daß diese armen Wanderer ganz Italien und die vorgelagerten Inseln überfliegen, wo überall schwerbewaffnete Jäger auf sie lauern, können sie einem leid tun. Anders verhält es sich mit der von mir in Ägypten bejagten orientalischen Turteltaube (Streptophelia orientalis), die standorttreu ist wie die Türkentaube, die nicht wandert und von der es unvorstellbare Massen gibt. Der arabische Bauernjäger bejagt diese Taube selten, auch ist er mit meist einläufigen, altertümlichen Flinten bewaffnet und schießt meistens nur auf sitzende Vögel. Die relativ wenigen wohlhabenden Jäger, die modern ausgerüstet sind und erstklassig schießen, dezimieren diese Taube überhaupt nicht. Seit einigen Jahren nehmen die afrikanischen Wandertauben (unsere Turteltauben) wieder etwas zu. Ob dabei die unruhigen Verhältnisse im Nahen Osten und in Nordafrika mit Schießverbot und Standrecht eine Rolle spielen, ist mir unbekannt.

Die Königin der Tauben ist meiner Meinung nach zweifellos die Ringeltaube. Sie kommt in Westeuropa, wo sie zeitweise auch überwintert, häufiger vor als bei uns, in England ist sie nach wie vor eine Landplage für die Saaten und wird, so viel ich weiß, das ganze Jahr gejagt. Eine Kostprobe, wieviele Ringeltauben es im Westen gibt, erhielt ich Ende der siebziger Jahre, als ich im Mai am Flugplatz von Brüssel Hunderte Tauben sah. Bei uns nahmen sie leider in den letzten Jahren ab, und auch hier ist der Grund: zuviel Kukuruz, zu wenig Saaten, daher weniger Nahrung. Im Waldviertel aber, wo es noch genügend Getreidefelder gibt, haben sie im letzten Jahrzehnt trotzdem abgenommen. Ich habe etwa 1970 in Dobersberg, besser am Taxener Feld, viele Hunderte Ringeltauben gesehen, einmal, Anfang August, schoß ich mit Peter Szápáry, der damals ein Bübchen war, hinter einem großen Busch auf einem Stand fünfunddreißig Stück. Die Ringeltaube ist besonders aufmerksam, scheu und ungeheuer zäh. Sie ist nicht schockempfindlich und wird im Schuß selten bewußtlos. Auch mit drei Schroten in der Brust kommt sie immer flügelschlagend herunter. Sie ist ein echtes Wild, das man überlisten muß und das für einen Vogel eine große Intelligenz besitzt. Einmal habe ich in Kirchberg, wo ich Dank meines Freundes Hubertus Rothermann in den letzten Jahren die meisten Ringeltauben schießen konnte, vierzig Stück an einem Tag erlegt, zweimal über dreißig und etliche Male an die zwanzig Stück. Einesteils schieße ich die Ringeltaube am Feld, am besten am Kukuruzrand versteckt, viele Locktauben vor mir am Getreidestoppel. Man muß schon früh draußen sein, der Vormittag eignet sich besser als der Nachmittag, doch hatte ich leider meistens nur am Nachmittag Zeit. Noch besser als ein Stoppelfeld ist die sogenannte Lagerfrucht, ein von Wind, Hagel oder Gußregen niedergewalktes Getreidefeld. Da fallen sie mit großer Vorliebe ein. Wichtig dabei ist, daß man sein Gesicht immer deckt oder im Schatten hält. Dann wieder schieße ich die Tauben auf einer Lichtung im Wald, wohin sie immer wieder zurückkehren, schließlich beim Abendeinfall neben Flußauen oder an von Feldern umgebenen Remisen. Auch kann man die Ringeltaube anspringen, wie ich es zur Zeit des Schnepfenstriches auf der Rosalia und in Siegendorf praktiziere. Auf jeder Schwinge hat dieser Vogel ein zusätzliches Auge. Manchesmal steht der einzelne Tauber auf den am Ruf zu. Im Herbst, so Mitte September, streichen unsere Ringeltauben fort, es kommen aber bis Mitte Oktober weitere aus dem

Norden. Da gibt es Flüge von mehreren hundert Stück, und ein Kukuruzstoppel ist manchmal „blau“ von Tauben. Man muß den richtigen Tag erwischen, was dem Städter selten gelingt. Und auch dann ist die Ausbeute schlechter als im August, weil die Tauben schnell vergrämt sind, bald in Panik vom Revier verschwinden, dorthin, wo es keine Taubenjäger, dafür aber Ruhe gibt. Wenn so ein Riesenpulk aufflattert, entsteht ein Lärm, wie ihn ein vorbeibrausender Schnellzug erzeugt. Einmal, es war im Oktober, pirschte ich mit Wowo, die ansonsten brav bei Fuß ging, durch einen Maisacker einen riesigen Flug Ringeltauben an. Schon war ich auf etwa vierzig Schritt herangekommen, ich hörte das Stoppelfeld von den Bewegungen der vielen Tauben direkt „knistern“, da preschte Wowo wegen irgendeines Fasans vor, und der Pulk ging mit ohrenbetäubendem Rauschen hoch. Ich selbst aber war noch etwa vierzehn Reihen vom Rand entfernt und wegen der Höhe des Kukuruzes völlig „blind“. Wütend über den Hund, lief ich im reifen Kukuruz bis zum Rand, der Himmel war voller Tauben, die noch ein, zwei Runden drehten, und es gelang mir, von meinem Platz sieben Tauben herunterzuschießen, dann war der Spuk vorbei und das Revier taubenleer. Wowo, von den aufstehenden Tauben erschreckt, war reumütig zurückgekehrt, aber zu spät.

Im Jahre ihres Todes, im Juli 1981, war ich noch mit Wowo am Taubeneinfall bei den Pappeln in Kirchberg. Neunzehn Tauben schoß ich in zwei Stunden, und die brave zwölfjährige Hündin brachte sie mir alle. Ich kraulte sie und sprach stundenlang mit leiser Stimme mit ihr, meist ungarisch, aber Wowo verstand trotzdem jedes Wort, so glaube ich. Dann fuhr ich auf Urlaub, und als ich Ende August zurückkehrte, war Wowo tot. Eine langjährige Gefährtin, speziell bei der Taubenjagd, hatte uns verlassen, einer der besten Hunde, die ich je gekannt habe, war nicht mehr. Seit jenem Sommer macht mir die Jagd auf Ringeltauben nur den halben Spaß. Aber ich gehe, wenn ich Zeit habe, weiter ins Revier, setze mich an den alten, bekannten Stellen an und überrasche mich dabei, daß ich plötzlich wieder mit Wowo spreche, so als säße die Hündin neben mir, wie damals, als es in Kirchberg noch sehr viele Ringeltauben gegeben hat.

Rebhühner

Schon als kleines Kind liebte ich die Rebhuhnjagd sehr — als Zuschauer natürlich, und meistens auf den großen Streifjagden zwischen Csákberény und Zámoly, wo es leidlich Rebhühner gab. Vor allem kamen die getriebenen Hühner beim „Eindrücken" pfeilschnell und oft turmhoch den Schützen, und ich durfte das eine oder andere geflügelte Huhn hinter der Linie totschießen. An solch einem Tag der „Kleinen Woche", dem etwa zehn Kilometer langen und drei Kilometer breiten Streifen Csákberény—Zámoly und Zámoly/Magyaralmás—Csákberény fielen etwa fünfzig Stück Winterhendln. Ich selbst habe als Schütze zu Hause nur eine größere Rebhühnerjagd mitgemacht, im September 1938 auf den Bauernfeldern südlich von Csákberény. Wir haben damals in fünf Stunden hundertzwanzig Hühner geschossen. Im Winter 1939 verendeten neunzig Prozent des Rebhühnerbestandes, und in den nächsten Jahren bis zum Zusammenbruch erholte er sich nicht mehr. Erst in den drei Jahren nach dem Krieg, als es immens viele Brachfelder und massenhaft Unkraut, vor allem aber überall Bauernwirtschaft gab (der Großgrundbesitz wurde ja vorübergehend aufgeteilt), erholte sich das Rebhuhn wieder, um ab 1960 fortlaufend abzunehmen, damals, als ganz Ungarn infolge der Zwangskollektivierung zum Supergroßgrundbesitz zurückkehrte, zusätzlich mit allen Nachteilen, die moderne Düngungsmethoden und die Insektizide dem Rebhuhn angedeihen ließen. Es ist bekannt, daß unser europäisches „graues" Rebhuhn die Streifentafeln der Bauernfelder wegen der Vielfalt der Äsung und der Deckung liebt, daß es unbedingt viele Insekten, Kerbtiere und den Unkrautsamen benötigt. Heute gibt es in Ungarn so wenig Rebhühner wie noch nie. Allein in den beiden Bundesländern Niederösterreich und Burgenland wurden bis vor kurzem mehr Rebhühner zur Strecke gebracht als in Ungarn, und die Kenner des alten Ungarn werden zugeben, daß dies etwas heißt. Doch auch in Österreich nimmt das Rebhuhn laufend ab, verbreitet existiert es eigentlich nur noch in Enklaven, wie im Steinfeld, in der Gegend von Wiener Neustadt, in Teilen des Seewinkels, in der Gegend um Zurndorf—Nickelsdorf, in Teilen des Wulkatales, im March- und im Tullnerfeld. Doch auch dort ist es im Abnehmen begriffen. Ich als Steirer kann nur Trauriges über das Rebhuhn berichten. Die Abschußzahlen sagen wohl vieles, wenn nicht alles. Im Jahre 1960 fielen in der Steiermark noch 8.394 Rebhühner, 1970 waren es nur mehr 1.016 und 1980 gar nur noch 306 Stück. Anfang der sechziger Jahre begann man mit den Herbiziden und Insektiziden, und seit dieser Zeit nimmt der Maisanbau ständig zu. Jahr für Jahr — entgegen aller hergebrachten Regel — wird zum Großteil auf ein und demselben Feld Mais angebaut. Heute bedecken unübersichtliche Maisdschungel Teile der Ost- und Südsteiermark, besonders das Flachland der Flußtäler und zum Teil auch die Weststeiermark; in ihnen findet sich zwar zeitweise eine gute Deckung für das Wild, es gedeiht aber kaum mehr Unkraut, keine Insekten leben dort, und die Sonne dringt niemals ein. Sauen und Rotwild wandern aus den von Beerensuchern, Schwammerlsammlern und Fitmarschierern beunruhigten Wäldern in die von keinem Menschen betretenen Maisdickungen, aber das Niederwild stirbt langsam aus. Die Rebhuhnjagd in der Steiermark ist nur mehr historisch zu betrachten. Einst waren Rebhühner neben den Hasen das meistverbreitete Niederwild, ein autochthones, europäisches, winterfestes Federwild, das sowohl in Bauernfeldern als auch auf zahlreichen Weiden und Wiesen prachtvoll gedieh. Allein im Kollonitsch'schen Revier in Gleisdorf fielen Ende des 19. Jahrhunderts jährlich mehrere tausend Rebhühner. Wieviel mehr mußten im Ilztal, im unteren Raabtal, im Murtal, im Lafnitz- und Kainachtal gelebt haben.

Ich selbst, der ausschließlich auf die Gastfreundlichkeit meiner Jagdfreunde angewiesen war, erlebte noch in den fünfziger Jahren ausgezeichnete Rebhuhnjagden in der Steiermark. So bei meinem Freund Bruno Frießnig in Werndorf, bei Dr. Walter Muhry in Zwaring, bei Franz Mayr-Melnhof in Lieboch, bei Heinrich Woracziczky in Stocking-Finkenegg, bei Ludovico Lucchesi-Pally in Brunnsee, bei Hubertus von Rothermann in Kirchberg, bei Hans Kottulinsky in Neudau und Burgau — und an noch einigen Orten. Heute ist man froh, wenn man anläßlich der Herbstjagden die eine oder andere Kette Hühner antrifft. In vielen guten Revieren von früher schießt man sie schon lange nicht mehr, aber leider werden dadurch nicht mehr. Etwas anders verhält es sich im Burgenland, wohin ich bis vor kurzem noch gute Einladungen auf Rebhühner verbuchen konnte. So bei meinem Freund Niki Reinprecht in Eisenstadt, Heinrich Mautner in Andau und St. Andrä, ferner in Zurndorf, Sigleß, Frauenkirchen, Tadten, Steinbrunn und schließlich bei Freund Springschitz in Siegendorf. Ich jagte im Niederösterreichischen in Kottingbrunn, Neustadt, Tattendorf, Ebreichsdorf und noch vor kurzem bei Freund Peter Muchitsch in Bad Fischau. Viele Rebhühner gab es in den fünfziger Jahren im Waldviertel, so bei László Szápáry in Dobersberg und Kautzen und bei Hans Hoyos in Japons und Thumeritz, wo ich das Glück hatte, jagen zu dürfen. Obgleich das „Hochmachen" der Kette vor dem guten Hühnerhund immer aufregend und auch das lockere Streifen am Anfang der Saison höchst unterhaltend ist, so bildet die Krone der Rebhuhnjagd zweifelsohne das getriebene Winterhuhn. Meine größten Strecken auf Winterhendln erreichte ich auf den Kreisjagden von St. Andrä und Andau, allerdings nie mehr als zwanzig pro Tag, aber auch das will etwas heißen und ist eine tolle Sache. Wenn der Wind paßt, können oder vielmehr konnten einem in einem Kreis fünf bis sechs Ketten in Schußnähe kommen. Ich selbst habe oft Doubletten geschossen, aus einer großen Kette in Tattendorf auch einmal drei (mit einer Patrone! nachgeladen und nachgeschossen), aber oft gelang mir auch die Doublette nicht, was mich ärgern konnte, denn immer war es ein offensichtlicher Fehler, den ich selbst gemacht hatte. Manchmal schoß ich den ersten Schuß etwas zu spät, den zweiten dann zu nahe und in schlechtem Winkel, wenn sie an einem vorbeisausten, anstatt zu warten und nachzuschießen, was ich an und für sich gut beherrsche. Am besten ging es, wenn sie hoch und spitz auf mich zustrichen. Da unterliefen die Fehler eigentlich nur durch Hudeln oder dadurch, daß ich einen schlechten „Stand" meiner Füße hatte, auf gefrorenem Rauhacker oder im tiefen Boden, wo das richtige „Umstellen" der Füße nicht leicht ist. Aber wenn eine Doublette gelang, so war das immer eine große Weidmannsfreude, denn das bunte Winterhuhn ist schnell und leicht zu fehlen. Ich behaupte allerdings, daß auch das getriebene Rebhuhn leichter zu treffen ist als der turmhohe, im Sturm drehende Feldfasan. Denn es streicht immer gerade, ehrlich, ohne vollführte — vom Schützen unerfaßte — Wendungen, zu denen der Fasan durch seinen langen Stoß fähig ist. Wer einmal wirklich hohe Hähne, noch dazu im Wind, bejagt hat, wird mir recht geben, besonders im Winter und über freies Feld. Leider gibt es viele Feldjagden, wo die Hühner zwar im September, nicht aber im November bejagt werden. Auch in manchen Bezirken sind die „Aufstehhendln“ im September zwar frei, die getriebenen Novemberhendln aber gesperrt.

Umgekehrt wäre es zweifellos weidmännischer und dem Besatz zuträglicher, denn es ist erwiesen, daß öfters Rebhühner angeschossen werden (und oft unbemerkt fallen), wenn die Kette geschlossen vor dem Schützen aufsteht, also zur Zeit der klassischen Rebhühnerjagd im September. Hingegen werden weit weniger geschossen, aber auch unvergleichlich weniger angeschossen, wenn die langgezogene Kette getrieben über die Schützen kommt. Nur treffen sie da hauptsächlich die guten Schützen, und die sind nicht die Mehrheit. Daher werden neuerdings vielerorts bei Feldjagden, wo es noch viele Hühner gibt, im Spätherbst nur der Hase und der Fasan freigegeben, ein echter Verlust an Weidmannsfreude und für die Spezialisten ein Grund zum Trauern.

In Zurndorf erlebte ich eine seltene Art der Rebhühnerjagd. In diesem an der ungarischen Grenze gelegenen nordburgenländischen Revier gab es bis vor kurzem Rebhühner in friedensmäßiger Zahl. Das Revier besteht zum Großteil aus schmalen und sehr langen Tafeln, vielen Wildäckern und ausreichend Kartoffel-, Rüben- und Kleefeldern, außerdem gibt es viel Unkraut und nur wenig Mais. Die Jäger werden in fünf Gruppen aufgeteilt. Eine Gruppe besteht aus vier Schützen, zwei Hundeführern und vier Treibern. Diese Gruppe wird nun nochmals geteilt, so daß je zwei Schützen, zwei Treiber und ein Hundeführer in einer „Untergruppe“ übrigbleiben. Mit Hilfe von Geländewagen werden drei, vier parallele Felderstreifen, zusammen ein Triebstreifen, von zwei Seiten angegangen, oft sind die Streifen ein bis zwei Kilometer lang. Die Schützen gehen rechts und links, hinter ihnen der Hundeführer, in den Deckungen die Treiber, von denen je einer auf beiden Seiten eine hohe Stange mit einer weißen Fahne trägt. So weiß die Untergruppe genau, wo sich die gegenüber herankommende Front befindet. Die Hühner stehen zum Teil auf und brechen seitlich aus, werden beschossen oder streichen nach vorne und kommen so vor die anderen, gegenüber ankommenden Schützen. Oder sie rennen vor, vermischen sich mit anderen Ketten, schließlich wissen sie nicht mehr, wer sie „anführt“, und stehen einzeln und eins nach dem andern auf. Da ein Revierteil damals unter der hervorragenden Jagdleitung meines Freundes Rudolf Hoesch im Jahr nur einmal bejagt wurde, konnten die Hühner diese radikale Art der Bejagung bald überwinden. Der Erfolg war sehr gut, an einem solchen Tag fielen mehrere hundert Hühner, allerdings in den fünf Gruppen zusammen.

Ein Jahr ohne Rebhuhnjagd ist für mich ein Jahr des schmerzlichen Verzichts. Früher gab es solche Jahre nur selten, zum Beispiel wenn ein kaltes oder nasses Frühjahr den Besatz der neuen Gelege vernichtet hatte, man also nicht auf Hühner jagte.

Die Winter werden von Jahr zu Jahr milder, wirklich langanhaltende Kälteperioden mit Sturm und gefrorener, zusammenhängender Schneedecke sind selten geworden, durch die Witterung scheint der übriggebliebene Rebhühnerbestand also kaum gefährdet.

Anders verhält es sich jedoch mit den seit vielen Jahrzehnten völlig geschützten Greifvögeln. Habichte, Weihen und Rauhfußbussarde dezimieren vor den Augen der Jäger die Rebhühnerketten, sie können es an den Fingern ihrer Hand abzählen, wann eine Kette völlig aufgerieben ist. Dort, wo es noch Windschutzgürtel gibt und die unselige, naturfeindliche Kommassierung noch nicht alle Dornenbüsche, Bachstätten, Kleinremisen und andere Deckungen beseitigt hat, können sich die intelligenten und findigen Hühner vor den

Greifen schützen. Im völlig offenen Gelände aber, wo es nach Abräumung des Getreides und der Maistafeln kaum Deckung gibt, liegen die Ketten auf dem Schnee wie auf dem Servierteller weithin sichtbar. Man muß nur mit den Revierjägern spezieller Rebhuhnreviere sprechen, dann stehen einem die Haare zu Berge. Es ist allerdings auch kaum ein Wunder. Auch der Greifvogel muß sich umstellen, wenn es keine Mäuse mehr gibt (und solche Reviere nehmen zu), dann „steigt" der Greif eben auf das Wild und die Vögel um, was bleibt ihm schließlich übrig, die Kette der Natur ist nun einmal unterbrochen worden.

Wenn aber in dem einen oder anderen Revier die Gelege halbwegs aufgekommen sind, dann flattert doch einmal eine Einladung auf Hühner ins Haus und sie erweckt im alten Jäger große Freude.

Man trifft sich irgendwo in einem Dorfwirtshaus, acht bis zehn Jäger, zur Hälfte mit Vorstehhunden, das ist dann schon eine größere Rebhuhnjagd. Meistens teilt man sich in zwei Teile und nimmt verschiedene Revierteile vor. Gewöhnlich dauert eine solche Jagd von zehn Uhr bis drei Uhr nachmittags. In den guten Hühnerrevieren, die ich besuchen durfte, schossen wir bei der ersten Jagd des Jahres so an die hundertzwanzig Hendln.

Aber es gibt noch eine andere Art, Hendln zu jagen, allerdings nur mehr sehr selten. Das ist die Hendljagd zu zweit oder zu dritt mit einem guten Apporteur. Der Vorteil ist, daß man viel mehr improvisieren kann, weit mobiler ist und mehr zu Schuß kommt als in größerer Gruppe. Bei einer solchen Rebhuhnjagd im Wulkatal unweit von Eisenstadt haben wir zu zweit noch vor etwa sechs Jahren hundertzehn Hühner geschossen, dazu einige Kaninchen und etliche Tauben — und das bei herrlichem Wetter. Wir mußten, obwohl zu zweit, keine einzige Kette „verfolgen", überall standen weitere auf. Dazu kam, daß wir recht sauber schossen, kein einziges Huhn ging verloren. Das war einmal ein Jagen „im Vollen", und wir hörten nach drei Stunden auf, wir waren durstig, müde und zufrieden, legten wie immer Strecke und freuten uns über den gelungenen Jagdtag. Noch am Abend hörte ich im Geiste das Aufpurren der Ketten, das mich nach so vielen Jahren noch immer elektrisiert, weil es stets unvorhergesehen geschieht. Ich erschrecke zwar, aber dann bin ich völlig ruhig und versuche nichts anderes, als die Doublette sauber herunterzuschießen. Auch die Natur fasziniert mich. Überall reife Trauben, Schlehdorn, Hagebutten, wilde Obstbäume, prachtvolle Herbstblumen, laue Septemberluft mit windgetriebenen Wanderdisteln sowie die Spinnweben des Altweibersommers, wehmütige Vogelrufe, üppige Lebensfreude zur Zeit der Ernte. Und die alten Füße rennen wie von selbst. Oft läuft man bei einer solchen Hühnerjagd fünfzehn bis zwanzig Kilometer. Kein Marsch ist einem zu mühsam, keine weite Umgehung zu anstrengend. Man jagt, als ob es das letzte Mal wäre, man sammelt herrliche Eindrücke, herzerwärmende Weidmannsfreuden, doch es ist nicht abwegig, daran zu denken, daß es, früher als wir befürchten, auch mit dieser herrlichen Jagdart zu Ende gehen könnte. Gott gebe, daß es nicht allzubald geschieht!

Herbst im Steirerland

Der Himmel ist violettblau und unbeweglich. Zarte Wölkchen unsäumen das unwirklich starke Licht, der Sommer ist wiedergekehrt, um in der Heimat zu sterben. Behutsam spielt der Ostwind im unübersichtlichen Dschungel der Maisfelder, deren goldgelbe Blätter leise rauschen. Friede ist überall und Ernte, Erfüllung und Schönheit, Dankbarkeit und Freude. Wie eine Mahnung der Ewigkeit knattert in der Ferne das Wahrzeichen der Weststeiermark, der Klapotetz. Auf den Telephondrähten sitzen die Tauben abflugbereit, noch zögern sie, wie die Stare, denn der Tisch ist gedeckt, wohin man blickt unendliche Fülle und Reichtum. Riesige reife Äpfel liegen herum, neben dem Bauernhof ragen goldgelbe Birnen aus dem taunassen Gras. Dort in der Hecke leuchten gegen das Licht rote und blaue Trauben, in den Kellern gärt der Most, Zwetschken und Nüsse, Edelkastanien und Haselnüsse, wohin das Auge blickt. Herbsttag im Steirerland, Erntezeit im schönsten Fleckchen der Welt, wunderschöner steirischer Herbst.

Über diesen steirischen Herbst habe ich schon in den fünfziger Jahren geschrieben, damals, als mir die Welt schon im Umbruch erschien, als aber noch die alten Werte galten, denn die Kriegsgeneration war durch Leid und Erfahrung geläutert und dankbar für das Gute, für das immer besser werdende Leben. Der echte, der durchdringende, der alles umwertende Umbruch kam erst mit der neuen Generation und mit ihr die Radikalität und die Aburteilung einer Zeit, die diese Generation nicht gekannt hat, weil sie noch nicht am Leben war. Die alten Werte wurden vergessen, längst überholte Pseudowerte aus der Mottenkiste des 19. Jahrhunderts geholt, der Klassenkampf wiederentdeckt, und weil niemand sich wehrte, niemand protestierte, entstanden ohne Grund aus dem Nichts die uralten, rostigen aber neu übertünchten Götterfiguren des Nihilismus. Aus dem Volk wurde die „Gesellschaft", statt zu lesen sah man Television, eine neue Sprache und neue Begriffe entstanden, und man merkte es nicht, daß letztere alt und abgegriffen waren. Die Mode war unerbittlicher als die ewige flatterhafte Geschichte. Und weil die Masse inaktiv und idealslos war, regierten die wenigen gläubigen und geschulten Aktivisten ihre Marionetten, Schlaumeier und Ellbogenmenschen. Die „Neue Welle" entstand, und sie war nicht tatenlos. Verherrlicht wurde, was eigentlich niemand mochte, aber weil es modern schien, wollte niemand dagegen sein. Denn auch manche der vielerfahrenen, weißhaarigen Patriarchen wollten eines nicht sein: rückständig, reaktionär, altväterlich, gestrig. Und weil sie das nicht wollten, bejahten sie ungeprüft alles Neue, und die Propheten des „Neuen" (in Wirklichkeit aber Uralten) feierten und wurden gefeiert.

Der steirische Herbst aber und seine unfaßbare Schönheit blieben die gleichen. Nirgends in der Welt, auch in Ungarn nicht, habe ich ähnliche Schönheit erlebt wie in der Steiermark. In der Ferne glänzen die Wipfel der Berge im zitternden Licht. Blaugrün die Wälder, erbsfarbene Flecken der Lärchen, noch grün die Matten und Schläge. Schon färbt sich das Laub wie alle Jahre, und die Palette der Farben ist vielfältig. Leuchtend rot der Blutahorn, orangegelb die Eichen, mattgelb die Linden, rötlich die Buchen. Gegen das Licht, leise im Winde rauschend, buntfarbene Ahorn- und Birkenblätter und überall auf den Obstbäumen gelbe, grüne und rote Äpfel, lichtblau-violette Zwetschken, prallreife Birnen. Ein einziges

Buchenblatt verfügt über eine vollendete Äderung und Maserung, die ein menschlicher Architekt niemals in solcher Perfektion entwerfen könnte. Und all dies hat die Natur durch Zufall oder allein entstehen lassen? Oh, ihr armen Materialisten, ihr selbstsicheren Atheisten, ihr Künstler der Häßlichkeit, ihr selbstbewußten Wissenschaftler, die alles erklären, alles erläutern können. Ein einziges Buchenblatt ist mir schon Gottesbeweis genug, und was ist dagegen die perfekte ineinandergreifende Gesetzmäßigkeit des Universums? Alles Zufall, alles von sich aus entwickelt, Folgen des Urknalls? Sicher können auch wir Sehenden durch Beobachtung der Natur und Erfahrung gläubig gewordenen Menschen Gott oft nicht verstehen. Aber es muß ein unendlich guter Gott sein, der solche Schönheit erschaffen wollte, um die Krone der Schöpfung, den Menschen, zu erfreuen! Dort weit unten im Tal die großen Teiche mit ihren Schilfgürteln und Wasserpflanzen, mit all ihren bunten Enten und den immer zurückkehrenden Zugvögeln. Diese sind Tausende von Kilometern entfernt zur Welt gekommen. Ohne jemals eingeschult worden zu sein, ohne die Länder zu kennen, haben sie zu uns gefunden. Aber nicht nur die Wasservögel, auch die vielen kleinen Singvögel, die uns im Winter verlassen, die Drosseln, die Stieglitze, die Wiedehopfe, die Würger, die Bachstelzen, sie alle und viele Tausende mehr, sie finden allein, von sich aus ins ferne Afrika, über unendliche Meere, unbekannte Länder hinweg an ihren Bestimmungsort. Und die Schwalben, die uns schon zusammen mit den Störchen verlassen haben, sie werden aus Zentralafrika wiederkommen und ihr selbstgebautes Nest unter dem Dachrand der Scheune wiederfinden. Wer leitet sie auf diesen Wegen, die ein Mensch mit all seinem Verstand allein und ohne Hilfsmittel niemals finden würde? Oder mit moderner Phraseologie: wer hat die Zugvögel programmiert? Der Zufall, die Natur oder doch vielleicht ein höheres Wesen? Gott, dem Mensch, Welt und Natur untertan sind? Auf dem Birnbaum sitzen drei Häher. Hat jemals ein menschlicher „Designer“ einen ähnlich wunderbaren Stoff entworfen wie die blauen Häherfedern? Auch Ende des zwanzigsten Jahrhunderts ist er kaum dazu fähig, diese Herrlichkeit zu kopieren, niemals wird es dem Menschen gelingen, etwas Ähnliches wie die Federn eines Krickerpels zu entwerfen, die bei jedem verschiedenen Winkel des Sonneneinfalles in anderen Farben spielen.

Oder nehmen wir die Federn eines so simplen Vogels wie des Jagdfasans. Welche herrlichen Variationen, welche Vielfalt bei verschiedenem Licht! Wer hat sich Zeit genommen, dies zu entwerfen, wer die Perfektion, das unnachahmliche Können bei Millionen von Lebewesen besessen, als sie geschaffen wurden? Jede Spinne, jede Schlange, jede Fliege, jeder Wurm ist ein Meisterwerk. Wie sind sie entstanden? Durch Entwicklung, von selber, zufällig? Wenn ich wie jetzt hier unter diesem Birnbaum sitze, kann ich besser beten als irgendwo anders. Hier sehe ich Gott, hier fühle ich ihn, ja, ich kann mir gut vorstellen, daß er mit seiner Hand über die Berge und Wälder streichelt, da und dort eingreift, ordnend und wieder gutmachend, was der Mensch zerstört hat. Macht Euch die Erde untertan! Nützt die von Gott geschaffene Natur, zerstört sie nicht, bewahrt ihre Ordnung, denkt und plant, erfindet und baut, erzieht und beschützt, verwaltet und verteilt, seid gerecht! Was hat der Mensch aus diesem Auftrag gemacht? Unterdrückung und Ausbeutung, Kriege und Vernichtungswaffen, Umweltzerstörung und Massenvernichtung, Unnatur und Perversion, Raffgier und Neid, Hunger und Prasserei! An Stelle der Liebe zu Gott und den Brüdern, an Stelle des Dankes für all die Schönheit liebt der Mensch sich selbst und sein kurzes, ach so kurzes Leben. Gott und die Natur aber sind ewig, sie kommen aus und münden in der Unendlichkeit. Der Kreislauf des Jahres, vom Frühjahr bis zum Winter, von der Geburt bis zum Tod, das Knospen, um zu verwelken, um noch einmal in Schönheit zu erblühen und dann im Wind vom Baume zu fallen, all das ist Gottes Wille, sein Werk, und der Naturmensch meint, ihn zu verstehen, auch wenn er in der Stadt leben muß.

Ja, die Stadt. Wer im Sommer und im Winter in der Stadt leben und arbeiten muß, wessen Sinne und Gesundheit durch ständigen Lärm, Abgase, Gift und Betäubung zugrunde gehen, für den ist jede Minute in der Natur ein Geschenk, fast wichtiger als Brot und Wasser. Jede Einladung aufs Land ist daher ein gutes Werk der Nächstenliebe.

Steirischer Herbst, Festival der Schönheit, Lobpreisung Gottes, Einkehr und Hoffnung, du schönste Zeit des steirischen Jahres, sei innig gegrüßt! Aber nicht alle lieben dich, nicht jeder bewahrt und bewundert deine Schönheit. Dort drüben wird stinkende Jauche über die ausgebeuteten Wiesen versprüht, so stinkend, so penetrant, daß ihr Geruch durch Wände, geschlossene Türen und Autofenster dringt. Dort neben der Straße ist der rauhe Acker schneeweiß, giftige Chemikalien sind es oder nur chemischer Dünger, denn seit zehn Jahren wird jedes Jahr auf diesem Feld Mais angebaut. Einige der Alleebäume sind bereits kahl. Nicht der Herbstwind hat die bunten Blätter heruntergeweht, schon im Juli haben sich die Blätter verfärbt, eingeringelt und sind dann abgefallen. Salz und saurer Regen sind in die Wurzeln eingedrungen und haben die Bäume zerstört. So wie das Gift eindringt in die Gesellschaft, unbemerkt, unbeachtet: denn man hat ja zum Denken, zum Abwägen, zur Abwehr keine Zeit. Nur die Besessenen haben immer Zeit und sind immer aktiv. Umso aktiver, weil der Durchschnittsmensch arglos vor sich hindöst. Das Gift dringt ein, ohne daß man sich dagegen wehrt. Und wenn es dann zu spät ist, wenn der Mensch vorprogrammiert und manipuliert ist, wird er von selber seine Umgebung vergiften, so wie die Chemie die Natur vergiftet hat.

Es gibt keine Grillen mehr, habt ihr das überhaupt gemerkt, keine Mai- und Junikäfer, keine Hirschkäfer, keine Erdziesel, kaum noch Eidechsen. Und genau so, wie das Gift (nicht der opferbereite Jäger, oh nein), wie das Gift ein Tier, eine Pflanze der Natur nach der anderen tötet, so sterben durch ein anderes Gift in ähnlicher Weise manche Gefühle und angeborene Eigenschaften im Menschen langsam ab, wenn er sich von der Natur entfernt, entfernt er sich vom Schöpfer, und seine gesunden Instinkte und Abwehrmechanismen schützen ihn nicht mehr, er denkt nicht mehr, für ihn denkt das Medium, er liebt nicht mehr, denn er weiß kaum noch, was echte Liebe ist. Er erkennt die Lüge nicht, weil er sich für die Wahrheit nicht interessiert, er gibt den anderen nichts, weil er sich nur für sich engagiert. Ist es wirklich so düster, gibt es keine Hoffnung?

Doch, es gibt Hoffnung. Noch gibt es sie! Wenn wir nur wieder an das Schöne und Gute glauben können. Wenn wir nur wieder voller Optimismus für die Zukunft arbeiten, auf Gott vertrauen wie die Generation nach dem Kriege. Krankjammern, trauriger Pessimismus, Darstellung der Häßlichkeit, „Sich-gehen-lassen", Vergiftung der Jugend, Unverzeihlichkeit und Haß, das alles bringt uns dem Abgrund näher, treibt uns in die Arme der Finsternis, der Hoffnungslosigkeit, der Tyrannei. Erst wenn alle wieder hoffen, wenn Vorbilder, Medien, Politiker, Lehrer und Eltern wieder an das Gute und Schöne glauben, diesen Glauben an die Jugend weitergeben und eine freudvolle, hoffnungsvolle, lebensbejahende Jugend aufwächst, dann ist mir — trotz aller Bedrohung von außen — um die Zukunft nicht mehr bange.

Denn nach Herbst und Winter kommt sicher ein neuer Frühling.

Ausklang

Die Welt geht ihren Weg unbeirrt weiter, Tage, Wochen und Jahre vergehen. Das Leben ist bald unwiederbringlich vorbei. Wie ein Motor, der auf Touren kommt, zuerst langsam und leise, dann immer stärker und schneller, um irgendwann, wenn der Verschleiß zu groß und der Brennstoff des Lebenswillens verbrannt ist, auszugehen. Ein Freund nach dem anderen geht dahin, auch unsere Generation, der in der Jugend so wenig Glück beschieden war, muß sich schon bald von dieser Welt verabschieden. Das ist der Lauf unserer Welt. Das Altern ist die gefährlichste Krankheit, denn für sie gibt es keine Heilung. Das schnelle Leben scheint mir nur eine kurze Episode, ein Besuch, der Aufenthalt in einer Quarantäne zu sein, es ist eine Prüfung, die jeder bestehen muß. Gott hat den Menschen nach seinem Ebenbild erschaffen und ihm das Herrlichste dieser Welt, unsere Natur, zur Betreuung überlassen. Er nimmt unser Leben und unsere Taten ernst, auch wir sollten das Leben ernst nehmen, denn es ist Gottes Geschenk. Wenn wir aber unsere Natur, die in schwerer Gefahr schwebt, nicht heilen, nicht beschützen und nicht retten, dann haben wir unsere Aufgabe als Naturfreunde und als Menschen nicht erfüllt, denn ihre Gesunderhaltung muß unsere vorrangigste und vornehmste Aufgabe sein.

Bildquellenverzeichnis

Schwarzweißabbildungen: Ctverak Helmut (14), Matula Franz (14), Meran Philipp (3), Mihaljevic Josef (7), Nagy (2 Zeichnungen)

Farbabbildungen: Ctverak Helmut (4), Meran Philipp (16), Mihaljevic Josef (4), Rastl Albert (6), Reinhard-Tierfoto (5)

Diesen Cap. H. von ger. 14 Enden, hat H. R. G. v. Lamberg, auf seiner Herschaft Csákberény. Csákb. Revir, beim sogenannten Bauholze geschossen. Am 28t Sept. 837.

Gegend auf der Horog Völgyer Scheide, Aussicht auf die Haj di Várer Löcher und die lange Sutten.